乃木希典と日露戦争の真実

司馬遼太郎の誤りを正す

桑原 嶽
Kuwahara Takeshi

PHP新書

「坂の上」のはるか彼方に――よみがえる名将・乃木希典の実像

京都大学名誉教授　中西輝政

いよいよ司馬遼太郎さんの「乃木愚将論」が、本格的に正されるべき時代になった――。

今回、乃木希典大将と日露戦争の実像を詳細に描き出した本書が復刊されるのは、まことにその思いを強くさせるものである。

本書はもともと、陸軍士官学校五十二期で中野学校にも学んだ桑原嶽さんが、司馬遼太郎さんの『坂の上の雲』や『殉死』に描かれた乃木像の「誤り」を正すべく、中央乃木会（乃木神社の崇敬会）の機関誌『洗心』に昭和五十八年（一九八三）から六十二年（一九八七）まで連載していたものである。その後、中央乃木会が発刊する私家本のようなかたちで『名将　乃木希典』と題されて一冊にまとめられ、平成二年（一九九〇）に発刊されていた。だが、ほぼ乃木神社での社頭のみでの販売だったこともあり、まさに知る人ぞ知る伝説の書のような存在であった。

桑原さん以前にも、「司馬さんの描く乃木像は間違いだ」と声を挙げた人々はいた。しかし、それらはまとまったものとは言えず、大きな潮流になることもなかった。そして司馬さんの『坂の上の雲』が大ベストセラーになり、広汎な読者層を得ていったので、国民一般には、「乃木は精神主義だけで、戦が下手な愚将であった」という認識が広まり、定着していった。そのような風潮の中で、桑原さんは乃木大将と第三軍の戦いの軍事的な意味を、詳細に論じてみせたのであった。

桑原さんは陸軍の俊英として専門の軍事教育を受け、また自ら実際に、幾多の戦場を経験された方である（ビルマ戦線で日本軍と肩を並べて英軍と激闘を重ねたインド国民軍の連絡将校も務めておられる）。また、戦後には陸上自衛隊に奉職され、アメリカの陸軍砲兵学校にも留学しておられる。

本書を一読されればおわかりになるとおり、その知見を十二分に活かして「戦場の実際」を合理的に分析し、次々と実証的に描写されていく様は圧巻というほかない。

桑原さんが砲兵出身であることも、本書にとってはきわめてプラスに作用していると言える。砲兵というのは、ある意味で合理的思考の極致ともいうべき兵種である。そんな国際水準の専門性を備えた砲兵科のプロフェッショナルが、旅順《りょじゅん》戦を考察した意味も大きい。

実際に戦場という特殊な極限状況に身を置き、多くの部下を率いた経験も踏まえつつ、いわば「身を切られる」ような思いで戦史を検証することの「重み」については、私などがあらためて指摘するまでもあるまい。司馬さんの『坂の上の雲』の軍事学的な誤りを指摘する本は、桑原さんの本が発刊された後に、いくつか出版されたが、本書はそれらの本の「ものの見方」の端緒となった一冊であるばかりでなく、実際に「昭和の大戦」を戦わねばならなかった当の人物が精魂を傾けて日露戦争を論じた力作という意味でも、きわめて貴重な書と言える。

本書では、司馬遼太郎さんの作品の軍事的な誤りが、完膚《かんぷ》なきまでに次々と指摘されていく。それは、今も多い司馬さんの小説の愛好者にとっては、ある意味で目を蔽《おお》いたくなるような過程かも知れない。しかし、それは司馬さんの限界というよりも、むしろ「作品の時代性」として理解すべきものであろう。

『坂の上の雲』は昭和四十三年（一九六八）から昭和四十七年（一九七二）まで、『産経新聞』で連載された歴史小説である。まさに、昭和の大戦争の敗戦の後、日本が力強い復興を果たし、高度経済成長の隆々たる姿が現実のものとなりつつある時代のことである。

司馬さんが描く「近代日本の青春時代」のはつらつとした姿――西洋列強の侵略という国家的な危難を前にしつつ、それでもなお未来の希望に向かって苦闘を重ね、「坂の上の雲」をめざして昇っていった、「まことに小さな国の開化期」の姿――は、敗戦の中から立ち上がり、高度成長めざして一途に歩んでいた日本人の多くの読者の胸を打った。

当時の日本は、まだ、あの大敗北の悲劇から二十余年しか経ていない。もちろん、その頃の日本人の多くは、なぜ昭和初期の日本が合理的な思考を失い、「狂気のような軍国主義」の道を歩み、あのような破滅的な結果をもたらしてしまったのか、ということについての苦渋の思いを、日夜絶えることなく胸に抱いていた。一方で、その「解答」と思われるような、まばゆいほどの「現実」が目の前に展開し始めた、まさにその時代であった。

そこで日本人の多くは、一気に後者の流れに身を任せるようになった。「嫌なことは、この際、みんな忘れて」ということだったのであろうか。経済成長の成功の中で、物質主義的で個人主義的な「幸せ」だけを謳歌《おうか》する日本人が、圧倒的多数派になった。

その時代に、司馬氏はあの旅順攻防戦を（はなはだ単純化してしまえば）、乃木希典の精神主義的なあり方と、児玉源太郎的な合理主義的なあり方の対比として描いてみせた。これは、まさに「小説的」と言ってよいほどの単純化と言わねばならない。巨大な「近代の威力」の象徴であるような旅順要塞に対して、〝あくまで正面突破を図ろう〟とした乃木の姿を昭和軍国主義の愚かさと重ねるかのように描きつつ、そこに児玉の鮮やかな手腕を差し込むことによって、本来、「あれほどの膨大な死傷は必要なかった」「もっと簡単な解決策があったのだ」と断じたのである。

乃木希典とその幕僚たちは、愚かな精神主義によって、多くの日本人の命を無駄に失わせた――これが、端的に言えば、『坂の上の雲』の描く乃木像の核心であった。

たしかに、旅順攻略戦で日本は一万五四〇〇余の戦死者と、四万四〇〇〇余の戦傷者を出している。その損害は、当時の日本に大きな衝撃を与えるものだった。

しかし、その十年後の第一次世界大戦を見れば、近代要塞戦がいかに大きな人命を、まさに「すり潰す」ように失わせるものかがよくわかる。独仏が激突した一九一六年のヴェルダン要塞攻防戦では、攻撃側のドイツ軍は、なんと一〇万以上の戦死者と、二〇万人とも言われる戦傷者を出したのだ。当時の装備で堅牢《けんろう》な近代要塞を攻略しようとすることは、それ自体、大きな悲劇だったのである。

それを考えるなら、本書で詳述されているように、実は合理的かつ柔軟な発想で、旅順要塞をあれほどの短期間で攻略した乃木と第三軍の手腕は、世界の軍事史上、むしろ優れた戦例として評価されるべきものとさえ言ってよいだろう。

だが司馬さんは、そんな大きな真実を直視せず、「もっと犠牲の少ない、理想的な解決策があった」と強調した。それが「唯・二〇三高地」論であり、児玉源太郎の「有能」のなせる技、という処方箋《しょほうせん》だった。

しかし果たして、それは正しい処方箋と言えるのか。本書は、それを実に多くの論点から再検証する。

いずれにせよ、『坂の上の雲』の乃木像とその描き方は、歴史における避けられない悲劇や犠牲といったものを直視しなかった。そのため、高度経済成長期の比較的安直な「問題解決思考」の風潮にピタッとはまったとも言えるだろう。

実際、その頃の多くの日本人にとって、賢い人間の生き方とは、「最小のコストで最大の利益」を追求し、「物質的な繁栄」「現実主義」の中に見出すべきものであった。そして逆に、「大義」のために自らの命をも捧げるような滅私奉公的な精神主義は、何があっても金輪際《こんりんざい》、忌避《きひ》すべきものであった。

ただし、司馬さんの乃木論を考えるときには、昭和に入ってから大東亜戦争まで、たしかに乃木希典が必要以上に「精神主義的」に持ち上げられていったことも考慮に入れておかねばならないだろう。

戦前、多くの日本人にとって乃木将軍は、質素倹約の大切さや家族の絆、高い道徳性、大義に邁進《まいしん》する使命感の尊さなど、「日本人のめざすべき理想」を指し示した、いわば「こころの英雄」として、国民こぞって敬慕した存在だった（そのような観点については拙著『日本人として知っておきたい近代史・明治篇』〈ＰＨＰ新書〉を参照されたい）。ところが昭和期の陸軍のリーダーたちは、そのような「乃木さんの精神主義」をことさらに強調し、一部で、特に戦争末期には、「弾丸《たま》がなくとも肉弾で勝て」というような、合理性を無視した悪しき精神万能主義を呼号した。国力の乏しい日本の窮状を糊塗《こと》するためであった。

そういう歪《ゆが》められた乃木像は、大正十二年（一九二三）に生まれ、時代の重圧の下、戦中世代として大変苦しい思いをした青年知識人としての司馬さんにとって、あまりに重く、苦々しいものであった。司馬さんがそうした自身の前半生の〝被害者意識〟から、過度に反乃木に振れていたことは否めない。

どんな立派な人物でも、その生きた時代の制約から自由になることはできない。戦後一貫して、大東亜戦争の悲劇の意味を問い続けつつ、高度成長を経て経済大国となる日本を駆け抜けていった司馬さんが、乃木式の精神主義を「悲劇の源流の一つ」と断じたことは、時代の偏見として避けられないものだったかも知れない。

しかし、「歴史的事実」として見た場合、乃木希典と日露戦争の実像は、司馬さんの理解とはまったく違うものであったのだ――もはや高度成長期すら「歴史」になった現在、いよいよわれわれは、戦後に定着した虚像を、もう一度しっかりと再検証すべきときに到ったのである。

無論、文学作品として見るとき、『坂の上の雲』が不朽の名作であることは、今後も覆《くつがえ》ることはなかろう。

さらに言うならば、『坂の上の雲』が発表された頃の日本では、日露戦争すら悪しき「日本の帝国主義的な侵略戦争」だった、と見る向きが圧倒的に多かった。そのような中で、司馬さんの作品を読んだ日本人の多くは、「そうか、日露戦争までは悪い戦争ではなかったんだ」と理解し、GHQや左翼勢力によって植えつけられた真っ黒な歴史観に対してバランスを幾分は回復することになり、ようやく経済大国への道を歩み始めた日本人が自信を回復させることにもつながった。その功績も忘れられてはなるまい。

だが、現実の旅順要塞攻略戦は、けっして司馬さんが書くように「二〇三高地を落とせば終わり」などという簡単なものではなかった。そして、その戦いを勝ち抜いた乃木は、「精神性」と「合理主義」とを高い次元で見事に融合させた人物であった。その事実を、今こそしっかりと再検証せねばならないのである。

この点において、桑原氏が遺した本書は、きわめて重要な視点をわれわれに与えてくれる。ここに描かれる乃木の姿は「きわめて合理的な軍人」としての姿である。昭和戦前期の乃木像も、戦後の乃木像も、時代の影響をもろに受けて、それぞれに歪んでおり、実在の乃木希典とは大きく違っていたことを、本書はしっかりと再確認させてくれるのだ。

もはや一面的なものの見方では、かつてない危機に立つこれからの日本を切り拓いていくことはできない。明治の人々は、いかに大きな困難に立ち向かい、乗り越えていったのか――その真実を、「坂の上」のはるか彼方にまで眼をやって追究すべきであろう。
そのための地に足の付いた根太い議論を展開する本書は、新しい時代が求める知的な活力にあふれた見方を、われわれが自らのうちに養う上で、大きなきっかけを与えてくれることであろう。

平成二十八年五月二十日

まえがき

戦前、世界的名将として広く日本国民はもちろん、全世界の人々から尊敬されていた乃木大将が、戦後一転して愚将と言われるに至ったのは、もちろん時代の変遷に伴う価値観の変化にもよるが、戦前においても、一部の者の中に存在した「乃木大将は立派な軍人であったが、戦《いくさ》は下手だった」という評価が、戦後になって、マスコミの時流に乗った人気作家の著作によって爆発的に喧伝されたからである。

このために現在においては有名無名を問わず、乃木大将を語り、日露戦争を論ずるものはすべて皆、この先入観から脱け切れないのが実状ではないだろうか。

確かに戦前の陸軍大学校の戦史教育において、乃木大将を不当に低く評価した教官のいたことは事実である。こういう教育のためか、旧陸軍将校の中にも「乃木大将なんかたいしたことはない」と広言して憚《はばか》らなかった人間がいたことも事実である。

しかしながら、これらの乃木大将に対する軽蔑中傷の多くは、乃木大将の名声に対する嫉妬《しっと》か、長州閥に対する反感〈乃木大将は山口県〈長州〉出身で、明治時代に山口県出身者が陸軍部内で羽振りを利かしたが、これに対する反感から、大正末期から昭和初期にかけて逆に山口県出身者が排斥された時期があった）から出たもので、まことに取るに足らぬものである。こういう乃木大将を戦下手とする連中に対して、具体的に大将のどこが下手だったかと問い質《ただ》したとき、明確に答えられるものが一人もいないことも事実である。

ところで乃木大将を誤解しているものの多くは、西南の役における聯隊旗《れんたいき》喪失事件や、日露戦争の旅順要塞攻略、特に二〇三高地攻略をめぐる問題、あるいは奉天会戦における包囲の失敗などについてと思われるので、本書においては特にこれらの問題について、その真相を明らかにして、世間一般の誤解を解くことに努めた。

いま静かに古今東西の戦史戦例をひもとき、乃木将軍のたどった戦跡と比較検討するとき、いまさらながら乃木将軍の偉大さが、しみじみと感じられるのである。

名将とは、変転する戦況の中で、よく状況の本質を捉え、決断を下すべきときに、真に適切な決断を下すことができた将帥である。

乃木将軍がその全生涯において遭遇した幾多の戦いにおいて、いかなる決断を下し、いかなる処置を講じたかを検討して、乃木将軍の名将中の名将たるゆえんを明らかにしていきたい。

つらつら思うに、旧陸大の戦史教育の誤りが日本陸軍の敗戦をもたらしたものと言っても決して過言ではない。本書の中においても具体的にこの点にふれているが、その陸大の教材を基にして書かれたと思われる司馬遼太郎氏の乃木希典《まれすけ》観が一世を風靡《ふうび》しているのが、今日の現状である。

しかし一度本書をひもとかれた方は、司馬氏の著述がいかに事実を誤解し、偏見独断に満ち満ちたものであるかを、容易に了解されるものと確信する。

いずれにせよ本書によって、乃木将軍に関する真の史実が後世の国民に伝えられることができるとしたら、筆者にとってこれ以上の喜びはない。

乃木希典と日露戦争の真実

目次

第二章　欧州留学と日清戦争

第三章　台湾総督、そして那須野ヶ原での閑居

第四章　旅順要塞を攻略せよ

第五章　黒溝台会戦と奉天会戦

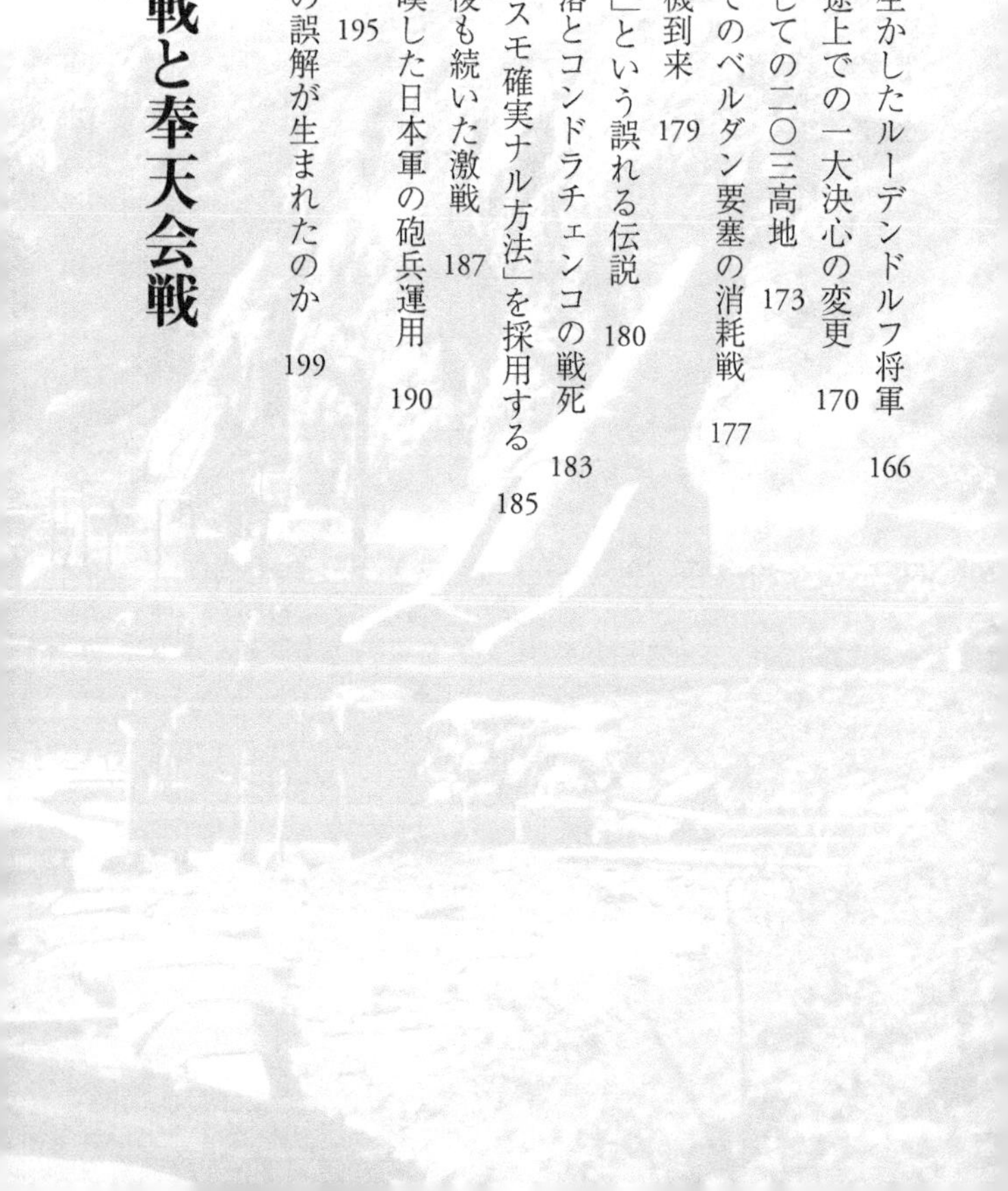

第六章　日露戦争の終結とその後の乃木希典

第七章　伊地知幸介論

第八章　乃木庸将説を糾明する

写真提供：乃木神社

第一章

若き乃木希典——生誕から西南戦争まで

初任少佐時代（明治４～５年）

生い立ち

およそ名将として世間から尊敬される人物は、次のような条件が必要であろう。

その天賦の才能、生まれ育った環境境遇、生涯にわたる本人のたゆまざる修練努力、そして最後に武運である。これらの四条件がそろってはじめて歴史に残る名将が生まれるのではないだろうか。この四条件のどれを一つ欠いても名将は生まれない。

では、乃木将軍の場合はどうであったろうか。

乃木希典（幼名無人《なきと》）は嘉永二年（一八四九年）十一月十一日、江戸の麻布日《ひ》ヶ窪《くぼ》の長府藩邸で生まれた。現在、六本木ヒルズの所在地である。

この長府藩邸は元禄の昔、吉良邸に討入り主君の仇をとった赤穂義士・武林唯七ら十名が預けられ、切腹した場所でもある。従って、物心がついた頃から、両親から聞かされた赤穂義士の物語は幼児の心中に深く刻みこまれてゆき、将軍の人間形成に大きな影響を及ぼしたことは想像に難くない。

父希次《まれつぐ》は極めて厳格な人であり、母寿子《ひさこ》も厳しく将軍を育てたという。

安政五年（一八五八年）、満九歳のとき、乃木一家は江戸より故郷の長府に移った。この移転の旅に、希典は京都まで父と共に歩き通している。約五〇〇キロメートルの旅である。

慶応元年（一八六五年）九月、毛利本藩、萩の藩校明倫館に入学を許され、文武両道を学ぶことになるが、翌二年、幕府の長州征伐が再開され、世にいう四境戦争がはじまった。希典はこのとき満十六歳であったが、報国隊に入隊、砲一門の長として小倉口の戦闘に参加している。

大砲は当時、虎の子の兵器で、その運用の如何《いかん》は戦闘の勝敗を左右したものである。鳥羽伏見の戦いをはじめとし、幕末の各地の戦いで官軍が勝った原因の第一は、官軍の砲が質量共に幕軍に優っていたからである。

弱冠十六歳で砲一門の指揮官に抜擢されたということは、いかに彼がその同志の中で頭角をあらわしていたかの証左である。

明治二年（一八六九年）十一月、満二十歳のとき藩命により同輩の五名とともに京都伏見の御親兵兵営に入り、フランス式訓練を受けた。

この御親兵訓練所は時の兵部大輔《ひょうぶたいふ》・大村益次郎が新陸軍創設のため下級幹部の教育を行なったところである。

彼は成績優秀で、翌年七月には練兵係伍長に抜擢されている。

十二月、藩命により帰還し、豊浦藩（毛利藩）の練兵教官となった。

乃木将軍が二十歳という人生のうちで最も感受性の強い時期に、軍人としての基礎教育を受けたことは、甚だ意義のあることと考えなければならない。軍人の基礎教育というようなものはあまり早過ぎてもいかぬし、また遅くてもいけない。やはりタイミングが一番大事なのである。心身の発育状態が最も充実する二十歳前後が最適であることは、誰も異論がないであろう。

司馬氏は、乃木将軍が青年時代は文学青年で軍事的基礎教育はほとんど受けていないと強調する。近代的軍事知識は皆無だなぞと言いたげだが、この経歴をいったい何と見るのかと問いたい。

また乃木希典は元来文人志望であったなどという人もおるが、これも大きな間違いだ。話は横道にそれるが、江戸時代の武士はすべて役人、今日でいう官僚である。江戸時代の末期まで、日本には軍人なるものは存在していなかった。

軍人という職業が生まれたのは、西洋から兵学および洋式訓練が入ってきて、これらの知識技術を習得した連中が軍隊という組織を作ったときで、その組織の中の一員が軍人である。

西洋の軍事知識を勉強しても、軍隊という組織に入らなければ軍人ではない。まして、いかに日本の在来の武芸にすぐれていても、また孫子呉子の兵法に通じていても、それだけの知識技能をもっているだけでは軍人ではないのである。

戦術（タクティック）の知識をもち命令号令で部隊を動かすものは将校であり、単に号令だけで少人数の部下を指揮するものは下士であり、上官の命令号令で武器を操作し動きまわるのが兵である。この将校下士兵の総称が軍人である。こういうものは江戸時代には存在せず、幕末になって西洋から軍事教練が入ってきてはじめて生まれたのである。

明治維新という一大変革期に遭遇した青年乃木が、将来、文人の道を進むか、軍人になるかその選択に迷うのは当然であろう。

しかし彼は先輩である御堀《みほり》耕介のすすめによって軍人を志す。明治二年十月のことである。満二十歳の乃木のそれからの生涯は軍人である。その豊かな文才によって多くの詩歌を作っておるが、それは軍人乃木の余技にしか過ぎないのである。

わずか二十二歳で陸軍少佐に抜擢

明治四年十一月二十三日（一八七二年一月三日）、彼は薩摩の黒田清隆の推挙により陸軍に入り陸軍少佐に任官する。長州人の彼が長州と犬猿の仲の薩州人の推挙によるのもまことに奇妙な話だが、わずか二十二歳でいきなり陸軍少佐に任命されるとは、まさに異例の抜擢といえよう。

ちなみに、明治の将星の主な人々が陸軍に採用された時期、階級および、そのときの年齢をあげると次の通りである。

野津道貫《みちつら》	明治四年	少佐	30歳
黒木為楨《ためもと》	四年	大尉	27歳
奥　保鞏《やすかた》	四年	大尉心得	25歳
川上操六	四年	中尉	23歳
桂　太郎	七年	大尉	27歳
児玉源太郎	四年	準少尉	19歳
川村景明《かげあき》	五年	少尉	22歳

これを見ただけでも、乃木将軍の人物およびその軍事識能が、いかに高く当局から評価されていたかがわかるであろう。単に文章がうまいぐらいのことだけで、二十二歳の青年を陸軍少佐に任命するほど、明治政府が甘いはずはない。

このように乃木は、その人物識能を買われて明治陸軍の道を進むことになるが、その前途は多難で、多くの試練を経ることになる。

彼は明治八年（一八七五年）十二月、小倉の歩兵第十四聯隊《れんたい》長心得に任命され、そこで秋月の乱、西南戦争を経験する。

彼の悪口を言う人びとは、秋月の乱では何もせずに中央に援軍を要請したとか、西南戦争では軍旗をとられたとか言って、彼の行動にケチをつけたがる。しかし実際はどうであったのか。

秋月の乱

明治九年十月二十四日夜、熊本で神風連の乱が起こり、これに呼応して二十七日、秋月において旧秋月藩の士族が蹶起《けっき》し、さらに翌二十八日には萩の前原一誠の一派が乱を起こした。このように熊本、秋月（福岡県朝倉市）、萩（山口県）と同時期に反政府の士族が一斉に蜂起したのである。

福岡県の小倉にいた乃木聯隊長が熊本の乱の勃発を知ったのは十月二十五日の朝である。この日の彼の日記には次のように記述されている。

「二十五日　晴　水曜日

午前五時五十分、熊本安本某ヨリ営所ニ宛ノ午前零時五十五分発局ノ電報左ノ如シ。

『今諸営賊侵入火ヲ放チ砲発盛ン、兵一時散乱、安本』

即時熊本ノ通信断絶ス。

希典直ニ自ラ電信局ニ入リ、私報電信ヲ禁止シ、前旨ヲ陸軍卿並ニ福岡営所吉松少佐ニ通報シ、且ツ福岡ノ警備ヲ命ズ。又槇峠副官ヲ以テ地方官ニ通ジ、警部ニ命ジ、市街ノ偵察ヲ厳ニシ、且ツ広島・大阪ノ両鎮台《ちんだい》ニ通知ス。

大迫大尉ニ谷村伍長並ニ会議所小使一名ヲ附シ、熊本へ発遣シ、沿道ヲ偵察セシム。小林軍曹ヲ福岡営所ニ遣リ、警備ノ画策ヲ伝へ、帰路ヲ久留米ニ取リ、且ツ秋月ノ形勢ヲ偵察セシム。

人心ノ疑懼《ぎく》動揺ヲ予防センタメ、午前十一時過ギ将校ヲ集メ、電報ノ略旨ヲ諭告シ、以テ下士以下ニ及バシメ、且ツ警備ノ要旨ヲ命令シ、弾薬若干ヲ各名ニ分配ス。尚ホ本日水曜日ノ外出ヲ禁ズ」

吉松秀枝《ほつえ》少佐は十四聯隊の第三大隊長で、第三大隊は福岡に分屯していた。

大迫尚敏大尉は熊本鎮台参謀で、たまたま熊本から小倉に出張してきていた。谷村伍長は、西南戦争において西郷軍に包囲された熊本城から脱出して連絡役を果たし、有名となった谷村計介である。

この日記から、彼の周到的確な対処が察知できる。

十月二十六日の日記には次の記述がある。

秋月の乱関係地名図

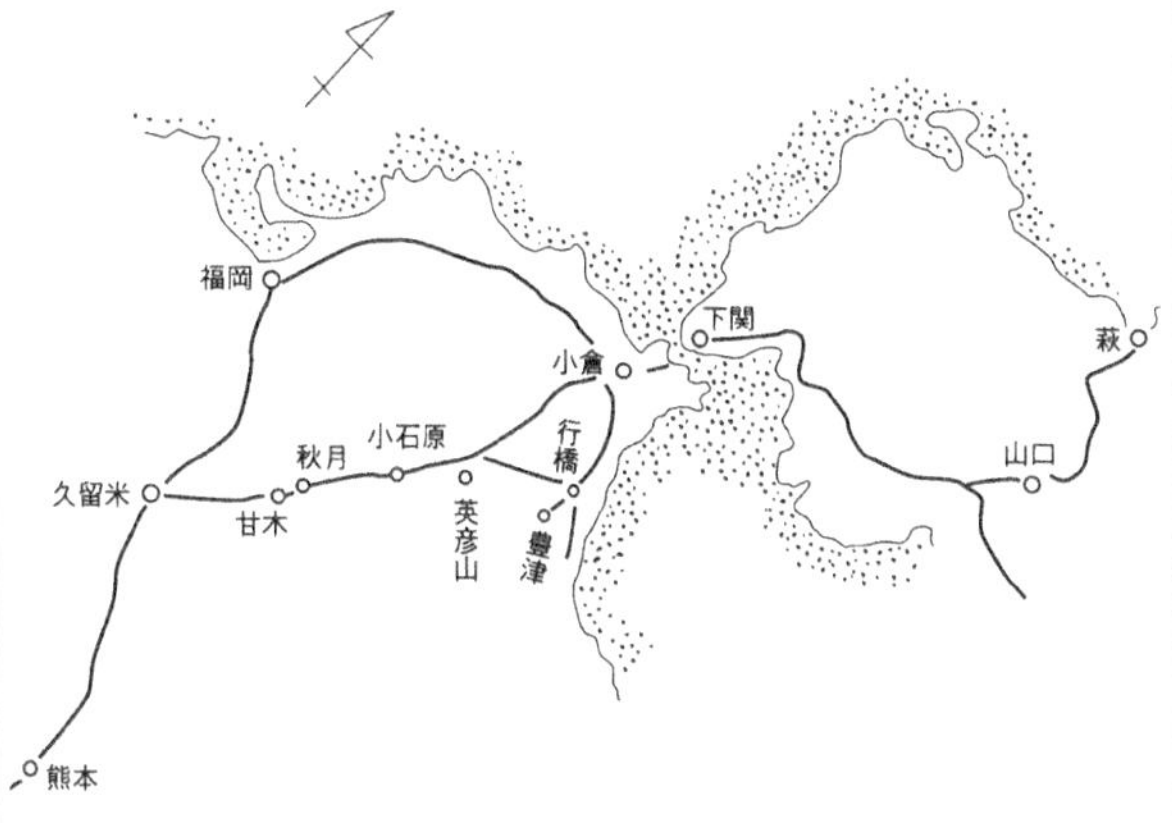

「早暁裁判所十二等出仕橋村正名ヲ山口県下ニ遣リ、萩地方ノ形勢ヲ偵察セシム。（中略）

又吉松少佐ヨリ電報。秋月ノ士族熊本ノ賊ニ応ズルノ形状アルニヨリ警部巡査ヲ派遣スルニ依リ、若干兵員ヲ福岡県令ヨリ請求スルヲ以テ、功力大尉ニ一中隊ヲ率ヒテ差遣セシム。

午後熊本ノ逃走兵砲隊卒、福岡営所ニ来リ口述スル処ノ電報ヲ得、熊本賊ノ已ニ散乱セシヲ確認セリ。

夜十二時藤田少尉熊本ヨリ来リ、始メテ事ノ委曲ヲ詳カニス。

其ノ前本台ヨリ電報アリ、賊兵敗走スルヲ以テ、一大隊ヲ久留米柳河ノ間ニ出シ、之ヲ迎へ撃ツベシト。然ルニ其ノ報姓名ヲ記セズ。且ツ再ビ之ヲ糺スニ、其人已ニ久留米ニ在ラザルヲ以テ之ニ応ゼズ。尤モ之レ豊津、秋月ハ萩賊ト相ヒ通ジ、久留米、柳河佐賀ニ連及スル処アランヲ察知シ、敢テ兵ヲ分タザルナリ」

豊津士族とは旧小笠原藩士である。

小笠原氏は、老中職を務めた徳川譜代大名の雄。江戸時代に関門の地を扼《やく》し、九州探題の役割を演じていたが、慶応二年、長州藩の高杉晋作に攻められ、その居城小倉城を焼かれ、豊津（福岡県京都郡）に城を移した。従って薩長政府に対する恨みは当然で、乃木は平素からお膝元の豊津士族の動向に大なる関心をもっていたと思われる。

乃木は萩の前原一派の蹶起を必至とみて、熊本、秋月、豊津、萩を分断せんと状況判断していたことがこの日記からわかる。

その後、事態は乃木の情勢判断どおりに進展している。秋月の士族は十月二十七日に蜂起し、その翌日、萩の前原一誠も遂に立ち上がったのである。

希典の実弟・玉木正誼《まさよし》も当然参加しているはずである。かねて覚悟はしていたものの、希典にとって最悪の状況になった。

しかし事件の方は急転直下、解決してゆく。

十月三十一日、乃木聯隊長は豊津に入り、集合した士族ら千人を解散させ、秋月の賊は小石原（秋月東方一三キロメートル）で官軍に包囲され、首魁・宮崎車之助ら七人は十一月二日、自決した。

また萩の乱も鎮定され、前原は十一月六日に捕えられ刑死した。

事件の初動において、乃木聯隊長が的確な状況判断の下に適切な対策を着々と講じていった様子が、彼の日記から手にとるようにわかる。

熊本、秋月、萩いずれも事件そのものは彼らの勢力からして大したものではないが、これが火種となって各地に波及し、暴動が連鎖的に起こるのが一番恐ろしいのである。事件が政府に不平不満をいだいているだけの不平士族に限定されているかぎりはまだよいが、これが一般民衆と結びつくと危険になる。

乃木の一番おそれたのはその点であったろう。

従って治安維持の眼目は、これら不平分子と一般大衆とを分離することである。厳然たる軍隊の存在が、一般大衆が暴徒に付和雷同して走ることを防止しているのである。

熊本の神風連の乱の波及を小藩秋月藩の不平士族の蠢動《しゅんどう》にとどめ、萩の前原一派との連絡を完全に遮断したのは小倉の歩兵第十四聯隊の存在であり、乃木聯隊長の適切な状況判断に基づく采配のよろしきによるのではなかろうか。

さらに、この三つの乱を、それぞれ局部的偶発事件にとどめ、全く他に波及させなかった功績は、大いに評価されねばならぬ。もし、その対策を誤れば、事件は柳川藩、久留米藩、豊津藩、黒田藩、さらには佐賀藩にまで及び、北部九州は大騒乱に陥ったことであろう。

事実、十一月八日の日記に「吉松少佐ヨリ」として「佐賀ノ士族山口ノ賊ト約スル者、今夜将ニ暴発セントスルノ証アルヲ以テ、出兵ヲ乞ヒ来ルヲ伝報ス」とあり、また「福岡士族ノ向背未ダ定ラズ」との記述もある。

こういう状況であるから下手をすると、翌年二月に起こった西南戦争がこのとき始まったかも知れない。

合理的だった乃木の行動

ところが事件が案外簡単に片付いたためか、この乱後、乃木に対する評判が悪かった。乃木は拱手傍観《きょうしゅぼうかん》、何もしなかったではないかというのである。この評判を気にしてか、彼の先輩・福原和勝（陸軍大佐、陸軍第三局副長）が乃木に詰問の手紙を送っている。

彼は、神風連の乱に対処した熊本鎮台参謀・児玉源太郎少佐や、一中隊の小兵力で萩の乱を鎮圧した諏訪好和大尉の功績を称えたのち「然ルニ足下引率スル所ノ兵員ヲ問フニ一聯隊ノ精兵有リ、而テ豊津ノ小争闘ヲ除クノ外、未ダ曾テ一小戦ダモ開カザリシニ、却テ大阪鎮台へ向テ援兵ヲ乞ヒシト聞キ僕誠ニ驚歎ノ至リニ堪エザリキ……云々」と長文の手紙で、彼の行動が消極退嬰的であったと批難している。

　この手紙の内容は、大東亜戦争後にあらわれた乃木を中傷する論者の好んで引用するところであるが、福原の言うところが極めて近視眼的であることは明白である。とにかく福原としては後輩の乃木が勇ましく飛びまわってくれればよかったのであるが、その期待外れがこんな手紙を書かせたのである。

　これに対し、乃木は早速「希典白福原君足下」という書き出しで名文の弁駁《べんばく》書を送っている。これを読んだ福原は、乃木の意とする所を了解し、一切の懸念を氷解し、あらためて乃木に激励の手紙を送っている。乃木はまた福原にお礼の返書を書いており、二人の友情の深さをうかがうことができる。

　また大阪鎮台に援軍を求めたことであるが、もし、このとき薩摩の西郷隆盛が立っていたら、事態はどのように発展していったことか。将来の起こりうべきあらゆる事態を想定し、これに対する万全の策を講じておく。これが合理的な兵学の原則ではないだろうか。

「鶏をさくに牛刀を以てす」という言葉があるが、たとえその牛刀が無駄となってもよいのである。

　これに反し、「寡を以て衆を破る」というような勇ましい掛声で突っ走っていったのが昭和の陸軍である。

このように、秋月の乱および萩の乱は短時日の間に平定された。乃木の指揮する小倉の歩兵第十四聯隊の功績はまことに大であったが、聯隊長乃木の心は重かった。それは既述のような乃木の評判が悪かったというようなことではない。萩の乱において、彼の実弟・玉木正誼が前原一派に与《くみ》して戦死し、また前原のシンパで、彼の恩師でもあり、正誼の養父でもあった玉木文之進も事件の責任を感じ切腹したのである。乃木がこの悲報を知ったのは、いつであろうか。

年が改まって、明治十年一月六日の日記の二行目に「手紙来ル」とローマ字で書かれ、またその末尾にこれまたローマ字で「玉木へ香奠《こうでん》八十銭」と書かれている。誰からの手紙か。おそらく萩の知人か、あるいは正誼の妻豊子かも知れない。

乃木が、東京に居る父希次へ出した十一月十四日付の手紙では、すでに玉木文之進の死についてはふれておるが、弟の消息については今なお不明としている。正誼の戦死は、事件勃発直後の十月三十一日であるが、乃木が知ったのは、日記にあるように一月六日かも知れない。また一月十七日の日記の末尾にローマ字で「夢ニ玉木ヲ見ル」とある。

いずれにせよ、乃木にとってこれほどの悲劇はないであろう。

西南の役――「敵の可能行動」から考える

秋月の乱、萩の乱の余燼《よじん》未ださめやらぬうち、早くも西南鹿児島の空気が怪しくなった。時の勢いというものは西郷隆盛自身の意志とは何のかかわりもなく突き進んでいくのである。

薩摩側が挙兵を決定したのは、明治十年二月五日の私学校における幹部会議の結果である。

この情報は早くも政府側に伝わったものと見え、二月六日の日記に、「鹿児島県下暴動ノ形跡アルヲ以テ陸軍卿ヨリ警備ノ内示アリ、夜本台ヨリ之ヲ密達セラル、直ニ福岡ノ吉松少佐ニ伝フ」とある。

翌日には、歩兵一個中隊を長崎に分遣せよとの電命があり、十一日早朝、第二大隊第一中隊（長・北楯利盛大尉）を出発させている。

北楯中隊は、海路十二日、長崎に到着するが、この日、長崎県令および北楯大尉から兵力増加の要請電報がくる。理由は薩軍が海上から一挙に長崎を衝くことを心配しているのである。事実、薩軍側の作戦会議でも、この案が一部の者から出されている。

しかし乃木は、この長崎からの兵力増援要請を、薩軍には海上から長崎に進攻するような能力はない、という判断で拒絶している。

この二つの違った考え方は、まことに興味深いものがある。

すなわち、前者は旧軍の「敵情判断」の思想であり、後者は米軍の「敵の可能行動（ENEMY CAPABILITY）」の考え方であるからである。

旧軍作戦要務令には「敵情就中《なかんずく》其企図ハ多クノ場合不明ナルベシト雖《いえど》モ既得ノ敵情ノ外国民性、編制、装備、戦法、指揮官ノ性格等其ノ特性及当時ニ於ケル作戦能力等ニ鑑ミ敵トシテ為シ得ベキ行動特ニ我ガ方策ニ重大ナル影響ヲ及スベキ行動ヲ攻究推定セバ我ガ方策ノ遂行ニ大ナル過誤ナキヲ得ベシ」とある。

つまり、旧軍の考えは「自由意志を持つ相手の企図は通常不明であるが、相手が行なうであろう各種行動のうちで、特にわが方策に重大な影響を及ぼすであろうものについて考えよ」というのである。従って、もし長崎に敵が上陸してきたら、わが方にとっては大変なことになるから、長崎に兵力派遣の必要が生じてくるわけである。

これに対し、相手の能力を考えれば、薩軍は海軍も船舶も持っていない。またその幹部の中には海軍士官は一人もいない。そんな薩軍には、どだい海上から長崎に進攻するような能力は全くない。だから兵力派遣の必要などない。これが米軍式の考えであり、また乃木の考えである。

大東亜戦争で、日本軍が広大な地域に兵力を分散し、多くの遊兵を作ってしまったのは、正しく、この日本式の敵情判断の結果であろう。

それに比し、米軍が当初日本軍の能力を過大視し、ガタルカナル作戦において、みすみす日本軍の撤退作戦を成功させたのも、また戦争末期に日本軍の戦力の実態を知るに及んでますます放胆な作戦行動を遂行するようになったのも、この米軍式の考え方の結果であろう。

この両者のいずれがよいかは大いに議論のあるところだが、私は米軍式の方がより合理的であると思う。

また、もし乃木将軍が大東亜戦争を指導されたら、おそらく、あのような兵力分散の愚はしなかったのではなかろうか。

熊本鎮台の全兵力の籠城を決意す

乃木聯隊長は長崎への増援兵力の派遣は拒否したが、一方、久留米には早期に兵力を出すことを鎮台に要請し、二月十三日にその許可がおりている。薩軍の北上に備えての処置である。これから起こりうべき事態を先見洞察し、着実に手を打ってゆく、その卓越した戦略的機眼は、まさに名将の片鱗《へんりん》を窺わせるものがある。

乃木は十三日、熊本鎮台司令長官の命により小倉を出発し、十四日夕、熊本に到着。その夜の作戦会議に出席している。

この日の作戦会議で、司令長官・谷干城《たてき》少将は籠城の決断を下したが、乃木の日記にも「軍議ニ会シ事大ニ符号ス」とあるので、彼も籠城に同意見であったのだろう。

熊本鎮台の兵力は、熊本の十三聯隊と小倉の十四聯隊の二個聯隊である。谷少将は鎮台の全兵力をもって籠城を決意したのである。従って十四聯隊を速やかに熊本城に招致しなければならぬ。

乃木は十六日午後、熊本を出発し、その夜、南関（福岡熊本県境の町）に泊り、十七日日中は久留米に滞在し、夜十一時に福岡に帰還。そこで薩軍すでに鹿児島出発の情報を得た。十九日朝、福岡を発ち久留米に再び移動する。「本日薩賊追討ノ命下ル。熊本焼ク」とその日の日記にある。

二十日、二十一日と小倉から前進してくる部隊の掌握を図るとともに、二十一日夜、南関に入った。

なお先発の十四聯隊の二個中隊（第一大隊の第三第四中隊）は、十九日午後五時に熊本城に入城した。熊本城の天守閣が失火により炎上した直後である。

乃木聯隊の軍旗喪失への意図的中傷

ところでこの頃の薩軍の状況はどうか。

薩軍は二月十四日、西郷自ら全軍を閲兵する出陣式を行なった後、十四日に前衛出発。本隊は十五日から十七日にかけて、二縦隊数梯団となって熊本に向かい前進した。そして二十一日には薩軍主力は熊本城下に進出し、二十二日から熊本城総攻撃にかかることになる。

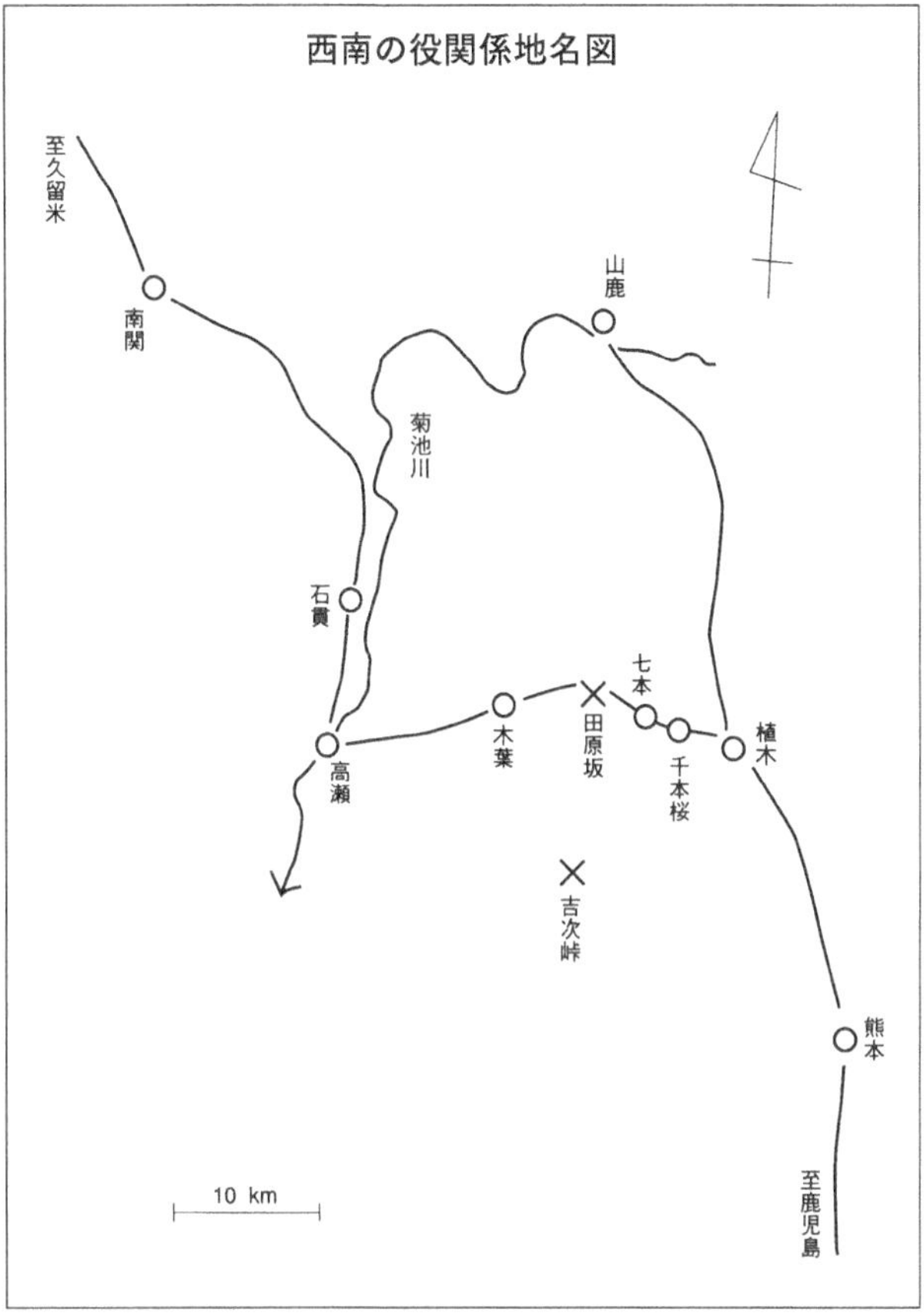
西南の役関係地名図
至久留米
南関
山鹿
菊池川
石貫
七本
田原坂
木葉
高瀬
植木
千本桜
吉次峠
熊本
10 km
至鹿児島

二十二日朝、手兵を引きつれて南関を出発した乃木は、同日夕、植木付近において薩軍と遭遇し、官薩両軍の激闘約三時間、乃木聯隊は戦場より後退する。
この戦闘で聯隊旗手の河原林雄太少尉が戦死して、軍旗を敵に奪われるという事件が起きた。これは乃木にとってまことに予期しない不幸な事件であったが、司馬氏は、その著書『殉死』でこの戦闘における乃木の戦闘指揮について次のように書いている。

「薩軍は熊本城を包囲していたが、官軍の新手《あらて》の南下をみてそれを迎え撃つべくいそぎ陣地を変更した。乃木少佐は植木方面でこの敵と遭遇し、激戦になった。兵力は乃木隊が四百余人、薩軍の支隊とほぼ同勢であった。昼間は官軍の銃器の性能が優越しているため戦況はほぼ互角であったが、夜に入り、薩軍の抜刀による夜襲に抗しきれず乃木隊は算を乱して退却した。途中、乃木は他方面にいるかれの配下の一個大隊（吉松隊）を植木の西方の千本桜に向わしめるべく、隊をはなれ、みずから伝令になって走った。一人である。連隊長みずから隊をすてて伝令になるというのは、日本式指揮法にも洋式指揮法にもない。指揮技術に習熟しなかったためか、敗戦で動転したのか、それともそばに兵がいなかったのか、どうであろう」

この記述は事実と全く相違しているだけでなく、司馬氏独特の偏見に満ちたものである。

そもそも、この戦闘がはじまったのはすでに夜に入ってからであり、乃木隊が算を乱して敗走したというが、これも後述するように戦術上の至当な判断に基づいた随意退却で、乃木聯隊は整々と戦場から後退している。

また乃木は他方面にいる部下大隊のもとに伝令になって走ったなどと書いているが、このとき乃木の指揮していた部隊は吉松大隊だけで、大隊長も彼のすぐそばにいたのである。

このように事実を全く誤認しているだけでなく、ことさら乃木を無能者に仕立てようとした意図的な中傷記事というより他はない。

退却は至当な決心処置だった

ところで乃木聯隊長がこのとき、なぜ退却を決意したか、その決心に至るまでの状況判断について考えてみよう。

状況判断とは、指揮官がその指揮を適切ならしむるため、四六時中絶えず行なっておらねばならぬものであるが、二月二十二日夜、我より兵力優勢な敵と遭遇した乃木聯隊長は、いかなる状況判断を行なったであろうか。

状況判断は、任務を基礎として、わが軍の状態、敵情、地形など、諸々の条件を勘案して、自分はこれから何をなすべきかという最善の方策を求めるものである。従ってそれは論理的な思考過程を経て、最も合理的な結論に帰着すべきものである。

まず、このときの乃木聯隊長の任務であるが、熊本城に速やかに到着することである。前述のとおり聯隊の一部はすでに熊本城に入城しており、聯隊主力も籠城部隊の一員たるべく一刻も早く入城しなければならない。

司令長官・谷少将以下全将兵が首を長くして待っていることを思えば、当面の敵を突破して熊本城に向かって遮二無二《しゃにむに》突進すべきである。

状況判断は任務を基礎として、積極的に任務達成の方策を考えよと教えられた昭和の軍人は、何が何でも熊本へ向かって驀進《ばくしん》したことであろう。

しかし状況は全く一変してしまっているのである。熊本の北方約一〇キロメートルの植木まで敵が進出してきているということは、熊本城はすでに敵の包囲下にあると見るべきであろう。この敵を突破し、果たして熊本城に入れるかどうか。よしんば入城できたにせよ、莫大な損害を出し、兵員の大半を失って入城してみたところで何の意味があるかということである。

次に敵情について考えてみよう。今、眼前にある敵はいかなる性格の部隊であるかということであるが、これを考える前に薩軍主力の可能行動を考察する必要があろう。

熊本平地に進出した薩軍の採りうべき行動は、大別すれば次の二案が考えられる。

一、主力又は全力を以て、熊本城を攻撃、之を攻略する。
二、一部を以て熊本城を監視又は牽制し、主力を以て北進し、本州から増援にやってくる官軍主力に決戦を求める。

現実に彼らが採用した案は、当初は前者であり、熊本城の早期攻略困難と判断した時点で後者に変わっている。

そこで、もし薩軍が前者を採用しているとすれば、当面の植木の敵はその一部の、そのまた一部の兵力で、熊本城攻略部隊を掩護《えんご》する前哨部隊である。また後者の案が実行されているとしたら、それは北進する主力部隊の前衛の一部である。

この「前哨」か「前衛」かの違いによって、これに対処する乃木聯隊の行動は全く違ってくるのである。

前哨ならば、我が積極的な行動をとらぬかぎり、敵の行動に自ら限度がある。

しかし前衛ならば、当面の敵は時間の経過と共に益々増大していくことは必至である。しかもそれは今後の官軍主力の作戦に重大な影響を及ぼしてくることになる。

次に、我の採るべき方策として、どんな案があるかと言えば、次の各案が考えられる。

一、依然熊本へ前進を継続する。
二、現在地付近において防御する。
三、現在地より離脱し、後図を策する。換言すれば退却である。

退却という言葉は昭和の軍人の最も忌み嫌った言葉であったが、そのため、どれだけ無意味な多くの血を流したことか。

第一案の熊本への前進は、状況の全く変わった今では無意味であり、また成功の可能性もほとんどない。

現在地付近の防御、これは植木付近の地形および現在の戦況からしても適当でなく、またここで孤立して防御することは、徒《いたずら》に敵に各個撃破の好餌《こうじ》を呈するだけである。特に薩軍がその第二案を採用した場合において然りである。

次に第三案はどうか。

乃木聯隊長の戦況報告書に「此ニ於テ吉松少佐ト謀リ、到底持久ス可ラザルヲ察シ、（中略）戦線ヲ左右ニ開テ退却シ、千本桜ノ近傍ニ後拒ヲ置テ、防戦地位ヲ撰ブベシト約ス。櫟木《くぬぎ》軍曹、山口軍曹ヲ指揮シテ放火セシム。今夜静穏微風ナク、幾度ビ放テ幾度ビ滅ス。火始テ上ル時、已ニ九時四十分ナリ。退テ千本桜ニ集ル（以下略）」とあるが、まことに適切な状況判断に基づく、至当な決心処置と言うべきであろう。

この乃木聯隊の退却は、指揮官の決心に基づく随意退却であり、敗走ではない。

乃木聯隊長は、状況判断の結果、熊本城に向かう決心を変更し、本州方面から増援にやってくる官軍主力の集中および進出掩護の任務に、独断変更したのである。

官軍主力の進出掩護を達成す

この時期、乃木は官軍の増援がいつ頃やってくるか、その詳細については何も知らなかったであろう。

第一線の聯隊長にそんな後方の状況がわかるはずはない。しかし、本州からやってくる官軍主力の集中進出を掩護する部隊は乃木聯隊以外には一兵もいないことだけは確かである。

然りとすれば、これからの乃木聯隊の任務は官軍主力の進出掩護であり、その採用する戦術的行動は遅滞行動以外にはないのである。

遅滞行動という言葉は、旧軍作戦要務令にはなかった軍事用語であるが、逐次抵抗をしながら後退する作戦行動で、その模範的戦例としては昭和十九年ビルマにおける、わが第十八師団（菊兵団）のフーコン作戦がある。つまり遅滞行動とは土地を犠牲にして時間を稼ぐことである。これを最も上手にやったのは支那事変における蔣介石だ。しかし犠牲にする土地は少なければ少ないほどよい。

乃木は先ず後退目標を千本桜にとり、ここで部隊を掌握したのち七本を経て木葉に後退し、ここで宿営している。

翌二十三日は木葉付近で頑強な抵抗をして薩軍の前進を阻むが、第三大隊長・吉松少佐戦死という大きな犠牲を払う。また乃木聯隊長自身も薩軍と白刃を交え、その乗馬は斃《たお》れるという激闘を演じている。

この薩軍の積極的行動は、薩軍が熊本城の早期攻略を諦め、北進に作戦方針を変更したと見るべきであろう。

この薩軍の行動に対処して、聯隊はさらに菊池川の右岸石貫まで退却するが、官軍主力の進出掩護の任務は完全に達成されたのである。

この両日の戦闘における乃木聯隊長の実兵指揮は、まことに戦理にかなった見事なものと言わなければならぬ。思うに西南の役の官軍勝因の第一は、一にこの両日の乃木聯隊の奮戦力闘にある。

軍旗喪失という一大不祥事を起こしながら、乃木少佐がその責任を何ら問われることなく、四月二十二日には中佐に昇進したのは、この戦闘の功績がいかに高く当局から評価されていたかを察すべきである。

薩軍首脳部の動揺

乃木聯隊の孤独の戦いは長くは続かなかった。事態は予想以上に早く好転したのである。二月二十五日には早くも征討軍団の先頭が戦場にかけつけた。

薩軍の熊本進出も早かったが、官軍の九州到来も薩軍の予想をはるかに越えるものであった。

政府は二月十九日、征討令を下すや同日、有栖川宮熾仁親王《ありすがわのみやたるひと》を征討総督とする征討軍を編成した。

まるで西郷の蹶起を待っていたような速さだが、その第一、第二旅団は二月二十日に神戸出発、二十二日に博多上陸。二十三日、第一旅団は松崎に、第二旅団は太宰府に到着。二十四日に同地をそれぞれ出発、二十五日には南関（菊池川右岸地区）に進出したのである。

この征討軍の迅速な機動は、薩軍の作戦構想を根底から覆したといっても過言でない。

そもそも薩軍の作戦構想たるや、西郷を護って一万数千名の兵が、一路東京に向かって前進するというものであった。

人触るれば人を斬り、馬触るれば馬を斬るという薩摩隼人《はやと》の気概はまことに壮とすべきだが、これを戦略的に見れば、ただ無策という以外に何ものもない。

しかし薩軍の中にも人がいなかったわけではない。西郷隆盛の末弟・西郷小兵衛は二月五日の作戦会議において、「一軍は熊本城にせまり、一軍は日向より二豊に出で沿勢形勝の地を扼《やく》し、一軍は船艦にて長崎に出て、この要港に拠るべし」の意見を述べたが、ほとんど問題にされなかった。

大方の意見は、「鎮台兵（政府軍）を撃破するのに何の策略を必要とするや」というような夜郎自大的な自信過剰なものばかりであった。

まさに驕兵《きようへい》の集団そのものであったといえる。

従って二十二日の熊本城の攻撃のごときは、陣地攻撃というよりは遭遇戦のような攻撃要領ではじめている。我こそは熊本城一番乗りというような無統制な攻撃だから、ひとたび官軍の頑強な抵抗にあうと、攻撃はたちまち頓挫《とんざ》してしまった。

各所で演じられた個々の戦闘では、確かに薩軍将兵の勇猛果敢な行動が見られるが、これを統制する者がいないのだから、どうしようもない。

しかし、この日の戦闘で、官軍の方も歩兵第十三聯隊長・与倉知実《よくらともざね》中佐戦死、鎮台参謀長・樺山資紀《かばやますけのり》中佐負傷という大きな犠牲を出している。

熊本城の攻撃は翌二十三日と続くが、攻撃の気勢はぐんと落ちてくる。

おそらく、こんなはずではなかったのにという気になってきたのだろう。

二十三日早朝、薩軍の本営に到着した後続の西郷小兵衛と野村忍介《おしすけ》は熊本城強襲策の中止を強く要請し、薩軍首脳部の状況判断にも動揺が見えてくる。

前日の乃木聯隊との植木の戦闘の影響もあったのであろう。そのためか、二十三日の軍議で、一部をもって熊本城を包囲し、主力は北上して南下する征討軍主力を撃破するという作戦方針に変換する。

この軍議で、薩軍の領袖・篠原国幹《くにもと》は、あくまで全力を以てする熊本城攻略を主張している。篠原は桐野利秋と同様、陸軍少将で西郷の片腕ともいうべき人物である。この日から九日後の三月四日、吉次《きちじ》峠で戦死した。

後日、薩軍が熊本城の包囲を解き、退却の止むなきに到ったとき、桐野は「あのとき篠原の言うように全力を以て熊本城を攻撃すればよかった」と悔んだという。

しかし、もしも薩軍が熊本城攻略に全力集中していれば、たとえ熊本城を陥落できたにせよ、西南戦争の終結はもっと早く、しかも城山の攻防戦を見ることなく熊本平地で実現したであろうことは間違いない。

なお、このとき野村忍介は、今から一挙小倉に向かって進撃し、関門を扼せと主張している。この野村の主張は、西郷、桐野などのいれられるところとならなかった。

すなわち薩軍は自ら戦略的主導権を放棄してしまったのである。

田原坂確保を強く意見具申した乃木

二十五日、乃木聯隊は高瀬付近において北上する薩軍に対し防御戦闘を行なう。この間、増援の征討旅団は陸続として南関に入り、その一部は乃木聯隊の戦闘に加入して薩軍の前進を拒止した。

二十五日夜遅く、第二旅団長・三好重臣少将は石貫に到着し、乃木聯隊長と会見、乃木聯隊はその指揮下に入った。

二十六日、三好少将が総指揮官となり、征討軍団（第一、第二旅団）は攻勢に転ずる。乃木聯隊はその前衛となって進撃、地の利を得て頑強に抵抗する安楽寺山付近の敵を撃破し、一挙に田原坂《たばる》の上まで進出した。

当日の乃木日記に「進撃大勝利」とある。しかし三好少将は、薩軍の反撃を心配して乃木聯隊長に後退を命ずる。乃木は田原坂確保の必要性を強く意見具申するが、旅団長の厳命により涙を呑んで石貫まで後退した。

官軍が再び田原坂を奪回したのは三月二十日であり、西南の役で最も激戦とうたわれた田原坂の戦はこのあとのことになる。

官軍は田原坂の戦闘に十七日間の日数を要し、三〇〇〇人の犠牲を出し、一日あたり小銃弾三〇万発、砲弾一〇〇〇〇余発を費消している。この惨憺《さんたん》たる結果を見て、三好の後退命令が誤りであったという史家も多い。

しかしながら、乃木の田原坂確保の意見具申は第一線聯隊長の立場上からも、また戦術的に見ても当然であるが、同時に三好の後退命令もまた決して誤っていなかったと私は思う。

この三好の後退命令は彼の上級指揮官である参軍・山県有朋中将の示唆によるものとされている。

山県の作戦指導については、また後で論じてみたいと思うが、三好が薩軍の攻勢を予見して、乃木に後退を命じたとすればその状況判断は適切であり、乃木もまたおそらく三好と同じ状況判断をしてその命令に従ったのであろう。

この時期における彼我の戦力を比較すれば、まだ薩軍の方が官軍より遥かに優勢である。三好はよく彼を知り、己を知った武将といえよう。

賤ヶ嶽《しずがたけ》の戦で、柴田勝家の部将・佐久間盛政は、羽柴軍の中川清秀の陣を奇襲して、清秀を打ち取り大岩山を占領した。勝家は盛政に大岩山を放棄し後退を命じたが、盛政はその命に従わず、ぐずぐずしているうちに大垣から反転してきた秀吉の攻撃を受け敗退した。

もし、乃木が三好の命に従わず、そのまま田原坂に居坐っていたら、佐久間盛政の二の舞を演じたことは想像に難くない。

猛将・桐野利秋が率いる右翼隊を撃退

二月二十七日は薩軍大攻勢の日である。桐野利秋・篠原国幹・別府晋介・村田新八の指揮する薩軍（総計一四個小隊、一個小隊の兵力約二〇〇、官軍の中隊に相当する）は、菊池川を渡って攻撃してきた。これに対し、征討軍団も死力を尽くして反撃した。

西南の役中、彼我に攻勢をとった唯一の戦闘であり、最大の激戦が行なわれた日である。まさに天王山の戦というべき日であった。

この日の乃木聯隊の奮戦は殊《こと》に目ざましく、わが左側背を包囲せんとする猛将・桐野利秋の軍に対し、これを反撃して遂にその企図を挫折させ、官軍勝利の因を作ったのである。

薩軍の失敗の原因は、兵力の不足と用兵の不手際にあるのではないか。

このとき薩軍の兵力部署は、右翼隊（長・桐野利秋）約六〇〇、中央隊（長・篠原国幹・別府晋介）約一二〇〇、左翼隊（長・村田新八）約一〇〇〇である。

薩軍の最も重鎮というべき四将がそろっていながら、三〇〇〇に満たない兵力とはいささか少な過ぎる。

熊本城の早期攻略を諦めて、南下する官軍主力との決戦を企図したとしては、兵力が少な過ぎ、重点の徹底を欠いているといえよう。いやしくも決戦を企図する以上、全兵力をここに結集すべきではなかったか。

この点、薩軍最高統帥の兵力運用の不徹底さを感ずる。

また攻撃部署においても、重点のない四将並列の平押しの戦の感がする。

当然、官軍の後方連絡線に迫った右翼隊に兵力の重点を指向すべきではなかったか。薩軍の最上級者の桐野の指揮する兵力が最も少なかったのも腑に落ちぬが、もし彼が中央隊と同数の兵力を指揮していたら、この戦局はどうなったかわからない。

さらに薩軍側の致命的欠陥は、この四将を統制する戦場の最高指揮官のいなかったことである。

この日の戦闘で三好少将が負傷し、乃木もまた負傷入院することになる。

薩軍ではこの日、西郷小兵衛だけでなく、小隊長、半隊長、分隊長など計一二名の幹部が戦死している。

負傷者も多数出た。薩軍の士気の沮喪、推して知るべしである。しかもこの日を期して薩軍は攻勢を断念し吉次峠・田原坂の険を扼して守勢に転じたのである。これからは官軍の兵力は日に日に増大するだけである。

官軍先遣兵団を各個撃破するチャンスを、薩軍自ら放棄してしまった。

勝利の女神は完全に薩軍を見放したのである。

後方参謀として

久留米の軍団病院に入院した乃木は、傷のまだ癒えないうちに三月十九日、病院を脱走し、戦線に復帰する。

当時、官軍は田原坂の険による薩軍に前進を阻まれ、悪戦苦闘を続けていたのである。乃木が戦線に復帰した翌二十日、官軍は田原坂を総攻撃し、遂に陥落させる。その翌日、乃木は征討第一旅団参謀兼務を命ぜられる。その後、木留、辺田野と勇戦、辺田野でまた負傷するがそのまま戦場に留まる。

このようにして、四月十四日に熊本城の包囲は解かれ、薩軍は熊本から退却をはじめる。乃木は十八日、熊本城に入ったが、その前日の十七日に軍旗喪失の責任をとって待罪書を提出している。

四月二十二日、中佐に進級した乃木は、同日付で熊本鎮台参謀に転任する。熊本鎮台では主として後方業務を担当するが、八月の宮崎県の北部・可愛嶽付近の戦闘では直接第一線の戦闘指導を行なっている。

熊本平地を撤退した薩軍は人吉・都城、さらに延岡、そして最後の城山と、手負いの虎のように南九州を暴れまわるが、官軍はじりじりとこれを追いつめる。後方補給のない軍隊と後方支援のしっかりした軍隊との戦である。

　こうなると後方の重要さは一段と価値を増す。後方参謀であった乃木の職責の重要さがわかってくる。

西南戦争と大東亜戦争

　ここで話題をかえて西南戦争というものをふり返って見ると、大東亜戦争と非常によく似ている面がある。

　官軍は米軍、薩軍は日本陸軍である。前にもちょっとふれたが、当初、薩軍将兵は官軍を百姓兵と馬鹿にし、鎧袖一触と問題にしていなかった。

　これと同様に大東亜戦争の緒戦において、日本軍は米軍をアメ公といって完全にこれをなめ切っていた。

　共に相手の実態については何も知らず、ただ頭から弱いものと決めつけていたのだ。中国軍を相手に百戦百勝の日本軍が、その中国軍よりも弱いといわれる米軍など、まさに赤子の手をひねるようなものだと思いこんでも別に不思議はない。

　これは単に将兵個人の気持ちの問題だけでなく、兵力運用の大本の大本営にもそういう意識が潜在していたのではなかろうか。その証拠に開戦当初、比島攻略に指向した兵力はわずか二個師団である。相手のマッカーサー軍はその数倍だったのである。しかもマニラを攻略するや、まだ無傷の米軍がバターン半島に健在しているのにもかかわらず一個師団を引きあげて他に転用している。

ところで米軍の方はどうだろう。

マッカーサーは日本軍の戦力をどの程度買い被っていたかは知らぬが、彼は日本軍上陸の報に接するや、首都マニラを無防備都市と宣言し、さっさとバターン半島に立てこもってしまった。まさか西南戦争の谷少将を見習ったわけではないだろうが、実に西南戦争の官軍とよく似ている。薩軍が高瀬で苦戦したように、日本軍はバターン半島の攻略に散々てこずる。それでも米軍に対する観念は少しも変わらない。

八月、ガダルカナル島に米海兵一個師団が上陸するや、わずか一〇〇〇名足らずの一木支隊を軽装備のまま派遣し、飛行場の奪回を命じている。いったい正気で考えていたのかと疑いたくなるような兵力運用だ。米軍の中で最精鋭とその精強を世界に誇っている海兵師団も随分なめられたものだが、その海兵師団がおっかなびっくりで日本軍と戦っているのだから、戦闘というものは面白いものだ。

官軍の総帥・山県有朋はその点まことによく彼を知り、己を知っていた。彼の兵力運用はあくまで慎重で、石橋をたたくような要領で、優勢な火力をもって薩軍を圧倒し続けた。西南の役に官軍が消費した弾薬量は、小銃弾が六三〇〇万発を越え、砲弾も一〇万発以上になる。当時としては空前の量である。よくもこんなに射ったものだと感心するが、弱兵が強兵に勝つにはこれしかないのだ。この点、大東亜戦争の米軍と全く同じだ。

一般に日本陸軍には兵站《へいたん》に関する知識がなく、明治十八年に陸軍大学校の教官として来日したメッケルからはじめて教えられたということになっている。確かに兵站という軍事用語はメッケルによってもたらされたものであるかも知れぬが、西南戦争の兵站の実績は大いに評価してもよいのではないか。官軍の補給は、武器弾薬はもちろん、糧食、薪炭、被服すべて追送主義を採用している。また運輸通信、衛生など、実に立派に兵站運用をやっている。官軍が弱兵といわれながら、終始、薩軍を圧迫し続けえたのは、この兵站の優越に起因していたことに誰も異論はないだろう。

これに反し、何の後方の準備もなく開戦にふみ切った薩軍が、戦役の終始を通じて弾薬の欠乏、給養の貧弱、衛生施設の不完全などに苦しんだのは当然である。

日米戦争が後方支援の優劣で決まったように、西南戦争も後方支援で勝敗が決まった。

もし旧陸軍が自分たちの草創期の西南戦史をしっかり勉強し、その教訓を深刻に受けとめていたら、大東亜戦争の戦争形態も、また別の形をとっていたのではなかろうか。

戦術教育において、足を地につけた地道な戦史の研究よりも、観念的な戦術論争に走って着眼戦術を重視した旧軍のやり方は、大いに反省を必要とする。

乃木は、西南戦役の前半においては第一線聯隊長として勇戦し、特に西南の役の天王山ともいうべき二月二十七日の高瀬の戦闘では、薩軍の中核兵団である桐野軍を撃破し、官軍勝利の原動力となっている。

また後半においては、熊本鎮台後方参謀としてその緻密な頭脳と合理的な思考力によって、官軍戦力の維持培養に多大の貢献をしている。

西南戦役の最高の殊勲者として、乃木が讃えられたのは当然で、軍旗喪失の責任のごとき世人からすっかり忘れ去られてしまったのである。

ともあれ、乃木が将帥への切符をこの戦役で手にしたことは確かである。

第二章 欧州留学と日清戦争

明治11～12年頃の平装

射撃訓練を最重視した聯隊長

明治十一年一月二十五日、乃木は東京の歩兵第一聯隊長に転任の電報を受領した（乃木日記）。乃木の聯隊長発令日は、彼の兵籍簿によれば一月二十六日、また『歩兵第一聯隊歴誌』（明治三十二年十一月編）によれば一月十四日である。

二十九日、熊本を発った彼は長崎を経、途中、故郷の萩に立ちより、二月十四日、着任した。この赴任の旅行間、彼は多くの漢詩を残している。

乃木はすでに第十四聯隊長を経験しているから二度目の聯隊長勤務であるが、これは決して単なる盥回《たらいまわ》し人事ではない。西南の役における実戦の経験を高く買われた結果の栄転である。

そもそも軍隊において最も尊ばれるものは実戦の経験である。百の演習よりも一回の戦闘の方が兵隊を強くする。しかし平時においては、そんなことは到底望みえぬ話であるから、実戦の経験者が実戦的訓練を指導することによって、練度の向上が期待されるのである。彼が頭号（第一）聯隊の名に恥じぬよう、日本一の精強な聯隊づくりに精魂をこめて訓練に邁進したことが当時の記録からもうかがわれる。

西南の役において官軍が薩軍に勝ったのは、官軍の火力が圧倒的に優勢であったことによることは前にも書いたが、歩兵戦闘においても射撃が最も重要な戦闘手段であることを教えた。

乃木が聯隊長として、この射撃訓練を最も重視したのは当然であろう。

ところが、この射撃訓練に最も必要な射的演習場が、当時は深川越中島に旧式のものが一カ所あるだけであった。歩兵第一聯隊の兵営は赤坂（元の防衛庁。現、東京ミッドタウンの位置）であるので、兵営からの距離も遠く、おまけに設備は旧式かつ狭小で訓練を大きく阻害していた。このような状態を乃木が黙視するはずはない。彼が赤坂の兵営の近くに実弾射撃場を新設することを当局に意見具申した結果、明治十四年、新しい射的場が完成した。大正の中頃まで現存した青山射的場がそれである。

この射的場の建設には、聯隊の全将兵が作業に従事し、工事の進捗を図ったが、乃木自身も鍬《くわ》をとり、もっこをかついで協力したと伝えられている。

乃木は幼少から武芸に励み、二十歳の時には栗栖又助から一刀流の目録を受けるという腕前で、齢六十を越えた学習院長当時でも自ら生徒に稽古をつけてやるほど熱心な剣道の愛好家であった。

その乃木が軍隊の訓練では、銃剣術よりはるかに射撃を重視したことは注目すべきである。これは後に善通寺の第十一師団長に就任したときも同様であった。

だいたい剣道（含銃剣術）なるものは、個人の心身の鍛練にとってはまことに重要であり、軍隊教育においても必須の訓練課目であることはもちろんである。しかしこれを軍刀術、銃剣術と称し、戦技として重視したことが果たして適当であったかどうか、疑問とするところである。

確かに満洲事変、支那事変においては、わが銃剣の威力が相手を圧倒した戦例も多い。しかし、その戦例の実相を確かめずに、ただその威力を過信していたところに問題があったのではないか。

筆者がかつて中国大陸で所属していた第十七師団は、昭和十八年秋南太平洋に転戦し、ニューブリテン島ツルブで上陸してきた米第一海兵師団と激戦を交えているが、我の突撃に対しアメリカの若い兵隊がひいひいと泣いて逃げたという記録がある。しかし、それもつかの間の勝利であったことを忘れてはならない。

ところで日本陸軍も、日露戦争までは、歩兵戦闘においては射撃が主であったことは当時の歩兵操典を見れば一目瞭然である。然るに日露戦争、第一次欧州大戦と戦争が近代化されるに反比例し、白兵が逆に重んぜられてきた。そして皮肉なことに大東亜戦争においては、我の最も得意であるはずの接近戦闘（白兵戦）で、我は無残にも米軍に敗れたのである。あたかも西南の役で薩摩士族の示現流の剣術が、彼らが百姓兵とバカにした鎮台兵の鉄砲に敗れたかのように、日米戦においては米軍の自動小銃が、剣付鉄砲をかざして突撃してくる日本兵をばたばたとなぎたおしたのである。

まさに日露戦争後における実戦（近代戦闘）の経験の不足と戦史の不勉強が、大東亜戦争敗因の一つといえよう。

「乃木は正面攻撃しか知らない」という愚論

この時代の乃木が演習において正面攻撃しかやらなかったということが、乃木を中傷する連中の記述に散見する。いずれも乃木の軍事的能力の無能の例証としてあげているのである。彼らは、乃木は若い時から、がむしゃらな融通性のない軍人だと言いたいのであろう。乃木の旅順攻撃については、いずれ後で詳しく論述するが、乃木は正面攻撃しか知らなかったなどということが、いかに馬鹿げたことであるか、少しこれにふれてみたいと思う。

いったい平時の演習で部隊を訓練する場合、正面攻撃以外に何があるのかと言いたい。包囲迂回は実戦において大いに賞用されるところだが、その包囲迂回も火力を伴ってはじめて意味があり、とどのつまりは正面攻撃ではないか。

正面攻撃とは火力と機動（攻撃前進）の調整、換言すればわが火力で相手を制圧しつつ敵陣地に近迫していく行動である。特に聯隊レベルになると、当然、自隊以外の火力、特に砲兵火力との調整が必要となってくる。現在ではこれに戦車、航空、艦砲などの火力が加わる。旧軍ではこれを歩戦砲飛の協同といい、米軍では火力支援調整（Fire Support Coordination）というが、歩兵聯隊レベルでは最も重視しなければならない最重要の演習課目であることは今も昔も変わらないはずだ。

乃木が正面攻撃を好んで訓練したということは、この現代風の火力支援調整訓練を重視したということに他ならない。換言すれば、当時、最も進歩的な訓練をしていたわけである。

それを乃木は正面攻撃しか知らなかったなどという連中は、では、いったい大東亜戦争で何をしたのかと言いたいのである。

昭和十七年十月下旬、ガダルカナル飛行場奪回作戦において、第二師団主力は自らジャングルを啓開しつつ道なき道を前進し、敵飛行場の背後から奇襲攻撃を敢行した。

その結果はどうだったか。わずか歩兵一個大隊の守備する敵陣地を一個師団で攻撃して殲滅的打撃を受けて敗退したのである。一週間以上もかかってジャングルの中の道なき道を歩いてへとへとに疲れ、敵情地形は全くわからず、ただやみくもに敵陣地に突入していけば、相手にとっては全く思う壺《つぼ》で、まさに飛んで火に入る夏の虫のごときものであった。いったいこんな馬鹿馬鹿しい作戦を誰が計画したのか。

日露戦争以来、赫々たる武勲と伝統を誇ってきた第二師団がかかる惨めな敗北を喫するとは、上は大本営から下は一兵に至るまで誰が予想したであろうか。

余談になるが、この飛行場奪回作戦には、わが聯合艦隊もその全力をあげて協力した。陸海空の総合戦力を比較すれば日本軍は決して米軍のそれよりも劣っていなかった。海軍艦砲の協力を胸算すれば、我はマタニカウ河を渡って海岸地区を堂々と攻撃前進すればよかった。地形的に見てもその方が遥かに有利である。然るに我がジャングルの中を迂回前進したため、適切な海軍艦砲の協力は得られず陸海個々の分離した戦闘になってしまった。

包囲迂回は前述したとおり実戦において最も賞用されるが、それを成功させるための要件は部隊の行軍力である。歩兵は射撃がうまくて脚が丈夫であれば、それで一人前だ。

乃木がこの行軍力の養成に格段の力を入れたことが、『歩兵第一聯隊歴誌』からもよくわかる。

毎年秋には大隊毎の長途の行軍演習を行ない、乃木自身もこれに参加し、演習間に多くの漢詩を作っている。

なお、乃木が馬鹿正直な正面攻撃しか訓練しなかったと思っている人に対して、次の話を紹介する。

明治十二年三月十三日から二十九日まで歩兵第一聯隊は習志野で野営演習を行なっている（『歩兵第一聯隊歴誌』）が、二十八日（習志野野営の最終日）の乃木日記に次のような記事がある。

「前三時第二大隊ヲ率ヒ第一大隊ノ露営ヲ襲フ」

なかなか茶目気のある聯隊長ではないか。

明治十三年四月二十八日、乃木は大佐に昇進し、明治十六年二月五日、東京鎮台参謀長に転任した。丸五年間の聯隊長勤務であった。この五年間の統率により、日清、日露戦争で勇戦し、レイテ島で玉砕した歩兵第一聯隊の赫々たる戦歴の基礎は確立したのである。

乃木の参謀勤務は、彼の長い軍歴においてさきの熊本鎮台参謀とこの東京鎮台参謀長の延三年間にしか過ぎない。乃木の適職は軍隊指揮官であったのである。

「軍事的無能のため進級が遅れた」という嘘

明治十八年五月二十一日、乃木は陸軍少将に進級し、歩兵第十一旅団長（熊本）に補せられた。

このとき大佐から少将に進級した者は乃木の他に川上操六、桂太郎、黒木為楨、奥保鞏、山沢静吾、品川氏章、岡沢精《くわし》、大沼渉、永山武四郎の九名がおる。この新任の少将十名のうち、実に六名が旅団長に補職されている。というのは、このとき鎮台条例が改正され、鎮台に二個旅団が新設されたので、計十二名の新旅団長が必要となったからである。

当時、鎮台は従来どおり東京、大阪、名古屋、仙台、広島、熊本の六鎮台あったが、鎮台の性格は当初のものとは著しく変わってきて、平時においては鎮台であるが、有事においては師団と呼称して野戦軍の性格を持つようになった。そして明治十九年一月四日には、東京鎮台は第一師団というように師団番号も決定した。

鎮台司令官（明治十二年九月二十五日、従来の司令長官が司令官と呼称が変わり、中将職となる）を師団長と呼ぶようになったのは明治二十一年五月十四日である。

余談はさておき、乃木が中将に昇進したのはこれからずっと後のことで、明治二十八年四月五日である。従って、ちょうど丸十年、少将だったわけである。そこで乃木の悪口を言う連中は、乃木は軍事的無能のために進級が遅れ、中将になれたのも日清戦役に出征したおかげであるなどと言っている。しかし、こういう連中の言うことは、ただ十年という年月だけにとらわれて当時の明治陸軍の実態を全く知らない議論である。

前述したように、乃木は満二十二歳の若さでいきなり少佐に任命された。

他の者に比べて若くして高い階級を与えられた場合には、それ相応の足踏みをさせられる場合もありうるし、年をとっている者は定年の関係から早く進級させてやろうという親心も必要になってくる。満二十二歳の若さで異例の抜擢を受けて少佐になった乃木が、他の連中との釣り合いで少々足踏みをさせられたとしても別に不思議はない。ちなみに乃木が少将になった年は、数えの三十七歳である。このとき一緒になった黒木（後の大将、第一軍司令官）はすでに四十二歳で、乃木より五つも年長である。

話は飛ぶが、現在の自衛隊が警察予備隊から発足し、保安隊を経て今日に至る過程においても、幹部の進級の調整は頻繁に行なわれて、明治陸軍のはじまりとよく似ている。

これは新軍建設の段階でどこでもよく起こることで、階級秩序を重んずる軍隊社会の当然の現象であろう。

明治二十年一月から翌二十一年六月までドイツに留学した乃木は、二十二年三月、近衛歩兵第二旅団長に転任するが、二十三年七月、名古屋の歩兵第五旅団長に再び転任。二十四年十月、辞表を出し二十五年二月、休職発令。同年十二月に復職、歩兵第一旅団長（東京）に補せられ、二十七年十月、日清戦役に出征している。このように乃木は旅団長を四回もやっている。そしてこれがまた乃木の悪口を言う材料になっている。

ところで、乃木と一緒に進級した少将九名のうち、乃木より先に中将になったのは、川上、桂、黒木、奥、山沢、岡沢の六名で、いずれも乃木より年長者である。また山沢、岡沢ともにその進級は明治二十八年一月で乃木よりわずか三カ月速かったに過ぎず、従って同時と考えてもよい。また乃木より遅れて少将になった者で、乃木を追い越して先に中将に進級した者は一人もいない。

明治陸軍における将官のポストは極めて少ないので、中将のポストが空かぬかぎり進級はできない。山沢も奥も旅団長を三回やっている。

川上と桂は、前者は軍令、後者は軍政面において明治陸軍近代化の最大の功労者であるが、彼らも少将を丸五年やっている。

黒木は八年半、奥は九年半少将をやり、乃木とどっこいどっこいである。

このように見てくると川上と桂はやや例外であるが、乃木の少将十年は決して特別長いものでないことがわかってくる。

むしろ乃木は、その偏屈と思われる性格のために損をしたのであって、単なる軍事的能力の点では川上、桂に勝るとも劣らなかったと見るべきであろう。

明治二十四年六月、桂が第三師団長に着任し、乃木の上官となった。

桂は乃木と同郷の出身であり、大佐になるまでは乃木が速く、少将になるとき桂が乃木に追い着いたのである。その桂が旅団長・乃木の上の師団長になったのだから、傍目では乃木にとって面白かろうはずはない。

しかし、そんなことは全くの私事で、乃木にとっては問題のないことであるが、問題はこの二人の性格、平素の生活態度が氷炭相容れないほど違っていたことである。

遂に乃木の感情が爆発し、二十四年十月辞表を出して名古屋を去る。

しかし、この辞表はなかなか認められず、翌年二月になって休職が発令される。この間、桂自身、乃木の慰留に努めている。桂は俗にニコポン（ニコニコ笑ってポンと肩をたたくこと）と世間から言われるだけあって、人間の操縦術に長けていた。

乃木の言動が彼にとっていかに気にさわることであっても、国家百年の大計のためには、私情にかられて人材を殺すような馬鹿はしなかった。

外国の軍事図書を最もよく読んでいた将軍

話は前後するが、明治十九年末、乃木は現職（第十一旅団長）のまま陸軍少将・川上操六と共にドイツに留学を命ぜられた。

乃木は川上と共に、ドイツ参謀総長モルトケの指命したデュフェ大尉（後の中将）より戦略戦術の講義を受けた。通訳は砲兵大尉・楠瀬幸彦《くすのせゆきひこ》（後の中将、陸相）と同・伊地知幸介《いじちこうすけ》（後の中将、第三軍参謀長）が行なった。

乃木と伊地知の交際はこのときから始まったのである。

当時、森鷗外もドイツに留学していた。明治二十年四月十八日の鷗外の日記に次の記事がある。

「谷口ト乃木川上両将校ヲ其客館ニ訪フ、伊地知大尉モ亦座ニ列ス
乃木ハ長身巨頭、沈黙厳格ノ人ナリ、川上ハ形体枯瘠能ク談ス、余等ト語ルコト二時間余、其深ク軍医部ノ事情ニ通スルコト、尤モ驚ク可シ」

ドイツ留学時の写真。乃木は左から2人目（明治20年）

乃木、川上の両名が単に戦略戦術の研究だけでなく、ドイツ陸軍全般の実態について見学し、その長所短所を攻究したことは、帰朝後のその復命書によってもわかる。

この乃木のドイツ留学の成果は、帰朝後の乃木の言動によっても明らかであり、明治陸軍全般に及ぼした影響は図り知れないものがある。

ところが司馬氏は、この留学の成果について、乃木は留学を契機として人間が別人になったぐらいにしか評価していない（『殉死』）。

乃木が語学の勉強に熱心であったことは、その日記をドイツ語で書いたことでも証明される。

現在、その一部が宮内庁書陵部に保管されており、岡村愛一氏によって翻訳されたものが「乃木大将独文日誌」として現存している。

訳者の岡村氏は「将軍のドイツ語はその用語の使い分けが極めて正確で将軍の語学力は相当なものである」と感嘆されている。

また司馬氏は、デュフェの出題する戦術の問題に対して答案を「川上操六はとにかく、乃木希典がどの程度書きえたか、それを知ろうにもどういう資料も残っていない。(中略)初老ちかい生理条件でこの知的訓練をうけるのはつらかったであろう」と言っているが、将軍の解答された戦術作業の一部も現存している。

さらに司馬氏は、兵站についての問題を出されても、その言葉の意味を「乃木希典は知っていたかどうか」などとも書いているが、前述したように乃木は、西南の役において後方参謀の実績をもっているのである。

これを要するに司馬氏の乃木観は、詩人乃木にしか過ぎずというその先入観から「乃木希典はおもに服装と容儀に関心をもちつづけた」などと杜撰《ずさん》な結論を下している。

乃木が明治の将軍の中で外国の軍事図書を最もよく読んでいたことは当時から有名なことであったらしい。『公爵山県有朋伝』の中に、山県が新しい軍事知識について常に関心をもち、乃木将軍に劣らぬほどの勉強家であったという記事があることからもわかる。

事実、乃木は平素から原書に親しんでいたようで、明治四十四年、ヨーロッパに旅行したときも、航海中はほとんど読書で時を過していたが、その本も洋書が多かった。ヨーロッパからのおみやげもその大部は図書で、ロンドンやベルリンで購入し、日本に別便で送っていることが乃木大将に随行した吉田豊彦中佐（後大将）の「乃木大将渡欧日誌」に記載されている。

日清戦争に出征す

明治二十七年八月一日、日本は清国に宣戦を布告した。

これより先、二十五年十二月八日、乃木は復職。歩兵第一旅団長に就任した。同年二月三日、休職が発令されて、那須に閑居してから十カ月間の休職であった。

歩兵第一旅団は第一師団に属し、歩兵第一聯隊（東京赤坂）と歩兵第十五聯隊（高崎）から成っている。

歩兵第一聯隊は、乃木が第二代目の聯隊長であった部隊で、乃木にとって古巣である。

部隊の大きさを上から順にならべると、軍・師団・旅団・聯隊・大隊・中隊・小隊・分隊となる。この中で旅団長というのは、平時では閑職とされていたが、戦時となれば最も働き甲斐のある重要なポストである。旅団長として出征することは、乃木にとっても、まさに武人の本懐であったろう。

明治二十七年八月二十日、第一師団（長・山地元治中将）に動員令が下り、九月四日出師《すいし》準備を完了した。

九月二十日、「師団ハ海外ニ出戦ノ目的ヲ以テ、来ル二十二日ヨリ広島ニ向テ鉄道行軍ヲナス」旨の師団命令が下達された。

乃木は二十四日午後六時、青山軍団停車場を出発している。

二十七日、旅団は広島に集結を完了し、後命を待った。

これより先、二十五日、大本営は第二軍（第一師団および混成第十二旅団基幹）の戦闘序列を発令した。軍司令官は陸軍大将・大山巌である。

当時、山県有朋大将の指揮する第一軍（第三・第五師団基幹）は、九月十六日、平壌を攻略し、朝鮮半島を鴨緑江に向かい北上中であった。

この平壌攻略の翌十七日、日清両国の艦隊が遭遇、世にいう黄海の海戦が行なわれ、わが聯合艦隊（司令長官・伊東祐亨《すけゆき》海軍中将）は清国の北洋艦隊（司令長官・丁汝昌）を撃破し、黄海の制海権を獲得した。この結果、第二軍は直接、遼東半島に上陸することができるようになった。

乃木は、第一師団の第一回揚陸隊搭船指揮官（輸送指揮官）となり、豊橋丸に乗船。師団主力をのせた輸送船団を指揮して、十月十五日に広島の宇品を出港、二十日、朝鮮の大同江口沖に碇泊し、二十三日、同地を出発、二十四日、遼東半島の花園口《かえんこう》沖に到着、上陸した。

上陸を完了した第一師団は、十一月三日に金州に向かい出発した。

日清戦争における日本全軍の進軍経過

乃木は前衛司令官となり前進、微弱な敵の抵抗を排除し、十一月六日、金州城を占領した。つづいて旅団は、師団命令により大連湾周辺の諸砲台を攻略した。第一師団は引き続き旅順口の攻略に向かい、二十一日、旅順要塞を占領した。

この旅順口の占領の主役は第一師団の第二旅団（長・西寛二郎少将）および第六師団の混成第十二旅団（長・長谷川好道少将）が演じ、乃木の第一旅団は予備隊の脇役であった。

旅順攻略に参加した乃木旅団は、第一聯隊と第十五聯隊の第三大隊で十五聯隊主力は金州城の警備のため残された。

「旅順大虐殺」という悪質なデマ

ところが、大東亜戦後になって、日清戦役で日本軍が旅順を占領したとき、住民を大虐殺した、しかもそれをやったのが乃木旅団だったなどと言うものがでてきた。

藤村道生著『日清戦争』（岩波新書）には、「十一月二十八日付の『ニューヨーク・ワールド』に旅順虐殺事件が報ぜられ、世界中の大問題となった」と記述されているが、『ニューヨーク・ワールド』紙の内容は白髪三千丈式で信用できない。まさに支那事変の南京虐殺事件とその軌を一にしているようである。

『ニューヨーク・ワールド』というのが、どの程度の新聞か知らないが、新聞というものは常にセンセーショナルな記事を書くものである。

我々は、そんな事件が果たしてあったかどうか、歴史的事実の有無を冷静に客観的に判断しなければならない。

当時、そのようなデマが世界中に飛んだことは事実であったにせよ、そのデマの内容が事実かどうかはまた別な話である。

『ニューヨーク・ワールド』は、「陥落の翌日から四日間、六万人の市民が殺され、殺戮を免れた清国人は旅順全市でわずか三十六人に過ぎない」と報道しているが、いったい清国人を、なぜそんなに多く殺す必要があったのかと問いたい。

旅順防衛の清国軍は、はじめから戦意がほとんどなく、抵抗らしい抵抗もせず、要塞を放棄して退却している。

退却の際の掠奪《りゃくだつ》、暴行、放火は彼らの常套《じょうとう》手段である。市民が暴行する清国軍に手向かったかも知れないが、残された市民が勝者の日本軍に反抗するなど到底考えられないことである。その無抵抗の市民を殺して、いったい何の得があるのか。そんなことをすれば、一番困るのは日本軍自身ではないのか。

そもそも住民の労働力は、戦地にある軍隊の生存のためにも絶対必要なものである。その労働力を自ら消尽させてしまう馬鹿がいったいどこにおるだろうか。

日清戦争は、近代国家の仲間入りした日本が、はじめて体験した対外戦争である。それだけに、日本政府も軍隊も国際関係については非常な神経を使って、国際法に最も忠実であったと伝えられている。

おそらく『ニューヨーク・ワールド』の記者は、清国軍の退却の際の暴行掠奪をまた聞きして、それを日本軍の仕業と勘違いして報道したに違いない。その証拠には、この事件が報道された直後は、全世界に一大センセーションをまき起こしたが、すぐにそれが何事もなかったように静まっている。また日本政府においても、責任者の処分を含めて特別な具体的対策が何ら講ぜられていない。

なお当時の公式記録によれば、旅順を守備した清国軍の兵力は約一万三〇〇〇で、旅順市街地の戸数は一五〇〇に過ぎず、住民の大部分は日本軍が金州を占領したと聞いて避難をはじめており、清国兵の多くも日本軍の攻撃開始に先立ち逃走をはじめている。

そのようなことから、『ニューヨーク・ワールド』の報道が、全くのデマであることが全世界に判明した。

次に、この事件に乃木旅団が関係していると言われていることだが、当時の乃木旅団の行動記録を調べてみると、全くありえないことである。

師団の旅順攻略作戦の最中、乃木旅団の歩兵第十五聯隊の警備している金州城が優勢な清国軍の攻撃を受けた。そこで師団は、二十一日（旅順要塞本攻撃の日）、急遽、歩兵第一聯隊第二大隊を金州に向かい反転、救援に出発させた。さらに二十二日、乃木は歩兵第十五聯隊第三大隊山砲一中隊、騎兵半小隊を率い、旅順を出発、金州に向かっている。

第一聯隊第二大隊は二十三日、乃木の指揮する部隊は二十四日、それぞれ金州城に到着したが、敵の大部はすでに逃走したあとであった。

また旅順に残った第一聯隊主力は、敗走する清国軍を追って二十二日、饅頭山《まんじゆうざん》海岸砲台、さらに老虎尾半島を無血占領した後、二十三日、旅順の師団主力に合し、二十九日、金州城に帰還し、乃木の指揮下に復帰している。

日清戦争当時（明治27年11月）

このように乃木旅団は、旅順ではほとんど戦闘らしい戦闘はしていない。

従って将兵が敵愾心のあまり住民を殺すなど全く考えられない話であるし、また現実に、その場所に、その時間に乃木旅団はいなかったのであるから、荒唐無稽の濡れ衣というより他はない。

後年、第十一師団長当時、北清事変に出征

した部下将兵が関係した馬蹄銀事件（清国の馬蹄銀という銀塊を部隊が横領したとされる事件）で、あれだけ峻厳な態度をとった乃木が、当時、もしこんな事件を知ったら、到底黙っているはずはないだろう。

それにしても悪質なデマが飛んだものである。

優勢な敵に対し少数兵力で長期持久する

一方、第一軍は十月二十四日から二十五日にかけて鴨緑江の渡河に成功し、二十六日、九連城を占領した。

その第三師団（長・桂太郎中将）はさらに進撃して、十二月十三日、海城を占領した。

この頃、軍司令官・山県は病気のため勅命により内地に帰還し、後任には第五師団長・野津道貫中将が就任した。

海城占領後の第三師団は、強力な清国軍の反撃を受けることになる。

この第三師団の海城における苦戦を救援するため、大本営は、第二軍の一部を蓋平方向に進撃させることを第二軍司令官に命じた。

軍司令官は、乃木少将の指揮する混成旅団をもって蓋平方向への進出命令を下した。

一月十日、乃木旅団は蓋平南方地区において清国軍を撃破し、蓋平城を占領した。

旅団はさらに営口に向かい前進を開始したが、途中、全般の戦局から判断して、飛雲塞に滞陣し、海城および営口方面の敵を索制した。

この滞陣は三十有余日に及んだ。

二月下旬、春の到来に先立ち、戦機遼東の地に熟すや、旅団は太平山付近で清国軍と一戦を交え、二十四日、これを大いに撃破した。

この頃、すでに第一師団主力もこの方向に進出し、戦局は発展し、師団は三月六日、営口を占領した。さらに田庄台の敵を攻撃、これを潰走させた後、蓋平付近に兵力を集結、次期作戦のため待機したが、三月三十日、休戦を迎えた。

乃木は四月五日、陸軍中将に昇進、第二師団長に栄転した。

日清戦役における乃木旅団の戦闘で見るべきものは、蓋平および太平山の戦闘ぐらいであるが、これらの戦闘は戦略持久態勢下において、少数兵力をもって優勢な敵の攻勢に対して長期持久の任務を完遂した戦例として高く評価された。

畏《かしこ》き辺《あたり》におかせられても、この乃木旅団の功績をたたえられ、次のような勅語を賜わっている。

「其軍ノ一部曩《さ》キニ蓋平ヲ占領セシ以来能ク沍寒《ごかん》ニ堪ヘ来襲ノ敵ヲ撃退シ今又鞍山站《あんざんたん》牛荘《ぎゅうそう》地

方ニ転戦スル第一軍ヲシテ後顧ノ憂ヒヲナカラシメ遂ニ之レト協力シテ営口地方即チ盛京省重要ノ地点ヲ略取ス朕深ク之ヲ嘉賞ス」

其軍ノ一部とはもちろん乃木混成旅団である。

歩兵第一旅団の行動については、現存している『明治廿七八年之役歩兵第一旅団記事』に詳述されている。これは後年の戦闘詳報に相当するものであるが、この中には、旅団の行動はもちろん、旅団の作戦命令のほとんどが記載されている。その命令文はみな、まことに整然として、戦術の教科書の範例にしてもよいようなものばかりである。

旅団司令部の編成は、師団司令部と違い、参謀はおらず、幕僚は副官二名だけである。当時の編成表によれば、副官は大尉・塚田清市と中尉・太田朗である。

従って、師団のように命令を起案する参謀がいないので、旅団命令は旅団長自ら口述命令するのが通常であり、おそらく乃木もそうしたであろう。

これらの命令文を見ただけでも、乃木の軍事学の基礎知識がいかにしっかりしたものであったかがわかる。

乃木は軍事学の素質が乏しかったなどという司馬氏の言が、いかにデタラメでいい加減なものであるかを知るべきである。

第三章

台湾総督、そして那須野ヶ原での閑居

台湾総督時代（明治30年）

台湾征討と第三代台湾総督

日清戦役は、明治二十八年五月八日、講和条約の批准交換が行なわれ、日清両国間の平和が回復した。

この講和条約で、台湾および澎湖列島が日本に割譲されることになったが、台湾人民の中には反対する者が多く、彼らは唐景崧《とうけいそん》を大統領に、劉永福を軍務総統にして、台湾の独立を宣言した。

そこで、日本政府は武力による台湾進駐を決意し、近衛師団さらに第二師団を派遣して征討作戦を行なった。

派遣兵力は約二個師団半、参加兵員約五万、軍夫二万六〇〇〇余、馬匹九四〇〇余頭という大規模な作戦を、明治二十九年三月まで実施したのである。

台湾の北部地方は、明治二十八年六月、近衛師団（長・陸軍中将・北白川宮能久《よしひさ》親王）によって平定され、自称大統領・唐景崧は中国大陸に逃走したが、劉永福は依然台南にあって頑張っていた。

そこでさらに一個師団を増援することになり、乃木の指揮する第二師団が台湾の南部枋寮《ぼうりょう》に上陸したのは二十八年十月十一日で、二十日には台南を占領した。

第二師団が台南に迫るや、それまで半年以上にわたって善戦していた劉永福は突如として部下を見捨て、変装してドイツ汽船「フリース」号に乗船して、対岸の廈門《アモイ》に脱走した。

台湾の平定を終えた乃木は二十九年四月二十日、仙台に凱旋したが、その年の十月十四日、台湾総督に親任され十一月に赴任した。樺山資紀、桂太郎に次ぐ第三代目の総督である。

乃木の就任は、現地の住民からは大いに歓迎された。それは台湾征討の際の彼の実績が高く評価されていたからである。彼は台湾の南部守備隊司令官として駐留したが、彼の軍隊の軍紀風紀の振作は自然現地住民にも好影響を及ぼし、住民が心から悦服し、彼に好感をいだいていたのである。

彼は台湾赴任に際し、老いたる母・寿子の強い希望を断り切れず、静子夫人と共にこの老母も同伴した。

おそらく母と共に台湾に骨を埋める覚悟であったかも知れない。

果たせるかな、母は到着するや、すぐマラリヤにかかり、十二月二十七日、逝去した。六十九歳であった。

しかし乃木はその後一年も経たぬ翌三十年十一月、辞表を呈出した。

この唐突の辞職願いは時の政府を驚かし、松方正義首相をはじめ山県有朋、児玉源太郎など、先輩友人も百方手段を尽くして慰留に努めたが、乃木の辞意は固く、翌三十一年二月、ようやく認められた。

乃木の辞職の原因については種々取沙汰《とりざた》されているが、結局のところ、彼の統治方針の高邁さに比べ、手足となるべき部下官吏の程度の低さ、この両者の世界観、生活態度の極端な相違が、彼にやる気を失わせたのであろう。

一切の情実請託を拒否した乃木の潔癖さが、一部官民の不評を買ったのは事実で、乃木も貪《たん》官汚吏《かんおり》の存在に手を焼いたことは想像に難くない。また総督の片腕ともいうべき民政局長に人を得なかったことが、彼にとって最大の不幸であった。

彼の在任期間はわずか一年であったが、彼が最も力を注いだ教育政策と交通政策（道路の開発）はその後、見事に実を結んだ。

台湾統治は、樺山、桂、乃木と三代は失敗したが、次の児玉になってやっと軌道に乗り、成功したといわれている。児玉の成功は新民政局長・後藤新平の手腕に負うところが大きい。もし、後藤が乃木の在任中に就任していたら、乃木の運命もまた変わったかも知れない。

乃木を中傷する連中は、この台湾総督在任についても、行政能力が無能であったとケチをつけているが、わずか一年ぐらいで良いも悪いもあったものでない。植民地政策のごとき、五十年、百年たってその成果を評価すべきものである。

乃木は総督就任にあたり、統治の根幹は教育にあるとし、島民の拠るべき精神基盤として教育勅語の普及に努めた。おそらく歴代総督も、この乃木の精神を継承したのであろう。筆者は先年台湾に旅行したさい、五十を過ぎた年配のガイドの台湾人が、観光バスの中で朗々と教育勅語を暗誦したのに驚いた。

全く彼からハッパをかけられた思いであった。

乃木精神は脈々として、なお蓬莱《ほうらい》の島で生きているのである。

極めて創意に富んだ合理的精神の持ち主

台湾総督を辞任した乃木は、休職七カ月の後、三十一年十月三日、新たに四国に創設された第十一師団長に就任した。

第二師団長、台湾総督を経験した者が、また師団長をやるということは一見格下げのようであるが、新設師団の初代師団長ということで、特にその人物手腕を買われて就任を要請されたのである。

もし乃木が普通の将軍と評価されていたら、台湾総督辞任を機に予備役に編入され、陸軍を去っていたことであろう。しかし明治陸軍は、まだまだ彼を必要としていたのである。

日清戦争の講和条約でわが領土となった遼東半島は、露独仏三国の不当な干渉のため、これをあらためて清国に返還せざるをえなかった。当時の日本には、この干渉をはねのける力はなかった。

国民はこの屈辱を胸に秘めて臥薪嘗胆《がしんしょうたん》を誓った。口先だけではない。早速、陸海軍備の増強にかかり、陸軍は五個師団を新設した。かくして第八から第十二までの師団ができたのである。

当然、来るべき日露戦争の勃発を予想しての措置である。

このような非常時に、年齢わずか五十歳（数え年）の陸軍中将を野に遊ばせておく手はないだろう。

参考までに、このとき新設された師団長に任命された乃木以外の将軍は、第八・立見尚文《たつみなおふみ》、第九・大島久直、第十・伏見宮貞愛《さだなる》親王、第十二・田村寛一の各中将である。

この新師団長の年齢（数え年）は立見五十四歳、大島五十一歳、田村五十五歳で、伏見宮を除き、いずれも乃木より年長であることを付記しておく。

明治時代の師団長は、軍人としての最高の栄職である。これ以上、上りようがないためか、師団長の在職期間が実に長い、また師団長相互の交代、すなわち横すべりも行なわれている。第十師団長の伏見宮は、明治三十四年四月、第一師団長の川村景明と交代している。

乃木が第十一師団長に任命された明治三十一年十月、近衛師団をいれて十三人の師団長がいたわけであるが、そのうち八人が師団長として日露戦争（明治三十七年〜三十八年）に出征している。

西寛二郎第二師団長のごとき、明治二十九年十月の補職であるから、日露戦争開戦時、在任七年半ということになる。

師団長として訓練に訓練を重ねてきた部隊を引きつれて出征する。まさに武人の本懐であろう。世界戦史に冠たる第二師団の弓張嶺《きゅうちょうれい》の夜襲の成功も、決して偶然ではないのである。

支那事変、大東亜戦争間の頻繁な師団長など高級指揮官の交代を思うとき、思い半ばに過ぎるものがある。

閑話休題。第十一師団の司令部は香川県善通寺にあった。彼はそこに単身赴任した。

汗 馬 幾 過 濁 水 流　　汗馬幾たびか過ぐ　濁水の流れ
公 余 久 嘯 大 屯 秋　　公余久しく嘯《うそぶ》く　大屯《だいとん》の秋
回 頭 往 時 渾 如 夢　　頭《こうべ》を回《めぐ》らせば往時　渾《すべ》て夢の如し
孤 剣 今 朝 向 讃 州　　孤剣今朝　讃州に向う

の七言絶句は、当時の彼の心意気をあらわしている。

この師団長時代の乃木の逸話は実に多く、人口に膾炙《かいしゃ》しているので、あえて紹介する必要もなかろう。

彼は全智全能を傾けて師団の練成に精進した。その成果は後年、日露戦争における赫々たる武勲として輝くのである。

乃木は頑固で一徹者で、軍紀風紀には特にうるさく、部下から煙たがられていたことは事実であろう。しかし、彼は極めて創意に富んだ合理的精神の持ち主であったことを忘れてはならない。決して、単なるわからず屋ではないのである。

師団長会議が定期的に東京で開催されるが、この会議に提出する中央に対する要望事項を見ると、乃木の創意に富んだ積極的な合理的精神を知ることができる。

乃木が師団長として中央に建議した件数は実にたくさんあるが、そのうちの若干をあげると次のようなものがある。

一、歩兵ニハ他兵種ト異リ更ニ一層ノ射撃ノ精巧ヲ進歩セシムル為、最良射手ヲ以テ帰休ノ撰ニ当ラシムベキ事。
　帰休ヲ望マザル者ヘハ特別休暇ヲ与フベキ事。
　他兵種モ之ニ準ズル方法ヲ取ラシムベキ事。

一、兵語ノ大改正ヲ必要トス。教育上無益ノ徒労アリ、橋ヲ橋梁ト云ヒ一軒屋ヲ独立家屋ト云ヒ、馬ヲ馬匹ト云フ類ノ如キ事。

その他、将校俸給ニ対スル所得税ヲ廃止サレタキ事、語学奨励ノ為青年士官渡清ノ件、さらに馬匹制度改正、陸軍服装改正等々、実に広汎多岐にわたって意見を具申しているが、いずれも理路整然として一点の反論する余地のないものばかりである。

この十一師団長も、乃木は北清事変に出征した部下大隊長の不祥事件の責任をとって、明治三十四年五月に辞職した。一般からは、辞職の必要もないのに無理に責任をとったと、逆に非難する向きもあったが、彼にとっては、明治の近代化が進むにつれ、責任感がともすれば薄れてゆこうとする時代の風潮に対する警鐘であったのである。

また、たとえ野に下っても、一旦緩急あるときは、必ず召されるであろうという彼の軍事に対する満々たる自信と信念が、あるいはそうさせたのかも知れない。

那須野ヶ原での閑居

明治三十四年五月二十二日付で第十一師団長を辞職した乃木は、三十七年二月五日、留守近衛師団長に補職されるまで、二年七カ月間休職をする。乃木の休職は、少佐時代の明治七年の四カ月をはじめとし、前述したように明治二十五年の十カ月、さらに明治三十一年の七カ月と、すでに三回もしており、今度で四度目である。

こんなにたびたび休職をした経歴の軍人も珍しい。普通の人間なら当然クビになるところだが、依然現役に留まっておられたのは、いかにその人物能力が、衆に抜きん出ていたかの証拠であろう。論者は、乃木は長州閥のおかげでクビにならずに済んだなどと言うが、長州出身なら猫も杓子も出世ができたわけでは決してない。そんな余力は、当時の小世帯の日本陸軍にあるはずは、もちろんなかったのである。

この休職の期間、乃木は栃木県の那須野ヶ原の別荘——別荘と言っても農家だが——にこもって、農業に従事した。このときの生活状況は当時の日記に詳しく記述されており、現在「乃木希典農事日記」として残っている。

このとき、乃木は一介の農夫になり切った田園生活を送っているが、決して専門の軍事を忘れていたわけではない。

「炉辺尽日兵書を読む」とうたっているように、軍事専門図書を片時も離していない。また各種の演習には進んで参加、見学している。

明治三十五年の陸軍特別大演習は遠く九州肥筑の野で行なわれたが、これを陪観している。

陸軍特別大演習の統裁官（統監）は、恐れ多くも天皇である。

この演習間、明治天皇がたまたま西南の役の激戦地である田原坂をご通過されたさい、

武士《もののふ》のせめ戦いし田原坂
　松も老木《おいき》になりにけるかな

の御製をよまれ、「これを乃木に与えよ」と仰せられた話は有名である。

天皇は、乃木が休職中の身でありながら、いつも演習に参加していることをよく御承知であられたのである。

乃木は、天皇御統監の特別大演習だけでなく、通常の演習にもしばしば見学に行っていることが、この日記から窺える。

演習といえば、たくさんの見学者が押しかけてくるのは、今も昔も変らぬ風景だが、一日か二日、それも最後の見せ場に顔を出す程度の者が多い。

中には、はじめから物見遊山のような不心得者もいないではない。これに反し乃木は、演習の終始にわたり、部隊と行動を共にしてその実態を視察している。演習審判官も顔負けである。現職を離れた将軍で、このような行動をするのは、おそらく乃木以外には絶無ではなかろうか。

乃木が、日露開戦と同時に現役に復帰したのは当然の人事措置というべきであろう。

第四章

旅順要塞を攻略せよ

日露戦争出征時に撮影。
手には子息たちの写真を持つ（明治37年）

日露開戦と第三軍の編成

明治三十七年二月五日、日本政府はロシアに対し最後通牒を発し、ここに日露の国交は断絶した。

明治天皇は二月十日、宣戦の詔勅を発布した。ロシア皇帝ニコライ二世も前日の二月九日、宣戦の詔勅を発布している。

来るべきものが、とうとう来たのである。

二月五日の国交断絶と共に、第一軍の動員が下令された。第一軍の戦闘序列は近衛、第二、第十二の三個師団である。軍司令官には軍事参議官・黒木為楨大将が親補された。

近衛師団の動員下令と同時に、乃木は留守近衛師団長に任命された。

第一軍の編成に引き続き、第二軍が編成された。軍司令官は軍事参議官・奥保鞏大将である。

黒木・奥両大将ともに前年の明治三十六年十一月三日に大将に昇進し、この一月、軍事参議官に任ぜられたばかりである。

ここで、軍事参議官なるものに一言ふれると、明治三十六年十二月二十六日、従来の軍事参議官条例が廃止され、新たに軍事参議院条例が制定された。

旧条例では、軍事参議官は、陸海軍大臣、参謀総長、教育総監、海軍軍令部長であったが、新条例では、教育総監が除かれ、元帥および特に軍事参議官に親補された陸海軍将官が加えられた。これによって、明治三十七年一月十四日、野津、黒木、奥の三大将が軍事参議官に親補された。

戦時軍司令官要員の含みがあってのことだろう。

閑話休題。第一軍は朝鮮半島に侵入した露軍を駆逐して、鴨緑江を越えて満洲に進出、一方、第二軍は遼東半島に上陸し、同方面の敵を撃破した後、第一軍に呼応して北進を始めた。両軍の戦略目標は遼陽であった。

遼陽付近において敵野戦軍主力を捕捉撃滅して、ロシアの継戦企図を破摧《はさい》し、戦争を終結する。これが当初の作戦方針であった。

遼東半島に上陸した第二軍は、北進に先立ち南山の戦闘の後、大連港を占領し、これをわが野戦軍の補給基地とした。しかし大連の西には金城鉄壁難攻不落を誇る旅順要塞がある。

この旅順は、軍港としてロシア太平洋艦隊の根拠地であるだけでなく、その守備軍は、わが後方連絡線に対する直接の脅威となっている。

敵の海軍根拠地を覆滅すると同時に、わが野戦軍の後方を安全にする。

この目的のために第三軍が編成された。軍司令官には乃木希典中将が任命された。

乃木は現役陸軍中将の最古参、その人物識見経歴から内外の衆望を一身に担って就任したのである。おそらく当時、何人もこの人事について異論を挟まなかったであろう。

「山県がさびしがった」と書く無知

ところが司馬氏はこの人事を目して、乃木のような軍事知識のない者がこの大役を命ぜられたのは、長州軍閥の親玉・山県有朋の藩閥人事のあらわれであると言っている。

乃木が明治の諸将星の中で、その人物識見において卓越していたことは、すでに再三述べてきておるので、読者も何をもって乃木を無能とするか、司馬氏の言を理解するのに苦しむであろうが、おそらく彼は、旅順攻略戦における第三軍の莫大なる損害の結果論から言うのであろう。

しかし結果論だけからすれば、乃木は旅順要塞攻略の大殊勲者である。この要塞を陥落させたことによって、乃木の名は全世界に知れ渡り、世界の名将の一人として、永久に世界歴史に記録されることになったのである。

司馬氏は、その著書の中で次のように書いている。

「野戦の総司令官には薩の大山巌がすわった。さらには野戦各軍のうち、戦略上果敢さを期待された第一軍司令官の職には薩の黒木為楨がついている。第二軍の奥は閥外だが、第四軍の野津は薩であった。が、このことを山県がさびしがった。

『ひとりぐらい長州人を入れてもいいのではないか』

といいだして、そういう配慮から、第三軍司令官をえらぶについて、長州人乃木希典が指名された」(『坂の上の雲』「旅順」)


歴史を何も知らぬ人が読めば、いかにも本当らしいが、まさに偏見独断、無知そのものと言うよりほかはない。

だいいち、乃木が第三軍司令官に任命されたときは、まだ大山は総司令官に任命されておらず、第四軍もその名のごとくまだ編成されていない。

山県が淋しがる必要などまだ少しも起こっていない。

すでに野戦で活躍している第一軍の師団長三人のうち、近衛の長谷川好道、十二師団の井上光両中将ともに山口県出身である。また新たに出征した第二軍の三人の師団長のうち第三師団長の大島義昌中将も山口県である。

すでに出征している師団長六名の内訳は、山口県三、鹿児島県一、福岡県一、もう一人は皇族(伏見宮)である。

いったい司馬氏は何を言っているのかと言いたくなる。

乃木の軍司令官任命は当然の人事

ここで当時の陸軍の人事の状況について述べてみたい。

開戦時の大将（元帥を含む）を序列順に書くと、山県有朋（元帥）、大山巌（元帥）、野津道貫、佐久間左馬太《さまた》、桂太郎、黒木為楨、奥保鞏である。

佐久間は休職で病弱、野戦不適とされており、桂は現職総理大臣、野津、黒木、奥は軍事参議官である。

従って山県、大山を総司令官候補として別格にすると、軍司令官は野津、黒木、奥の三名しかいない。

野津は日清戦役で第一軍司令官を務めている。そこで黒木、奥が先ず選ばれて出征した。当然の人事であろう。

次に中将の古参者について見よう。

最古参は明治二十八年組の岡沢精、乃木で、二十九年組に長谷川好道、西寛二郎、児玉源太郎、山口素臣《もとおみ》がおる。

岡沢は侍従武官長、長谷川、西はそれぞれ近衛師団長、第二師団長ですでに出征しており、児玉は参謀次長で作戦計画立案の主役、山口は第五師団長だが病臥中だ。ちなみに彼は三月に大将に進級し、軍事参議官に転じたが、八月病没した。

この六名のうち西を除き、他は全部山口県だ。まさに長州閥花ざかりと言えよう。ところで野戦の軍司令官となると激職である。頑健な体力が要求され、当然年齢も考慮されなければならないだろう。

今、前述の諸将軍の開戦時の年齢（数え年）を書いてみると次のとおりである。山県六十七歳、大山六十四歳、野津六十四歳、佐久間六十一歳、桂五十九歳、黒木六十一歳、奥五十九歳、岡沢六十歳、乃木五十六歳で乃木が断然若いのが目につく。

従って乃木の軍司令官任命は当然の人事と言えよう。

かくして乃木は聯隊長、旅団長、師団長そして軍司令官と全部実戦の経験をもつことになる。

こんな経歴の人物は、陸軍八十年の歴史においても、極めて珍しい存在である。

司馬氏は、乃木が第三軍司令官に任命されたことは彼にとっては極めて不幸なことだったなどと同情しているが、見方によれば、乃木ほど軍人として武運に恵まれた人間はいないのである。

当時、乃木の名は陸軍部外においても広く知れ渡り、いかに民間の識者が彼の復活を待望していたかは、当時の新聞雑誌からも窺い知ることができる。明治三十七年三月、雑誌『青年界』に掲載された山地竹十郎の「乃木中将今何処にか在る」の論文もその一例である。

大江志乃夫著『日本の参謀本部』(中公新書)一〇四頁に次のような記述がある。

「旅順攻略のために第三軍の編成が決定されたとき、軍司令官に起用されたのは、中将として休職二年八か月ののち留守近衛師団長に復職した乃木希典であった。先任中将とはいえ、休職中将から留守師団長、軍司令官と、中将としての実役停年《じつえきていねん》期間(実際に軍職についていた期間)がながい他の野戦師団長を飛びこえての、無理な人事であった。起用の理由は、日清戦争で旅団長として旅順を攻略した経験者であるということであった」

しかし、この記述は誤りである。

同階級の序列はその進級時期によって決まるが、大江氏の説に百歩譲って、実役期間を比較すると、第三軍隷下の第一師団長・伏見宮および第九師団長・大島久直の両中将は明治三十一年十月一日に、もう一人の第十一師団長・土屋光春中将は明治三十五年五月五日に昇任している。土屋ははじめから問題にならないが、伏見宮、大島については、明治三十七年二月の乃木復職の時点で、前後二回の休職期間計三年四カ月を差し引いても、乃木の方が両中将より実役停年期間は約二カ月長い。従って無理な人事でも何でもない。

大江氏はさらに「軍事技術が日進月歩の時期に軍職を去っていた人物を軍司令官にすえるという人事は適切でなかった」（同書一〇五頁）と述べているが、これは乃木にはあてはまらないことで、今まで縷々《るる》述べてきたとおりである。

また日清戦争では、乃木が直接旅順を攻撃していないことはすでに述べた。

これを要するに大江氏の勉強不足というよりほかはない。

旅順要塞を攻略するか、封鎖にとどめるか

日露開戦前のわが作戦計画では、旅順についてはあまり大なる考慮が払われていなかった。迂闊《うかつ》といえばこれほど迂闊なことはないだろう。

旅順要塞を攻略するか、あるいはこれを封鎖して監視にとどめておくか、その処理についての決心が決まらないままに開戦を迎えたわけである。否、開戦後、第三軍の編成動員下令時においても、具体的な方策に関しては真の腹は決まっていなかったのではなかろうか。

ここに、それを証明する手紙がある。

留守近衛師団長の乃木が第三軍司令官に任命されたのは五月二日であるが、その直後の五月五日、乃木は友人の近衛師団長・長谷川中将に、鴨緑江渡河の成功に引き続く九連城の占領を

祝すお祝いの手紙を書いている。
　その手紙の中で次のように近況を報じている。

「（前略）小生儀モ第一軍ノ大勝後動員令ニ接シ第三軍ニ属シ中候　後任ハ佐久間大将事務取扱ト相成夫々申継仕候、留守諸件モ未タ不充分ナル儘《まま》ニ引続キ候儀ハ甚遺憾ニ候得共幸ニ橋本深野其外ノ精励ト各補充隊長ノ勉強トニ依リ大不都合ハ有之間敷相信候間御省慮可被下候
　第二軍モ上陸以来諸事好都合之趣キ小生事ハ同軍ノ手伝然タル任務殆ンド其後方守備ニ類シ候事ニ可有之候得共兎ニ角露孃ノ横面位ハ発見可仕相楽中候　昨日ニハ完結ニ至リ候得共進発ノ日ハ未定ニ御座候（以下略）」

　この手紙を見るかぎり、第三軍は第二軍の北進した後の後方警備、特に旅順のロシア軍の出撃に備えるぐらいの任務であったようで、直接旅順を強襲するようなことまでは、大本営もまだ考えていなかったようである。
　わが国の古戦史を見ても、攻城戦においては、城を包囲しても直接城を攻めることは避けていた。特に秀吉はこの原則に徹底していた。彼の鳥取城、三木城、高松城の攻略、すべてそう

日露戦役陸戦図

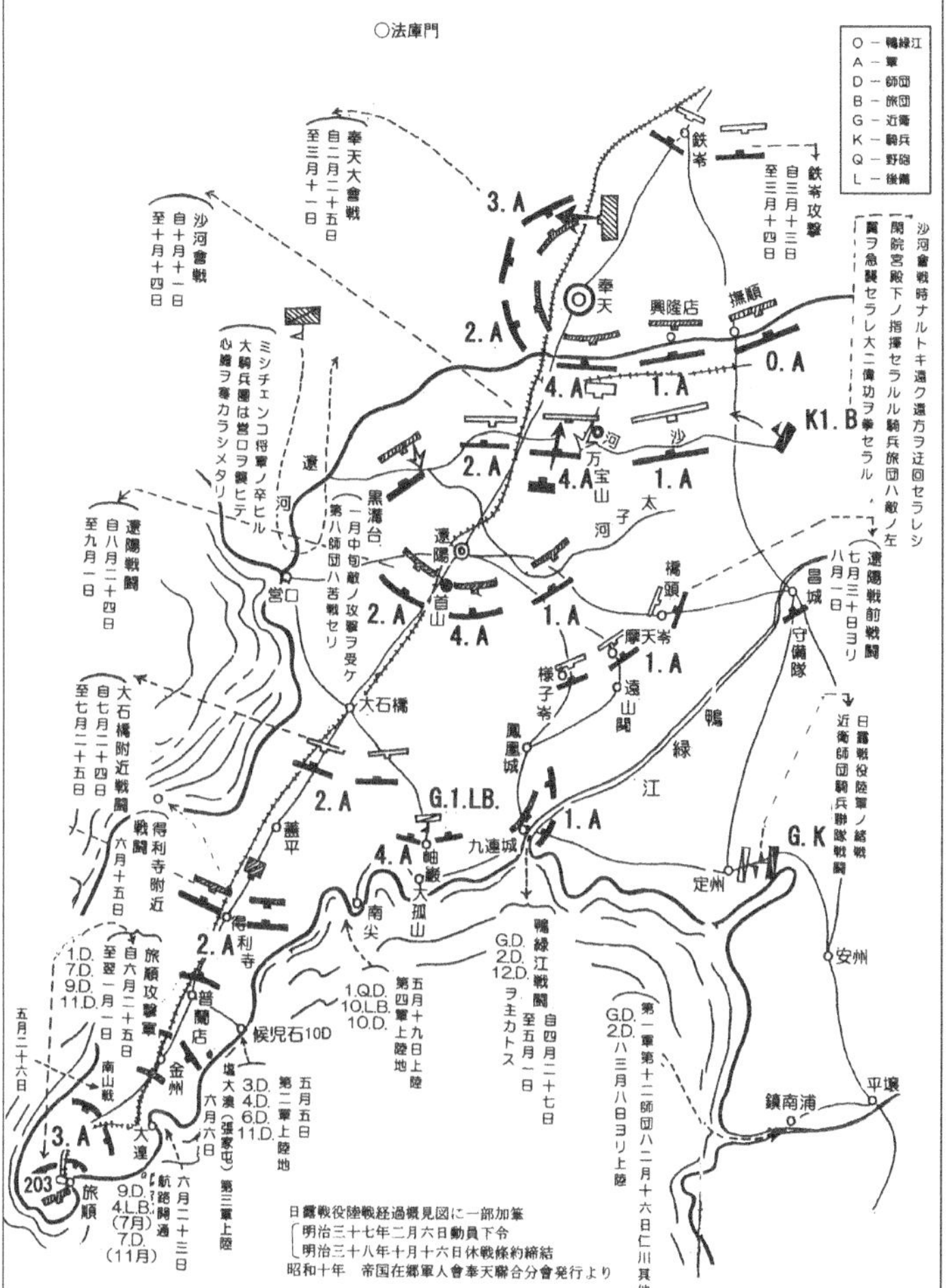

備　考

一、北緯軍２ＬＤハ三十八年六月上旬城津付近ニ上陸シ九月一日會寧付近戦闘ニ１６ＬＤハ七月一日鏡城ニ到着北進セリ

二、樺太上陸軍（２６Ｂ・１３Ｄ）ハ明治三十八年七月七日海軍掩護ノ下ニ又明治三十八年七月二十四日第一アルコア付近ニ上陸ス

三、奉天大會戦前ヨリ永沼挺身隊、長谷川挺身隊、其他花田別働隊又特別任務者ハ敵ノ後方連絡線妨害ノ為メ両翼及北満各地ニ活動セリ

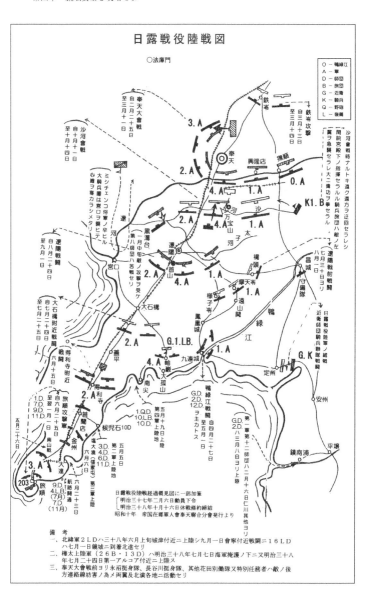

である。小田原攻めまた然りである。敵の糧道を絶ち自壊に導く。これが秀吉の最も得意とした戦法で彼の名将たるゆえんである。

乃木の考えもこの秀吉の戦法と全く同じであったろう。彼は宇品港（広島県）出発前に、その幕僚に対し、次の歌を示して要塞攻略の心構えを教えている。

急ぐなよ　旅順の敵は逃げはせじ
　よく喰って寝て　起きて戦へ

要塞の攻略のごときは、じっと我慢して包囲を続ければ、やがて熟柿の落ちるように必ず落ちる。これが乃木の腹づもりであったのである。

その旅順を、なぜ強攻しなければならなかったか。それは海軍からの強い要請があったからである。

わが聯合艦隊は緒戦において、露国太平洋艦隊の撃滅ができず、その主力を旅順港に逃がしてしまった。当初海軍は、旅順港内に逃げた敵艦隊を港内に封じこめておくために、旅順港の入口を閉塞《へいそく》しようとした。軍神・広瀬武夫中佐が活躍したのはこのときである。しかし、この閉塞は失敗した。

折しもロシア本国からバルチック艦隊の来航が報ぜられた。

海軍としてはバルチック艦隊の到来する以前に、旅順の陥落を強く陸軍に要請するに至った。この要請が果たして正しかったかどうかは別として、これが陸軍に何万という莫大な尊い犠牲を強いることになったのである。

結果論になるが、バルチック艦隊が対馬沖に到来したのは、明治三十八年五月二十七日である。旅順要塞に対する総攻撃開始後九カ月、陥落後五カ月のあとである。

こんなことなら、何をそんなに急ぐ必要があったのかという疑問は誰しも起こるはずである。

しかし、日露戦争が勝利に終わったため、陸軍はこの苦い教訓をすっかり忘れてしまった。そして大東亜戦争で、また海軍の言いなりになって、広大な太平洋の島々に大兵をばらまくという愚をおかしてしまった。その結果は旅順の何十倍もの損害を出して敗戦に終わったのである。

山川草木転荒涼

さて、明治三十七年六月一日、八幡丸に乗船し、宇品港を出発した第三軍司令部は、六月六日、遼東半島の張家屯《ちょうかとん》に上陸し、すでに到着していた第一、第十一師団をその指揮下に入れた。

この上陸地点については、塩大澳《えんたいおう》と書いている本も多いが、公刊戦史によれば正確な地名は張家屯である。

この日、乃木は陸軍大将に昇進する。

当時、第一、第十一師団は大連西方の地区において、露軍のフォーク支隊、キレニン支隊とそれぞれ相対峙していた。

翌七日、雨の中を乃木は金州を経て南山の戦跡を訪ねた。長男勝典《かつすけ》はさる五月二十六日朝、金州城外で負傷、翌二十七日戦死した。

しかし、この日の日記には、勝典の戦死については一言もふれず、有名な山川草木の漢詩がその末尾に書かれている。

山 川 草 木 転 荒 涼
十 里 風 腥 新 戦 場
征 馬 不 前 人 不 語
金 州 城 外 立 斜 陽

山川草木　転《うたた》荒涼
十里風腥《なまぐさ》し　新戦場
征馬前《すす》まず　人語らず
金州城外　斜陽に立つ

余談ではあるが、この日記では「山川草木」は「山河草木」、「斜陽に立つ」は「夕陽に立つ」となっている。しかし、この月末に内地の友人にあてた書簡（葉書）にはすでに「山川」「斜陽」と書き改められている。夕陽が斜陽になったのは平仄《ひょうそく》の関係で、すぐ乃木も気付いたのであろう。

いずれにせよ、本場の中国人も絶賛したというこの漢詩は古今を通ずる傑作である。こんな優れた詩を作るものだから、司馬氏が乃木は文学的才能は秀でているが、軍事的才能は乏しかったなどと放言するのである。しかし、戦国時代の名将・上杉謙信も立派な漢詩を残したと伝わる。

閑話休題。翌八日、金州を出発し、北泡子崖《きたほうしがい》（大連西北方約八キロメートル）に軍司令部を進め、第一、第十一師団長を召集し、訓令を与えている。

さらに九日に第一師団、十日に第十一師団と、休む暇なくその前線を巡視した。

乃木の積極果敢な陣頭指揮ぶりが窺われる。

六月二十三日、大連港にはじめてわが輸送船が入り、これからのわが後方兵站線はこの大連が起点になる。

乃木は、わが後方連絡線の安全を確保するため、第十一師団をして老横山（これを攻撃占領した部隊が四国徳島の歩兵第四十三聯隊であったので、爾後、剣山と呼称した）の攻撃を命じ、同師団は六月二十六日これを占領した。しかし、剣山に対する露軍の反撃もすさまじく、露軍がこの奪回を断念し、我が完全にこれを確保したのは七月五日である。

七月に入って新たに第三軍に編入された部隊が続々と戦場に到着した。

攻城砲兵司令部、後備歩兵第一旅団、第九師団、後備歩兵第四旅団などである。これらの部隊の到着で、第三軍の兵力は当初の倍となった。

しかし、この後続部隊の輸送においてロシアのウラジオストク艦隊の攻撃を受け、輸送船の被害が出て、爾後の作戦準備に少なからぬ支障が生じた。近衛後備歩兵第一聯隊が全滅した常陸丸の沈没もこのときである。また沈没は免れたが、要塞攻撃に必要な攻城資材をのせた佐渡丸の遭難も大きな痛手となった。

満洲軍総司令部の敵情判断の甘さ

七月十五日、満洲軍総司令部は大連に上陸。十八日、満洲軍総参謀長・児玉大将は、第三軍参謀長・伊地知幸介少将と会談、ここで旅順攻略に関する方針が定まった。

この会談について司馬氏は「乃木がそうであるように、第三軍の幕僚のふんいきはなにか暗かった。(この連中、大丈夫だろうか)と、児玉はふとおもった」(『坂の上の雲』「黄塵」)などと書いて、伊地知ら幕僚を嘲笑しているが、むしろ問題になるのは、この時点における総司令部の敵情判断の甘さ、旅順要塞に対する軽視ではないであろうか。

このとき満洲軍は、日露戦争の決戦ともいうべき遼陽会戦を雨期明けに予想し、それまでに旅順を陥落させ、第三軍の同会戦参加を考えている。「捕らぬ狸の皮算用」とはまさしくこのことで、この楽観が旅順の悲劇の最大の原因となったのである。

これより先、旅順港閉塞作戦中の東郷平八郎聯合艦隊司令長官は、迅速な旅順攻略の必要を大本営に意見具申してきた。これを受けて七月十二日、大本営において、陸軍参謀総長、海軍軍令部部長列席の陸海高級幕僚会議が開かれ、この意見具申を承認し、満洲軍総司令官に対し旅順攻略が焦眉の急なる旨を述べて次のような電報を打った。

「第三軍ハ既ニ歩兵三十六大隊火砲二百七十余門ヲ有スルヲモツテ、第九師団及ビ野戦砲兵第二旅団全部ノ到着ヲ待タズ攻撃ヲ実行シ得ル望アリ、刻下ノ情況、第三軍ニ少シク無理押シヲ望ムハ実ニ已ムヲ得ザルベシ」と。

旅順港外において、敵から逆に抑留されている格好となってしまった聯合艦隊の焦りの気持ちはわかるとしても、大局的立場に立って冷静な判断をしなければならない大本営までが、敵の実態を全く知らずしてこんな電報を打つとはまことに情けない話である。

後で旅順が落ちてからわかったことであるが、旅順の守備兵力は四万二〇〇〇、火砲六四六門であった。それを我は、守備兵力一万五〇〇〇、火砲二〇〇門と、実際の三分の一に見積っていた。

この見積りの誤りの責任も大きいが、この参謀総長電は、おそらくこの会議に列席した満洲軍参謀・井口省吾少将の起案であろう。児玉が伊地知の尻を叩いて攻撃開始を督促したのもこの電報のためである。

しかし、乃木、伊地知は冷静慎重であって、その周到な作戦計画は、やがて総司令官の承認するところとなる。

七月二十五日午前十時、乃木は隷下師団および諸隊に対し前進陣地攻撃命令を下達した。軍は北から第一、第九、第十一師団を併列し、二十五日薄暮から行動を起こし、二十六日朝、攻撃を開始した。

これに対する露軍の抵抗反撃も頑強で、各隊は一進一止、三日間に及ぶ悪戦苦闘の後、露軍を撃破して前進陣地を奪取した。

この七月二十六日から二十八日までの前進陣地の攻撃に参加した日本軍の兵力は歩兵約四六大隊半、騎兵五中隊、野山砲一七八門、重砲五二門、機関砲四八門、工兵九中隊で、その兵員は約五万七七〇〇名であった。また日本軍の損害は死傷者二八三六名（内戦死五一八名）である。

これに対し露軍は、歩兵約一九大隊、徒歩猟兵二二隊、騎兵一中隊、乗馬猟兵五隊、砲七〇門、機関銃三〇挺、海兵一中隊、総兵員約一万八〇〇〇名で、死傷一三九五名の損害を出した。

前進陣地を攻略した軍は、引き続き敗敵を追撃して、旅順要塞内に封じこめ、七月三十日、攻囲陣地を占領した。

この戦闘に参加したわが兵力は歩兵約四七大隊、騎兵五中隊、野山砲一五六門、重砲二四門、機関砲四八門、工兵九中隊、総員約四万六五〇〇名で、損害は死傷一一五八名であった。

これに対し露軍は歩兵一六大隊、騎兵一中隊、徒歩猟兵三隊、乗馬猟兵四隊、野砲七二門、機関銃若干、総員一万七四〇〇名で、死傷者六六七名（内戦死者二四六名）を出している。

この数字でわかるように、前進陣地攻撃から攻囲陣地占領までのわが方の損害は四〇九四名になる。

この数字は、第二軍の緒戦の南山の戦闘のわが損害四三八七名に匹敵する数字である。

ちなみにこれを他戦場と比べると、鴨緑江の戦闘は九三二名、得利寺《とくりじ》の戦闘では一一四五名である。

これを見ても、予め準備された既設陣地に対する攻撃が、いかに多くの犠牲を強いられるかがよくわかる。

要塞攻撃の前哨戦でこんな莫大な損害が出るとなると、本番の攻撃ではどれだけ損害が出るか、軍司令官以下、第一線の将兵はそれを肌で感じたことだろう。
しかし後方の総司令部や大本営では、まだ旅順は簡単に落ちると思っているのである。また海軍の方は、当初、海軍独力で旅順を陥落させる考えであったぐらいだから、とにかく早くやれやれである。

第三軍が攻囲陣地を占領して要塞の前面に進出すると、旅順要塞の状況が逐次判明し、その強度が当初の予想とは比較にならないほど堅固なものであるとわかってきた。

乃木は参謀副長・大庭《おおば》二郎中佐（後の大将）の意見を採用し、主攻を東北正面に指向し強襲法（数日間砲兵の火力で制圧したのち歩兵が突撃して要塞を奪取する戦法）で攻略することにした。

強襲法というとすぐ肉弾攻撃と勘違いする向きもあるかも知らぬが、この場合は、砲兵の攻撃準備射撃（当時はまだこのような用語はなかったが）を実施して、敵戦力を破砕した後、攻撃前進するという現在の攻撃法と全く同じである。

従ってこの攻撃の成否は一に準備する砲兵火力、換言すれば砲兵の弾薬数にかかってくるのである。

この弾薬の調達輸送の最高責任者は、参謀次長の長岡外史少将である。

この長岡は元来アイデアマンで、いわゆる着眼戦術家であったので、旅順要塞の正面攻撃は避けて、西方から敵の弱点に乗じ奇襲攻撃をやれという士官候補生なみの案を思いついて満洲軍参謀・井口省吾に提案したところ、井口もこれに同意して第三軍参謀長・伊地知にはかった。しかし伊地知の同意が得られず、両者の間で激論、遂にはつかみあいにならんばかりになったと伝えられている。

ちなみに伊地知、井口、長岡は陸士士官生徒二期の同期生である。

司馬氏はこの件についても、わけもわからず長岡、井口の案に反対した伊地知を無能かのように決めつけている。

要塞攻撃で正面攻撃をしないですめば、これに越したことはないだろう。

しかし要塞は、どこから攻められても対抗できるように陣地編成がなされている。従って、どこから攻めても正面攻撃になるのである。旅順要塞で正面攻撃を避けようとしたら海から攻めるしか方法はない。長岡や井口のように西から行っても、やがて正面攻撃になることに変わりはないのである。

旅順要塞の攻撃案

もちろん旅順要塞の攻撃案としては、大別して東北方からと、西方からの二案が考えられる。この両者の利害を比較検討した結果のうえでの東北案の採用である。

いま東北方案をA案、西方案をB案として両者の利害を比較検討してみると次のようになる。

［A案］
（利）
一、攻撃準備、就中《なかんずく》わが砲兵の展開容易、従ってわが砲兵の集中火力の発揮可能。
二、わが後方連絡線が安全、補給容易。
三、旅順要塞の要点ともいうべき望台を直接奪取することによって全要塞の崩壊を迅速に導くことができる。

（害）
一、敵の最も堅固な正面と思われる場所を攻撃することになり、わが方の損害大となる確率大。

［B案］
（利）
一、敵の陣地建設薄弱と思われる場所を攻撃することにより、わが損害が少なくてすむかも知れない。

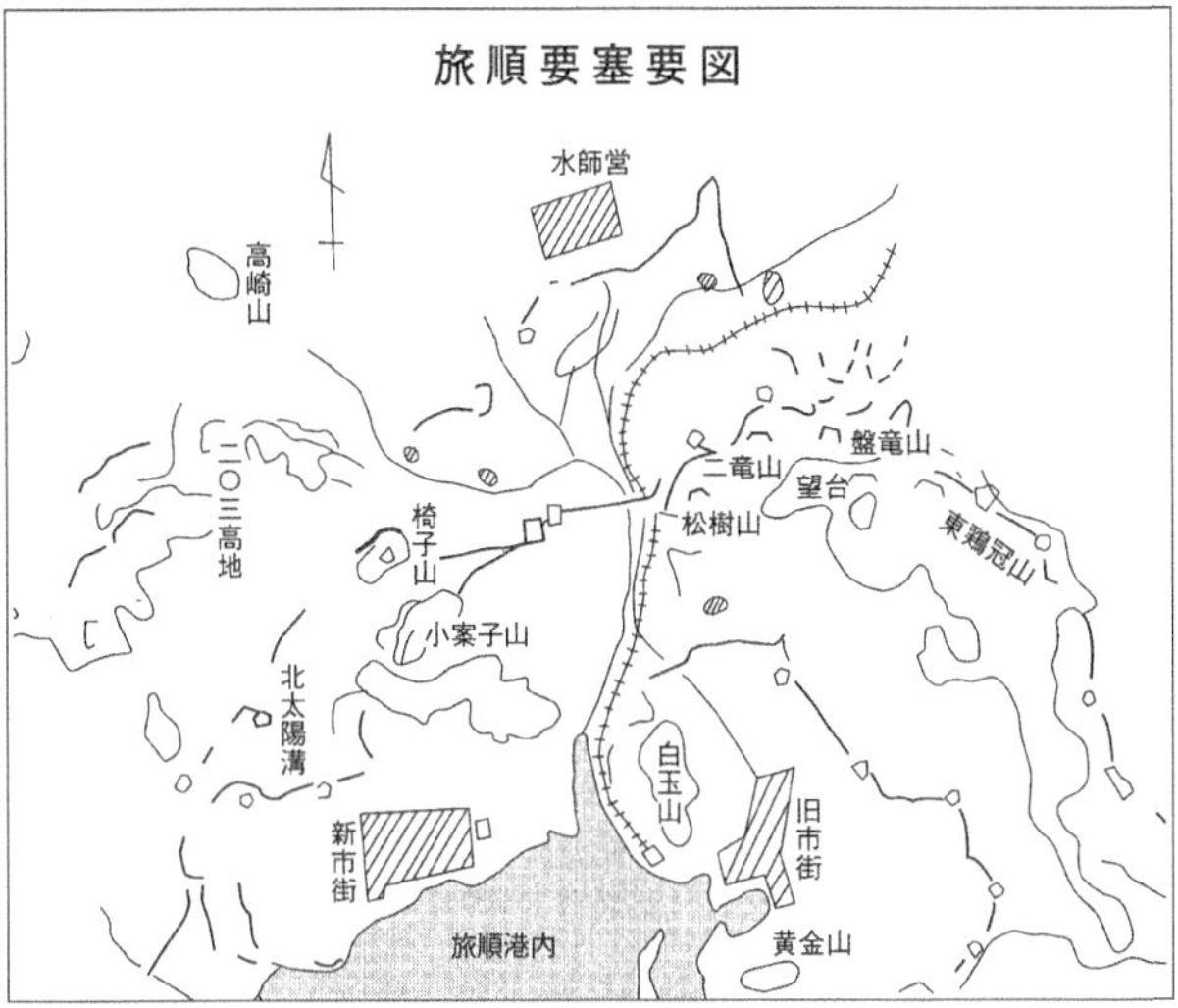

（害）

一、わが後方連絡線が危険にさらされるおそれ大。また鉄道の端末から遠く離れるので補給困難。

二、わが砲兵の展開するための地積狭小、攻撃準備困難。

三、敵の要塞本防御線を奪取しても要塞内部において逐次抵抗を受けるおそれあり。

四、敵が積極的攻勢に出てきたとき危険に陥る確率大。

おそらく伊地知と井口は以上の諸点をあげて議論したと思うが、こうやって両案をならべて見ると、伊地知のA案の方が断然優れていることが素人でもわかるだろう。

長岡や井口は奇襲をせよなどと言っているが、確かにB案は奇襲によるしか成功の確率はない。しかし奇襲は相手が油断していることが前提条件で、相手がしっかりしておれば、はじめから成り立たないのである。

ガダルカナル飛行場攻撃の第二師団の戦例が好い例である。

露軍の防御プラン

ところで露軍の方はどのように考えていたのか。

その前に露軍の指揮系統について述べると、この方面の最高指揮官は関東防御地区司令官ステッセル中将で、その下に旅順要塞司令官スミルノフ中将がおり、さらにその下に全陸正面指揮官コンドラチェンコ少将(第七師団長)と総予備指揮官フォーク少将(第四師団長)がいた。

この露軍の首脳部も日本軍の主攻正面について、やはり次の二案を予想していた。

その一つは「日本軍の主攻は、東方戦線の屈折点にあたる東北正面の中央部に向けられるであろう」というスミルノフ中将の見解で、まさしく前述のA案である。他の一つは、「日本軍は堅固な正面を避けて、双島湾、鳩湾方向から攻撃してくる」という前述のB案と全く同じものでこれはコンドラチェンコ少将の判断であった。

この露軍の敵情判断（今様で言えば敵の可能行動の分析）は極めて適切である。特にコンドラチェンコが西方からの攻撃を予想しているのは流石《さすが》である。露軍随一の猛将である彼が、西方からの攻撃を予想していることは、もし、日本軍が西方から攻めてきた時の対策を十分に考えていたことを意味する。

然りとすれば、長岡や井口のいう奇襲のごとき、はじめから全然成功の見込みはないし、それこそコンドラチェンコの思う壺《つぼ》である。

まかりまちがえば、日本軍は明治三十七年八月の時点で完膚《かんぷ》なきまでの大敗北を喫したに違いない。

当時の両者の相対兵力比からしても、露軍の攻勢移転成功の可能性は極めて大であり、ひいては日露戦争は明治三十七年内で露軍の勝利で終わっていたかも知れない。

伊地知が井口の提案を断乎として斥けたことは、まことに幸いであったというよりほかはない。

降伏勧告を発す

旅順要塞総攻撃開始に先立ち、参謀総長・山県元帥は、聖旨を奉体し、要塞内の非戦闘員（婦人・小児・僧侶・中立国外交官）の退去を勧告するようにとの訓令を大山総司令官を経て乃木軍司令官に伝達した。

乃木は聯合艦隊司令長官・東郷大将と協議して、この非戦闘員退去の勧告に併せて、降伏勧告の勧降書を敵将ステッセル中将に送った。

八月十六日、軍参謀・山岡熊治砲兵少佐は軍使となって水師営に到り、ロシア軍参謀長レイス大佐と会い、これらの覚書を手渡した。しかし、翌十七日、ロシア軍から両勧告とも拒否する旨の回答があった。

司馬氏は、このことに関して次のように記述している。

「参謀長伊地知幸介は、この総攻撃開始までのあいだに、いまひとつ劇的な手を打った。敵の旅順要塞司令官アナトーリイ・ミハイーロウィッチ・ステッセルに対し、戦わざる前に降伏を勧告したことであった。この突如の勧告に、ステッセルはおどろいたことであろう。

由来、日本人の慣例として——おもに戦国時代の——敵城の包囲を完了したとき、なんらかの方法で降伏を勧告する。日本戦史は単一民族のあいだにおこなわれた国内戦であり、それだけに敵味方とも何等かの縁故で結ばれていることが多く、降伏勧告もその点で無意味ではなかった。第一、城（要塞）とは防衛上の殺人機関であり、これに正面から攻めかかるのは人命を必要以上に損耗《そんもう》するため、できるだけ外交と謀略をもっておとすほうがいい。その意味で伝承されつづけてきた国内戦の城攻め慣習――非戦降伏の勧告――を、他国家の、異教徒の要塞に用いるというのはどういうことであろう。西洋の場合は敵が傷つき、ついに戦力の大半をつかいはたしたとき、とどめを刺す以前に降伏を勧告するのが通例であり、ステッセルもロシア人である以上、その常識しか知らない。

第三軍司令部から派遣された降伏勧告使は陸軍砲兵少佐山岡熊治であった。しかしながらステッセルはこれをきびしくはねつけた。だけでなく、この勧降は旅順要塞における四万四千のロシア将兵の戦意を沸騰させ、逆にかれらの士気と団結を高めしめる結果になった」（『殉死』）

まるで、余計な馬鹿なことをしたものだと揶揄《やゆ》したような書きぶりだが、司馬氏がいったい何を根拠としてこんなことを書いたのか理解に苦しむものである。それにしても、投降勧告が日本人どうしの国内戦だけ通ずるものであって、外国との戦争にはありえないなど、およそ東西古今の歴史を無視した彼独特の珍説を述べているのは、ただ不可思議としか言いようがない。

またその結果、四万四〇〇〇のロシア将兵の戦意を沸騰させたなど、オーバーなことを言っているが、これも彼の勝手な空想である。

だいいち、ステッセルが、日本軍からこんな勧告があったなどと、わざわざ部下将兵に公表するだろうか。

この事実を知っているのは、ステッセルとその主要な幹部の一部に限られていたと考えるのが常識である。

確かにステッセルは、この返事を出すために会議を開いている。しかしその出席者は極めて限られた少数の幹部であり、たとえ会議の内容が外に洩れ、やがて一般に知られたとしても、それには相当の時日がかかったであろう。

降雨のため攻撃延期

旅順の総攻撃は、八月十八日、砲撃を開始し、主攻撃を担任する第九、第十一師団は二十日払暁、突撃、それぞれ盤龍山、東鶏冠山《ひがしけいかんざん》堡塁を奪取する計画であった。

ところが十三日以降、連日の降雨で道路が破壊され、弾薬の輸送に支障を生じたため、軍司令官は十七日午前四時、攻撃延期を命令し、天候回復とともに、十八日午前十一時、攻撃計画の一日順延を命令した。

この攻撃の成否を握るものは、既述したとおり砲兵の弾薬数である。道路破壊のため予定の砲兵弾薬の集積ができないと知るや攻撃開始の延期を決断したのである。

陣地攻撃成功の要訣《ようけつ》は周到なる準備にあるということは、戦術原則として頭でわかっていても、周囲の事情にふりまわされて、準備不十分のまま攻撃を始めて失敗した戦例は昔から山ほどある。

しばしば例に引き出しているが、第二師団のガダルカナル飛行場攻撃などその最も好い例であろう。

このときは、第一線の右翼隊長・川口清健少将は準備の不十分を理由に、攻撃開始の一日延期を意見具申したが、師団長はこれを認めぬどころか、問答無用とばかり、川口少将を罷免してしまった。この張本人は師団に派遣されていた大本営の辻政信参謀であるが、こんなことをして戦争に勝てるはずはない。第二師団は見るも無惨な大敗北を喫してしまうのである。

旅順の場合も、大本営や総司令部から早くやれやれと督促されている。

乃木としては、すでに命令を下達し上司にも報告している攻撃時期を延期するのは、まことにつらいことであったろう。しかし断乎として攻撃延期を決断した。昭和の将軍と一味違う、乃木の名将たるゆえんである。

司馬氏はこういう点には、全然気がついていない。

第一回総攻撃

八月十九日の朝は曇天、北風が強かった。豊島《てしま》陽蔵少将の指揮する攻城砲兵部隊は午前六時、砲撃の火蓋《ひぶた》を切った。

これに対しロシア軍砲兵部隊も六時十五分反撃開始、また旅順港内に碇泊中のロシア艦隊もこれに呼応し、日本軍砲兵陣地に射撃を開始した。ついで大迫少将の指揮する野戦砲兵第二旅団も八時二十分射撃を開始した。この彼我の間に行なわれた対砲兵戦では、我は完全に敵を圧倒し、敵砲兵はやがて沈黙していった。

要塞の堡塁もわが砲撃により、かなりのダメージを受けたようであったがこれを破壊するためにはあまりにも我の弾薬が少な過ぎた。

要塞攻撃の前哨戦として、第一師団の右翼隊は早朝より大頂子山を目指し、また第九師団右翼隊は砲兵射撃の戦果を利用し、午後五時三十分、龍眼北方堡塁に突撃を開始したが、共に死傷続出して成功に至らず、夜を徹して八月二十日の朝を迎えた。

二十日、第一師団右翼隊は攻撃を再興し、午後二時頃、大頂子山を占領した。

また第一師団左翼隊は未明より水師営付近の堡塁を攻撃し、彼我の間で激烈な攻防戦がくり返された。

午後四時、軍司令官は「第九・第十一師団ハ明二十一日午前四時予定ノ攻撃目標ニ突入スベシ」の命令を下した。

いよいよ軍主力の攻撃開始である。

八月二十一日午前四時十分、攻城砲兵諸隊は砲撃を再開した。露軍砲兵もまたこれに応射してきた。

砲兵射撃に呼応し、両師団は突撃を開始した。ロシア軍の抵抗は頑強を極め、我の突撃は成功せず、累々たる屍は山を覆い谷を埋めた。

また砲兵の弾薬も欠乏してきた。

八月二十二日午前五時、団山子東北方高地に立って前線を眺めていた乃木は、第九、第十一両師団の攻撃不成功を覚り、攻撃中止を決心した。

すでに砲兵弾薬が射耗し尽し、このまま攻撃を続行することは徒に損害を増やすだけであり、成功の見込みは全くない。極めて妥当な決心というべきであろう。

間もなく両師団に退却命令が発せられたが、夜はすでに明けており、第一線部隊は敵を前にして動くこともできず、そのまま待機していた。

軍は今後の処置について指示を出すため両師団の参謀長を軍の戦闘司令所に招致したが、このとき、第九師団の左翼隊の一部が盤龍山東堡塁に突入したとの報告が入った。それは戦闘司令所の位置からも目撃ができた。

軍司令官はこの戦果を拡張しようと、攻撃の続行を決意した。

乃木の戦機の看破と決心の変更に、その柔軟な頭脳と強固な意志責任感を感じさせる。

薄志弱行の徒なら、第一線から報告される夥《おびただ》しい損害の報に悲鳴をあげ、このような臨機応変の処置は不可能だ。

しかし、このときはロシア軍も必死であった。孤立無援の要塞の防御戦である。退くに退かれぬ、あとのない彼らは、逆襲に次ぐ逆襲で失地の奪回を試みた。

そのため第九師団は、占領した盤龍山東堡塁と西堡塁を確保するだけで精一杯であった。

八月二十三日、第十一師団は軍命令に基づき盤龍山東堡塁から望台方向に攻撃したが、ロシア軍の頑強な抵抗に阻まれてその企図は挫折した。

二十四日、攻撃は再開されたが、死傷続出するだけで攻撃は進展しなかった。

戦争文学の嚆矢《こうし》とも言うべき名著『肉弾』の著者・桜井忠温《ただよし》中尉が敵中で重傷を負ったのも、このときこの場所である。

砲兵司令官・豊島陽蔵少将の「現状では明二十五日中に弾薬がなくなる。今後は歩工兵だけで攻撃するしか手段はない」との意見具申もあり、また第十一師団長よりも「すでに万策尽きて攻撃の継続不可能」の意見具申もあった。

ここにおいて乃木は、第九師団長に占領した盤龍山堡塁の絶対確保を命じて、総攻撃中止を決断、発令した。時に午後四時であった。

このとき第九師団の左翼隊長・一戸兵衛《いちのへひょうえ》少将は、盤龍山第一砲台の攻撃を準備していたが、攻撃中止の命令に接し、強く攻撃続行を希望し意見具申したが、軍司令官の容認するところとならず、遂に攻撃を断念した。

「第一回で奪れていた」？

このことに関し、司馬氏は次のように記述しているので、少し長くなるがそのまま掲載する。

「その望台というこの大要塞の内ぶところにまで達した部隊は、金沢の第六旅団をひきいる少将一戸兵衛の兵であった。かれらはその後の戦況からみれば夢のような話だが、八月二十四日の午前三時すぎ望台に達したのである。

が、背後の諸堡塁から猛烈な銃砲火をあびせられたため、一時望台高地の高地脚の下にさがってかくれ、夜を徹した。

指揮官である一戸兵衛は、旅順陥落後、伊地知にかわって乃木の参謀長になる人物だが（筆者注、奉天会戦後就任第四代目）、勇猛な上にすぐれた戦術感覚をもっていた。かれは新鋭な兵力の応援さえあれば望台は奪《と》れるとみた。すでにその兵力として、第十一師団（善通寺）がそばにきている。夜があけ、一戸はなお占領地を保った。かれは午後二時を期し、第十一師団の突撃隊とともに望台の西北高地に突撃するつもりであった。これは可能であった。

ところが、乃木軍司令部は、退却を命じてきたのである。一戸は、

『いまにして攻撃を中止すればこれだけの死傷を出したことがすべてむだになる。望台はとれる。第十一師団の応援がえられないとすれば、わが旅団独力をもって攻撃を続行したい』

と悲痛な意見具申をしたが、ついに容れられず、占領した拠点をすてて退却した。

一戸兵衛は謙虚で無口な男だが、このときばかりは、

『乃木軍司令官の気持がわからない。なぜ状況に一致しない命令を出すのだろうか』

と声を放ったというが、ともかくも乃木軍司令部がやった最大の愚行は、この第一回総攻撃において強襲法をとったということよりも、前線がどうなっているかも知らず、そのあまりにも大きな損害におどろいていっせいに退却せしめたことであった。

一戸兵衛は、温厚な人物だけに、

『その理由が、あとでわかった』

と、語っている。ただし、事実は明かさない。明かさなかったのは、乃木・伊地知の名誉にかかわるからであり、これについてはできれば永久に沈黙しておかねば国民の反撥がどれだけ大きいかわからぬと思ったからであろう。第一線の実情がわからなかった最大の理由は、軍司令部がぜったいに砲弾のとどかない後方にあったからであった。本来なら軍司令部の位置をす

すめて各師団の動きがみられるところへ置き、地下に壕を掘り、上を掩堆（筆者注、こんな軍事用語はない。掩蓋の誤りだろう）でかためればよい。それをせず、軍司令官以下が前線を知らなかったことがこの稀代の強襲計画を、それなりに完結させることさえせずにおわらせてしまった。この時期の満州軍総司令部の参謀たちの一致した意見では、

『第一回で奪れていたのだ』

ということであり、それだけに乃木軍司令部への風あたりがつよかったのである」（『坂の上の雲』「あとがき四」）

この記述が全くいい加減なデタラメなものであることは、聡明な読者各位には、あえて説明の必要がなかろう。

だいたい、第一線指揮官と後方の上級指揮官との状況判断の次元の相違が、全然わかっていない。

第一線指揮官たる一戸少将の気持ちはよくわかる。しかしあのとき、彼の意見どおり攻撃を続行させたら結果はいったいどうなっていたか。旅団長以下それこそ玉砕以外、何ものもなかったであろう。

一戸旅団は、第七・三十五の両歩兵聯隊で編成されているが、この戦闘で七聯隊は聯隊長以

下一五二四名、三十五聯隊は聯隊長以下一四八七名という、ほとんど全滅に近い損害を出している。しかも単なる数字だけの損害ではない。

七聯隊の聯隊長と大隊長三名全員が戦死し、三七名の将校が戦死傷している。三十五聯隊も聯隊長と二名の大隊長が戦死し、もう一名の大隊長は負傷している。将校の損害は四九名という数字である。もちろん両聯隊とも中隊長のほとんどが死傷している。

事実、このとき一戸少将の掌握した兵力は、新たに増援された三十六聯隊の二個集成中隊と第七聯隊第二大隊の残存兵力だけである。

だから、一戸少将も新鋭兵力があれば望台の奪取も可能であると言っているのである。しかし、そんな兵力はどこにもない。十一師団も九師団に劣らぬ損害を出している。

一方、相手のロシア軍は、猛将コンドラチェンコ少将の陣頭指揮の下、まだまだ無傷の大兵力を持っている。

さらに要塞の各所から、いくらでもかき集められるのだ。

このように彼我の相対戦力を比較すれば、勝敗の帰趨《きすう》は自ら歴然たるものがある。

一戸少将が独力でも攻撃の続行を希望したのは、戦死した部下将兵に対して相すまないという気持ちからであろう。

それを、あのときもう一押しすれば勝てたなど勝手な推測をするのは、戦術も戦場心理も何もわかっていない連中の言うことだ。

次に「軍司令部がぜったいに砲弾のとどかない後方にあったから」などとは、事実を知らないとんでもない暴言だ。

前述したように、軍の戦闘司令所は団山子東北方高地にあった。そこから激戦地の東鶏冠山まで直距離三キロメートルである。敵砲兵の完全な有効射程内である。眼鏡を使えば、戦況は手に取るように見えた。もっとも要塞内部の陣内戦の状況は別だが。

軍司令部は第一線の状況を何も知らなかったなどと言っているが、この位置にいたからこそ、各師団の動きが見え、攻撃中止の判断が迅速にできたのである。

司馬氏は、公刊日露戦史（参謀本部編『明治卅七八年日露戦史』）の本文の内容はまことにつまらぬが、その付録の地図だけは極めて価値が高いなどと言っているが、団山子の位置がわからぬようでは、いったい本当に地図を見たのかと疑いたくなる。

歩兵なるものの本質

旅順第一回総攻撃は終わった。

我の戦闘総員五万七六五五名。戦死傷者一万五八六〇名に対し、彼の方は、戦闘総員約三万三七〇〇名、死傷者の数は約一五〇〇名である。彼我の損害を比べると、彼は我の十分の一である。この数字だけを見れば、ロシア軍に攻勢移転成功の確率は十分にあった。

しかし、六日間に及んだ我の猛攻に対し、ステッセルもへとへとに疲れたのであろう。彼は全軍をあげて攻撃に転ずるどころか、奪われた盤龍山堡塁の奪還さえもできなかった。

このとき日本内地においては、新聞社は旅順陥落の号外をすでに印刷しており、戦勝祝賀の提灯行列なども予定していた。日露開戦以来の連戦連勝の報道で、マスコミも国民も有頂天になっていたのである。

こういう軽佻《けいちょう》浮薄《ふはく》な国民性は、今日においても少しも改まっていない。

前述したように、旅順攻撃中止の決断は、わが砲弾が底をついて、これ以上の砲撃が不可能となったので下されたのである。攻撃準備において、天候不良のため砲弾の集積が遅れた理由で、攻撃開始を一日順延したこともすでに述べた。

乃木の決断は、このようにすべて砲兵の戦闘能力が理由となっている。

この重大な事実を多くの戦史研究家が見落としているのだから、司馬氏が気がつかぬのも無理はない。

気がつかぬどころか、乃木は肉弾また肉弾で、無益な損害を出したという先入観で一杯である。

この攻撃に参加して負傷後送された歩兵第二十二聯隊の小隊長・桜井忠温中尉が自己の体験

を書いた『肉弾』という書名の本が、日露戦争後ベストセラーとして広く国民各層に読まれたため、旅順イコール肉弾という観念が長く国民の頭の中にしみこんでしまったことも否定できない。

ところで旧軍人の中には、砲兵の弾丸がなくなったぐらいで攻撃を中止するとは何事だ、歩兵の銃剣があるではないか、という勇ましい議論で乃木を非難している連中もおったことだろう。

司馬氏が、一戸少将の意見どおりに攻撃を続行したら、第一回の総攻撃で旅順は奪れたのだと総司令部の参謀が言っていたというのも、そんなことを耳にはさんだからかも知れない。

しかし、こういう連中は、戦術すなわち TACTICS なるものが全然わかっていないのである。

ということは、歩兵なるものの本質がわかっていないということである。

少し余談を言わせてもらうと、日本に TACTICS すなわち戦術なるものが輸入されたのは幕末であるが、当時の先覚者はこれを忠実に翻訳し、かつ応用し、やがてこれは明治陸軍に継承された。

当時これは三兵戦術と呼ばれた。三兵とは歩兵、騎兵、砲兵である。

その歩兵は、英語（フランス語）で INFANTRY（INFANTERIE）という。その語源の INFANT

る赤児のことである。すなわち独り歩きができず、大人の扶《たす》けを必要とす(ENFANT）とは嬰児ということである。

この意味からして、歩兵は他からの支援を必要とする兵種ということである。すなわち歩兵がその任務を達成するためには、砲兵や工兵など他兵種の支援が絶対必要なのである。歩兵独力の戦闘など近代戦ではありえない。

欧州の近代戦術を学んだ乃木は、この点をよく理解していたのであろう。

だからこそ砲弾が尽きたことを知るや、直ちに攻撃中止の決断が下せたのである。

ところが日露戦争後の日本陸軍はどうなったか。この貴重な戦訓を、故意かあるいは無能のためか、すっかり無視してしまって、日本独特の戦術を作ってしまった。

日露戦争後制定された明治四十二年の歩兵操典に、はじめて綱領なるものが冒頭にかかげられ、全将兵が拳々服膺《けんけんふくよう》すべき金科玉条の根本原則が示されたが、INFANT すなわち幼児のはずの歩兵が、一躍戦闘の主兵として戦闘の主兵から軍の主兵に変わったのである。昭和三年の改正でクローズアップされ、さらに昭和になると、軍の主兵にはね上がってしまった。

そして歩兵は、「たとい他兵種の協同を欠くことあるも百方手段を尽して自ら戦闘を準備し、かつ、これを遂行し奮戦以て最終の目的を達成しその負託に背かざるを要す」ということになった。

では、歩兵に独力で戦闘任務が遂行できるだけの編成装備が与えられたのかというと、さにあらず、相変らず日本刀と三八式歩兵銃が幅をきかしているのである。

欧州大戦を契機とし、列強においては益々火力装備を重視し、新兵器が開発されていると き、明らかに時代に逆行の戦術思想でなくて何であろう。こういう戦術思想の持ち主が、陸大の戦史教育で乃木を批判したのである。大東亜戦争の敗因はすでにここに胚胎していたといえよう。

閑話休題。第七章の「伊地知幸介論」でも詳しく述べているが、この攻撃では砲兵の攻撃準備射撃を二日間にわたり実施している。日本陸軍八十年の歴史において、これほど大規模な砲兵射撃を実施したことは、後にも先にもないことも例をあげて述べている。

この戦例は、早速、欧米列強の採用するところとなり、第一次世界大戦の陣地戦において、攻撃準備射撃なる軍事用語を生み、爾来、攻撃における戦法のパターンとして定着し今日に至っている。

日本の自衛隊でも完全にこれが慣用戦法となってしまい、むしろ、そのマンネリ化を筆者はひそかに憂えているものである。

攻撃築城と二十八サンチ榴弾砲

ところで、第一回総攻撃に失敗した第三軍は早速、攻撃築城（敵陣地に向かって壕を掘り進んでいく）による攻撃方法を新たに採用した。

これは軍参謀・井上幾太郎《いくたろう》工兵少佐（後の陸軍大将、わが国航空の生みの親）の意見具申によるものだが、軍司令官は八月二十八日、この意見具申を承認し、三十日午前十時、各師団参謀長、工兵大隊長などを軍司令部に集め意見を求めた。

ところがこの席上で同意したのは、工兵第十一大隊長・石川潔太大佐だけで、各師団参謀長は「攻撃築城は今まで訓練をしたこともないことであるし、その上、砲兵の掩護射撃下でなければ難しいと思う。ところで砲兵には掩護射撃用の弾薬があるのか」と難色を示し、議論は午後四時まで続いた。

乃木は「砲弾の補給がつくまで、何もしないで待っているわけにはいかぬ。敵は一発を撃ち一兵を損するたびに、それだけ要塞の寿命を縮めている。今は攻撃築城を続行すべき時である。弾薬補給の道がつき、他に良法を採れる時機になれば、いつでも強襲法に移ろう」と断を下し、三十一日、各師団に攻撃目標を示し、師団は九月一日から攻撃路の構築作業をはじめた。第一回総攻撃を中止してからわずか一週間である。

旅順要塞を狙う28サンチ榴弾砲

戦況に即応する軍首脳部の柔軟な頭脳と各部隊将兵の旺盛な闘志を知ることができる。

なおこのとき乃木は、井上参謀に第一回総攻撃の戦訓を活用した戦闘教令を作成するように命じた。

井上は宮原国雄工兵大尉（後の陸軍中将）を助手にして、一昼夜でこれを作り上げた。

この突撃教令は、突撃直前の火力発揚、諸兵種の協同、築城の三者の調整要領を極めて具体的に綿密に示しており、これからの旅順攻撃に活用されただけでなく、欧州戦争においてもそのまま各国軍において採用され、今日まで戦闘原則として承け継がれている。

井上・宮原両人の超人的な能力もさることながら、これをやらせた乃木の決断と烱眼《けいがん》は流石であり、名将の下に名参謀ありというべきであろう。

ところで司馬氏はこのへんの事情については少しもふれず、相変わらず、とんちんかんなことばかりを書いているのは、後述の「伊地知幸介論」でも指摘しているとおりである。

しかし、攻撃築城だけで要塞は落ちるものではない。やはり砲兵火力は絶対必要なのだ。だから軍は、総軍（満洲軍総司令部）に対し、また大本営に弾薬の補給をくり返しくり返し強く要求している。

第三軍にとっては、人間よりも弾薬が欲しいのである。然るに人は送るが、弾薬はない。これが当時の日本の台所である。

第一回攻撃失敗直後の軍からの弾薬の請求に対し、大本営は「もう内地に弾薬はない、然し要塞砲兵の二十八サンチ榴弾砲の弾薬ならごろごろしている。だからこいつを使用したらどうか」と第三軍に打診した。

これが二十八サンチ榴弾砲を使用するきっかけとなり、旅順攻略に大なる威力を奏することになるのであるが、この件については第七章「伊地知幸介論」で詳しく述べているので省略する。

この旅順の二十八サンチ榴弾砲の活躍に目をつけたのが、やはりドイツ陸軍である。彼は早速二十八サンチを上回る四十サンチの榴弾砲を製作し、これを第一次世界大戦の諸戦であるべルギーのリエージュ要塞攻略に使用した。

この榴弾砲の破壊力で、リエージュ要塞はわずか数日で陥落してしまう。

なお、これからもいろいろ例を出して述べると思うが、ドイツ陸軍の日露戦争研究はまことに素晴しい。

彼は後進国の日本軍の戦訓を巧みに採用し、それを欧州戦争でどんどん活用しているのである。これに対し、日本陸軍の戦史研究の何とお粗末なことか。全く時代の流れに逆行しているのである。

天文十二年（一五四三年）、種子島に鉄砲が伝来してからわずか三十年で、日本は当時世界一の鉄砲保有国となるほど鉄砲は全国に普及した。

これは当時の戦闘が、槍や刀から火力を主体とした戦闘に変換したことを意味する。信長・秀吉によって天下統一が急速に実現できたのも鉄砲のおかげである。秀吉の朝鮮の役で、我が朝鮮および明の軍を圧倒したのは我の鉄砲の威力であったことは、相手の方がはっきりと認めている。

それから三百年後の幕末の戊辰戦争から日露戦争まで、いずれの戦争でも火力の優勢な方がいつも勝利を得ている。

ところがどうしたことか、日本陸軍は日露戦争の勝利を契機とし、火力軽視、白兵重視という時代に逆行した歩みをはじめた。まさにその戦術思想は四百年前に後退したのである。

なぜ第三軍への風当たりが強くなったか

第三軍各隊の攻撃築城作業は順調に進んだので、乃木は九月十七日、攻撃命令を下達した。この攻撃を公刊戦史では、次の十月下旬の攻撃と一緒にして、第二回の総攻撃として記述しているが、乃木の企図はこの攻撃で一挙に旅順要塞を陥落させようとするようなものでないことは、その攻撃命令の内容からして明らかである。

このとき乃木は第一師団に対し、二〇三高地および水師営堡塁を、第九師団に対し龍眼北方堡塁の攻撃を命じている。

両師団は九月十九日、攻撃開始。第一師団は水師営および南山坡山《なんざんはざん》を九月二十日攻略したが、二〇三高地は一度その一角を占領したものの敵の逆襲により奪い返され、二十三日未明まで彼我の間に争奪をくり返したが、師団長・松村務本《かねもと》中将は遂にその占領を断念した。

第九師団は激戦の後、二十日朝、龍眼北方堡塁を占領した。

この四日間にわたる戦闘に参加したわが兵力は約二万六四〇〇名で、戦死傷四八四九名の損害を出した。この攻撃を第三軍はまた失敗したと思っている人も多いようだが、この攻撃ははじめから前進堡塁の攻略が目的であるので、二〇三高地はとれなかったが、当初の目的はおおむね達成できたといえる。

旅順の攻撃は一般の野戦陣地の攻撃と、その攻撃要領が全く違うのである。野戦陣地の攻撃なら、敵陣地の一角を崩したらそこを突破口とし、戦果を拡張して一挙に敵の組織的抵抗を崩壊に導くというのが常套《じょうとう》の戦法であるが、要塞攻撃では一つ一つ気長に敵陣地を崩してゆくより他に手はない。一挙に敵陣地を突破して敵を包囲殲滅するわけにはゆかないのである。

第一回の総攻撃の経験から、乃木は十分この点を理解していたのであろう。しかし総司令部や大本営ではこのへんの事情がまだ少しもわかっていない。まだ野戦陣地攻撃のようなつもりでいる。いわんや一般国民は、旅順はすぐ落ちると思っている。九月が過ぎてもまだ落ちぬとなると、乃木は何をしているのかという非難の声も出てくるのは当然だ。

それに都合の悪いことに、第三軍に属している第一師団および後備歩兵第一旅団は共に東京の部隊である。さらに後備歩兵第四旅団は大阪である。このように大都会出身の兵が多いと、多数の損害が出たとき、すぐに世論に敏感にはね返ってくる。

特に予後備兵の戦死は、若い現役兵と違って一家の大黒柱の戦死である。その社会的影響は計り知れないものがある。

この攻撃で第一師団は一八二四名、二〇三高地を攻撃した後備歩兵第一旅団は一八〇五名、計三六二九名の損害を出している。軍全体の損害の七五％になる。

八月の第一回の総攻撃では、第一師団は二二六八名、後備歩兵第一旅団は一四六五名、後備歩兵第四旅団（大阪）は二三一四名の損害を出し、大都会出身の部隊が、軍全体の損害の三八％を占めている。

このように大都会出身者から多数の戦死傷者が出たことは、銃後の社会に与えた影響は大きく、それだけ世論の第三軍に対する風当たりが強くなったのである。

第二回総攻撃

この攻撃の前後に二十八サンチ榴弾砲が戦場に到着し、陣地占領のための作業をはじめた。この砲の据え付けだけで一、二カ月はかかると思われていたが、横田譲砲兵大尉、吉原上等工長および徒歩砲兵第一聯隊将兵の必死の努力によりわずか二週間で作業を終え、王家甸子《おうかでんし》の陣地から東鶏冠山北堡塁に第一発を撃ち込んだ。

その威力は予想外に大きかった。特にロシア軍将兵は、その巨弾に胆を冷やした。各師団の要塞本堡塁に向かう対壕作業（攻撃築城）は敵の妨害を排除しながら進めていった。

十月二十五日、乃木は攻撃命令を下達した。

各師団の攻撃目標は、第一師団は松樹山、第九師団は二龍山、第十一師団は東鶏冠山で、砲兵の射撃開始は二十六日、第一、第九師団は二十六日より攻撃のための行動を開始するが、総攻撃の時期は別命とあった。

砲兵射撃で敵陣地を破壊し、壕を掘って敵堡塁に近迫し、攻撃準備を完整した後、全軍一斉に本堡塁に突入するというものである。

このように慎重に慎重を期した計画であるが、司馬氏は「乃木は同じパターンの攻撃をくり返し」と言っている。そのためかどうか、「ガムシャラな人海戦術を繰り返したからといって乃木大将のどこが偉いのだと思った」などと言う人もいる。

西南戦争以来一度も負けた記憶のない大阪の八聯隊が「またも負けたか八聯隊」と俗謡にうたわれて、世間一般が、それが本当と思いこんでいるように、旅順といえばガムシャラな肉弾攻撃と思っている連中が多いことは、全く困ったものである。

軍の総攻撃は十月三十日から開始されたが、第九師団が盤龍山の一堡塁を占領しただけで、攻撃目標の松樹山、二龍山、東鶏冠山の三永久堡塁は遂に抜くことはできず、三十一日午前八時、乃木は攻撃中止を命令した。

理由は前回同様、やはり弾薬がなくなったからである。

この攻撃を開始するにあたって、第三軍は総司令部に弾薬の補給を強く請求したが、総司令部は補給の見込みなしといって断った。

弾薬が不足しているなら攻撃を延期すればよいのだが、早く陥《おと》せ陥せと上から催促されている軍としては延期もできない。また攻撃をしなくても、砲兵は毎日敵を射撃して、何がしかの砲弾を射耗しているのだから、確たる補給の見込みがないのに攻撃を延期すれば、それだけ手持ちの弾薬が減少するだけのことで、延期すること自体、無意味なものとなってくる。そこで止むをえず無理を承知で攻撃をしたが、案の定、失敗した。

合理主義者の乃木としては、これ以上の無理は堪えられなかったのだろう。だからあっさり一日で止めたのだ。

損害は露軍より下まわる

この攻撃で旅順の永久堡塁が従来の予想を越えた堅固なものであることがわかった。わが二十八サンチ榴弾砲の威力も大であったが、敵陣地はそれ以上に堅牢であったのである。

なお第九師団の占領した一堡塁は、これを攻略した一戸少将の名をとって、乃木が一戸堡塁と命名した。

この攻撃開始前に第三軍が総司令部に攻撃計画を報告したとき、総司令部は「各師団が各個に目標を攻撃するよりも、ある一点に攻撃力を集中せよ」とアドバイスした。「砲弾が不足しているなら、なおさら重点に徹底せよ」が総司令部の言い分である。

しかし、これは野戦陣地攻撃の考えである。要塞攻撃では一つの堡塁に戦力を集中して、これを占領しても、他の堡塁砲台から側射背射を受けて野戦陣地のような突破は不可能であることは経験済みである。

このように実際に戦闘を体験した者と、後方で図上で判断している者とのズレがあるのである。

しかし総司令部に言わせれば、俺の言うことを聞かぬからまた失敗したのだということになり、これも第三軍非難の材料となっている。だが、それから十年後の欧州戦争で、第三軍の主張の方が正しかったことが実証された。

この戦闘に参加した日本軍の兵力は約四万四一〇〇名で、戦死傷三八三〇名の損害を出した。これに対しロシア軍の戦闘参加人員は約三万二五〇〇名で、戦死、行方不明、負傷合計四五三二名の損害を出している。

この数字で明らかなように、損害の絶対数においても、またその発生率（彼の一三・九％に対し、我は八・七％）においても、我の損害が彼の方よりはるかに下まわっていることは大いに注目すべきことだろう。

我の攻撃は失敗したけれども、この攻撃のロシア軍将兵に与えた心理的影響は、計り知れないものがあった。

ロシア軍は、この戦闘について、「十月二十九日から三十一日までの五十二時間、日本軍は一分も休まず砲撃し、全勢力をわが東北戦線に集中した。このため、東北正面の堡塁砲台は黒煙におおわれ、幾千の榴霰弾がその中に破裂し、その猛烈な勢いは前回の総攻撃の比ではなかった。

日本兵は、陣地前五十歩まで掘り進めた塹壕から、楯を片手に、まるでいなごのように、堡塁、砲台めがけて来襲し、その胸墻《きょうしょう》をよじ登った」と記録している。

司馬氏のいうような同じパターンの攻撃のくり返しでは決してないのである。

激しくなる電報の応酬

第二回旅順総攻撃も失敗した。旅順陥落を待ちわびていた国民の失望は大きかったが、一番落胆したのは海軍であった。この春以来、旅順攻略の必要を最も痛切に感じていたからである。

開戦以来、極東におけるロシア陸海軍の不振にいらだったロシア皇帝は、その虎の子のバルチック艦隊の極東派遣を決定し、これを全世界に公表した。明治三十七年五月二十日である。その数日前の五月十五日、我は旅順港外で、戦艦「初瀬」「八島」の二隻を失った。主力戦艦六隻中の二隻である。その矢先にこの発表である。

当時ロシア艦隊には、旅順に六隻の戦艦が健在であった。それに航程一万八〇〇〇海里の遠洋航海とはいえ、さらに新鋭の艦隊がやってくるのだ。

わが海軍首脳部が色を失ったのも無理はない。

バルチック艦隊来航前に、敵太平洋艦隊を撃滅する。それがわが聯合艦隊に課せられた至上命令であるが、その太平洋艦隊が旅順湾内に逼塞して、なかなか出てこない。出てこなければ陸から要塞を攻めて、追い出すしか手はない。海軍が陸軍に旅順攻略を強く要求したゆえんである。


「戦艦七隻、重巡四隻、駆逐艦九隻、特務艦六隻からなる大艦隊は、一九〇四年十月十五日、雪積もるリバウ軍港の丘を後にして、極東遠征の途についた。バルチック艦隊の到着前に乃木が旅順を陥れるか、旅順の陥る前に艦隊が極東に達するか。世紀の大競争がはじまったのである」


これは、伊藤正徳氏の名著『大海軍を想う』の中の一節である。

十月二十六日、乃木が弾薬の不足を承知で、あえて第二回の総攻撃に踏み切ったのも、このバルチック艦隊の情報が多少なりとも影響したことは想像に難くない。

十一月八日、中央においては、山県有朋参謀総長、長岡外史同次長、伊東祐亨海軍軍令部部長、伊集院五郎同次長の四人が会議を開いて、協議の結果、翌九日午前一時、参謀総長名で次の電報が満洲軍総司令官あてに発せられた。

「バルチック艦隊に係る大本営の情況判断は次長をして過刻総参謀長に返電せしめたり。此情況に就き大本営会議を開きしに、速やかに旅順艦隊を撃破し、わが海軍をして一日も早くその艦艇修理に着手せしめ、第二の海戦準備を整うるの時日を得せしむこと頗《すこぶ》る必要なり。これが為第三軍はまず敵艦撃破の目的を達することを急がざる可からず。若《も》し然《しか》らずして荏苒《じんぜん》時日を経過するときは遂に救うべからざる状態に陥り陸海全軍の作戦上容易ならざることに立到るべしとのことに議論帰一せり。

右閣下に通報して閣下の明断を待つ。これに関する御意見返電を請う」

この電報の返事が、翌十日午前三時頃に到着した。

「一、旅順陥落を成るべく速やかにし一方にはわが海軍をして新なる作戦をなすの自由を得せしめ、他の一方に於ては優勢なる兵力を北方の野戦に増加し、以て決戦の期を速やかにせんと欲するは、貴電に接する迄も無くその必要を感ずる所なり。況んやバルチック艦隊の東航を事実上に目撃するに於ておや。

二、（省　略）

三、さてさらにこの攻撃を有効ならしむるためには、その間種々の思附もあるべくなれども、松樹山、二龍山に対する攻撃作業既に窖室《こうしつ》に迄達し居る今日なれば、最早この攻撃計画を一変して他に攻撃点を選定するなどの余地を存せず。ただ計画せられたる攻撃を鋭意遂行するあらんのみ。

而して、これ最終の目的を達するため、最近の進路たるべし。

四、二〇三高地を攻撃するを得策とする考案もあるが、二十八珊《サンチ》砲の如き大威力の砲を有せざる以前に於ては、此高地を占領して旅順の港内を瞰制《かんせい》する必要を感ぜしなり。然るに此高地自らは旅順の死命を制するものに非ず。且つ二十八珊砲を有する今日に於ては、港内を射撃するの観測点に利用せらるるに過ぎず。港内軍艦に対する二十八珊砲の威力は、平時に於て予期したる如くならず。

従って敵艦が如何の程度に迄損害を受くるやを識別することは、二〇三高地よりするも決して正確なる能わざるべし、故にこの高地を占領したる後も、猶《なお》今日の如くなるを疑わざるを得ず。寧ろ速やかに旅順の死命を制するの手段を捷径となすに如かざるなり。然れどもこの高地に対する顧慮を抛擲《ほうてき》せざるは勿論にして、攻撃を遂行するに当り、助攻撃をこの高地に向くるならん。
五、以上の理由に基づき、第三軍をして現在の計画に従い、その攻撃を鋭意果敢に実行せしむるを最捷径とす。鋭意果敢の攻撃は、新鋭なる兵力の増加により初めて事実となるを得べく、新鋭なる兵力の増加は、第七師団の派遣に依らざるべからず。（以下略）」

この返電でわかるように、満洲軍では参謀本部の意見など全然問題にしていない。第七章「伊地知幸介論」でも述べているが、満洲軍総司令部は、開戦時の参謀本部の陣容が、そのままそっくり満洲に移動したもので、東京の参謀本部は留守番にしか過ぎない。満洲軍が東京のいうことなど頭から問題にしないのは当然だ。だから長岡がひとりぼやいて、その日誌に鬱憤《うつぷん》をはらしているだけである。この長岡の日記を鵜呑みにして、司馬氏は第三軍を非難しているのである。

大本営と総司令部とのやりとりを耳にした第三軍は、直接、山県総長あてに次の電報を打った。

「第三軍は予定の二龍山・望台の線の攻撃を絶対に必要とす。然らずんば旅順の死命は扼し得ず」

この電報を陸軍から見せられた海軍側は次の返電を打ってきた。

「バルチック艦隊近接の関係上、艦船の汽罐修理の必要上二カ月を要すべきを以て、港内敵艦の撃破を刻下の急務とす」

かくして、陸軍と海軍との間の応酬がだんだん激しくなってきた。

海軍が「艦艇修理のため旅順港の封鎖は中止の止むなきに至るぞ」と、おどしをかければ、第三軍は「封鎖は止めてもよいが、旅順に対する密輸入の取締りをもっと厳しくせよ」とやり返す。今度は、総司令部が第三軍に「第三軍が実施しつつある敵艦砲撃は、弾丸の消費および火砲の命数の関係上、総攻撃の必要を顧慮し、当分中止すべきを要求す」と言えば、「これを止めると、海軍が大失望するから止めるわけにはいかぬ」と第三軍が返答すると、総参謀長・児玉大将から「二兎を追うべからず、二十八糎《サンチ》砲は本攻撃に用うべし、無駄弾丸は送らぬぞ」と言ってくる。

まさにテンヤワンヤである。

二〇三高地占領は効果がなかった

海軍の希望は、旅順港内に引っこんでいる艦隊を港の外に追い出すことにあるから、港の見える二〇三高地を占領し、そこから観測して艦隊を砲撃せよと主張した。

これに賛成したのが参謀次長の長岡である。

しかしながら二〇三高地を占領しても、その山の上に大砲をあげるわけにはいかない。もっとも莫大な時間と労力をかければ、できぬことはないだろうが、今はそんな暇もなければ、人間もいない。

そこで観測所が二〇三高地、砲弾地は後方、目標は海の上を自由に走りまわる軍艦ということになる。これを一言で表現すれば、遠隔観測による移動点目標の射撃である。しかも目標に命中しなければ効果はゼロである。

これが技術的にいかに難しい射撃であるか、多少なりとも砲兵の知識のあるものなら、すぐわかることである。

しかし長岡は歩兵出身である。遠隔観測射撃などというような高等な芸がわかるはずはない。また軍艦の大砲は直接照準射撃であるから、海軍には遠隔観測射撃などという射法はない。

次に、この射撃が実施されると、相手の軍艦は当然二〇三高地に向かって、直接照準で撃ち返してくるだろう。相手は直接照準で、しかも目標は山である。我は遠隔観測射撃で目標は移動する点である。どちらが有利か、その結末はあえて説明の必要はなかろう。また軍艦からだけではない。要塞内に健在している陸軍火砲ももちろん二〇三高地に火力を集中してくる。だから二〇三高地は弾巣と化し、一兵の存在を許さぬどころか、観測所と砲陣地との有線通信連絡は完全に断絶し、わが砲兵射撃は当然不可能となる。

ここまで説明すれば、長岡や海軍の言うことがいかに非現実的であるかが、はっきりしてくるだろう。

二〇三高地に登れば、旅順港内が見えるぐらいのことは、この要塞を造ったロシア軍が知らぬはずはない。

その二〇三高地を主陣地の中に入れなかったのは、ロシア軍でも以上のようなことを考えていたからであろう。

しかし読者の中には、お前はそう言うが現実には二〇三高地を攻略し、そこに観測所をあげて、旅順港内のロシア艦隊を砲撃で撃滅してしまったではないかと、反論する向きもあるだろう。

確かに、十二月五日、二〇三高地を占領するや、我は観測所を同高地に進め、五日午後には戦艦「ポルタワ」を、翌六日戦艦「レトウィザン」と「ペレスウェート」、七日「ポベーダ」

さらに八日には重巡「バヤーン」、軽巡「パルラーダ」と相次いで撃沈破してしまったのである。九日以降もその他大小多数の艦艇が破壊撃沈されてしまった。

しかしながら、旅順のロシア艦隊について述べると、この時点において、彼は我の砲撃を受ける前からすでに艦隊としての能力を喪失し、ただ港に碇泊している鉄の箱に過ぎなかった事実に着目すべきである。

彼らは、その多くの火砲を艦から降ろして陸にあげて陸戦の用に供しており、乗組員の大部も陸戦隊要員として要塞の攻防戦に参加していたのである。だからこそ彼らは我の砲撃に対し何らの反撃もせず、ただ、なすところなく沈められたのである。

旅順艦隊の機能喪失を海軍は知らなかった

では、いったい、どうしてそんなことになっていたのか。

実は、旅順のロシア艦隊は、八月十日、黄海の海戦でわが東郷艦隊に敗れて、旅順港内に逃げ帰り、以後は艦隊としての機能を全く失ってしまっていたのである。

この黄海の海戦というのは、旅順港内に蟄居《ちっきょ》している旅順艦隊に対しロシア皇帝から出撃命令が下り、旅順からウラジオストクに向かわんとしたとき、途中、東郷艦隊に要撃されて起こった海戦である。一般には日本海大海戦の華やかな大勝利の蔭にかくれてしまってあまり有名ではないが、東郷にとっては、その生涯で最も苦しい海戦であったのである。

日露両艦隊が持っている十二インチの主砲の数で比較しても、彼は六戦艦で二十四門、我は四戦艦で十六門という数字で、その他の条件でも我の方がはるかに不利な戦であった。

わが艦隊の奮戦と、敵旗艦「ツェサレウィチ」の大破とウィトゲフト司令長官の戦死で、敵のウラジオストク行きの企図は挫折したが、他の五隻の戦艦などは撃沈を免れて、再び旅順港にまいもどったのである。

しかし、この海戦を契機とし、旅順艦隊は艦隊としての能力を失ったのである。

この敗残艦隊の今後の処置をめぐって、八月十九日、陸海合同の軍事会議が開かれた結果、艦隊の中口径砲以下の火砲をことごとく要塞に移し、陸戦に協力して旅順口を死守する方針が決定されたのである。かくして海軍山に上ることになったのだが、この重大な作戦方針の変換をわが海軍は全く知らなかったのである。

もし、この情報を早く我が知っておれば、旅順攻略戦の様相もまた変わっていたであろうが。

これと似たような話は大東亜戦争にもある。昭和十八年八月、陸軍は、海軍の強い要請を断わり切れず南東方面（ラバウル）に第十七師団を派遣することを決定したが、ちょうど同じ時期に、連合軍の最高首脳は、ラバウルは直接これを攻略せず、空襲により無力化するという方針を決定していた。情報収集と状況判断の重要さを今さらながら痛感させられる次第である。

第七章「伊地知幸介論」で詳しく述べているが、ロシア軍にとっては、二〇三高地をとられても旅順要塞の本陣地には何の影響もないのである。

第三軍に与えられた任務は、旅順要塞の攻略である。二〇三高地という渺《びょう》たる一高地だけではないのである。いくら長岡が二〇三高地を攻略せよと力んでみても、満洲軍総司令部や、第三軍がうんと言わぬのはあたりまえだ。

わが既定方針は何ら変える必要はない

ところがバルチック艦隊の来航の報におびえた海軍首脳は、とうとう参謀本部の尻をたたき御前会議の開催にまで持ちこんだ。

十一月十四日午前、宮中の御学問所で御前会議が開かれた。

明治陛下御親臨の下に、桂太郎首相、山県有朋総長、伊東祐亨軍令部部長、寺内正毅陸相、山本権兵衛海相、伊集院五郎次長、長岡外史次長の七人が出席した。日露戦争間このような会議が開かれたのは、はじめてであり、また最後でもあった。

会議は約一時間半にわたり、席上、山県総長より「長岡、只今の会議の要旨を電報文に認めよ」と命ぜられた。長岡が早速電文を起案したところ、「さあ、読み上げ」とのことで、陛下の御前でもあり、長岡は恐縮のあまり、思わず声も震わざるをえなかったという。

その参謀総長から、大山総司令官あての電文は次のとおりであった。

「只今、御前ニ於テ陸海作戦ニ関シ会議セシ要件左ノ如シ。茲ニ閣下ニ通報ス。

帝国海軍ノ多数ハ、昨冬以来間断ナキ戦闘航海ニ従事シ、船体並ニ汽罐著シク不良ノ状態ニ陥リ、船体備砲マタ戦闘ノ損傷ヲ回復セザルモノアリ。今是等ヲ修理シテ戦闘航海力ヲ回復セシメンガタメニハ、大至急工事ヲ以テスルモ猶二カ月以上ヲ要ス。然ルニ旅順口ニ蟄伏スル敵ノ主力艦隊ハ、多少ノ損傷ヲ免レザルベシト雖モ、尚戦闘力ヲ存スルモノト算セザルベカラズ。浦塩（ウラジオストク）艦隊モマタ修理ヲ完成シツツアリテ、ソノ勢力固ヨリ侮ルベカラザルモノアリ。

而シテ今ヤ太平洋第二艦隊、大規模ノ準備ヲ以テ東航ヲ急ギツツアリ。

ソノ極東来着ノ期、将ニ近キニアラントス。

コノ形勢ニ於テ、旅順方面ノ戦局荏苒進捗セザルニ於テハ、彼我ノ優劣忽チソノ勢ヲ異ニシ、一時若クハ永久ニ制海権ヲ失ウニ至ルベキコトアランヲ恐ル。

是レガタメニハ速カニ旅順口攻略ヲ全ウスルコト必要ナリト雖モ、若シ否ラザルトキハ、先ズ同港内ヲ周《あまね》ク瞰制《かんせい》シ得ベキ地点ヲ占領シ敵艦ヲ撃破シ、若クハ之ニ大損害ヲ与エ、又造兵廠ヲ破壊シ艦船修理ノ道ヲ絶チ、以テ容易ニソノ戦闘力ヲ恢復スルコト能ワザラシムルニ至ルハ、帝国艦隊ヲシテ第二ノ作戦ニ応ゼシムル唯一ノ方法ナリトス。若シソレ敵ノ第二艦隊、我ニ対シテ一カ月内外ノ航程ニ近ヅクニ於テハ、旅順要塞陥落ノ如何ニ拘ラズ、帝国艦隊ハソノ大部ヲ引揚ゲ、以テ第二海戦ノ準備ニ従ワシメザルベカラズ。若シコノ場合ニ到レバ、敵ハ海上ヨリスル糧食弾薬補給ノ道ヲ復活シ得ベク、ワガ旅順攻城ニ一層ノ困難ヲ加エ、延イテ帝国作戦全体ニ非常ナル影響ヲ与ウルコトヲ憂慮ス。

右ノ情況ニ関シ、閣下ノ執ラルベキ処置ヲ速ニ報告アランコトヲ望ム」

この電文の中にある「同港内ヲ周ク瞰制シ得ベキ地点」とは、二〇三高地を指すことは、いわずもがなである。

電文の趣旨は、前回のものと全く同じだが、内容が一段と具体化している。これに対し、大山総司令官から返事があったが、これまた趣旨は前回と全く同じである。

これを要するに、わが既定方針は何ら変える必要はないということだ。

電文中に「第三軍司令官ヲシテ是迄ノ計画ニ従イ鋭意果敢ニ攻撃ヲ実行セシメ旅順ノ死命ヲ制シ得ベキ望台ノ高地ヲ一挙ニ占領セシムルノ方針ヲ取ルベシ。コレ旅順要塞ノ全般ニ対シ打撃ヲ与ウルタメニモ最モ捷径ト信ズル所ナリ」と言い切っている。

また二〇三高地の攻撃は、二兎を追うことになり、たとえこれを占領しても、観測点として利用できるに過ぎずと述べ、軍艦の修理が必要なら今からすぐでも着手しなさいと言っている。

そもそも陸軍と海軍という二つの組織が独立して存在している以上、その間に意見の相違対立が出てくるのは当然である。こういうときは、はっきりと自分の意見を言うことが大切で、つまらぬ妥協をすることは禁物である。

この総司令部の電文のように、俺の方はこうだと、はっきりものを言うところに明治の気骨が窺われるではないか。

これに比べて、大東亜戦争のときはどうであったか。戦争間終始陸海軍の対立があって、これが敗戦の最大の原因であるなど言う人もおるが、多くの場合、陸軍が折れて海軍に追随している。前述の十七師団の場合もそうだが、その結果、陸の大兵を太平洋の広大な地域にばらまいてしまって、あたら精鋭を飢えと栄養失調で殺してしまったのである。

第三軍に下された勅語

すでに二回の攻撃が失敗したからには、三度目の正直で、今度は何が何でも陥さねばならぬ。

必勝の信念は、周到なる準備ができてはじめて生まれる。攻撃築城作業の推進と砲弾の集積は、攻撃準備の絶対の要件であるからには、時間的に見て、次の総攻撃は年が明けて一月頃と考えられていたが、一般情勢は、そんな悠長なことは許さず、一日でも早く旅順を陥せ、旅順全部でなくても二〇三高地だけでよいと、矢のような催促である。

参謀総長・山県は、十一月十九日、乃木に対し激励の親展電報を打つと共に、電報の末尾に次の漢詩を添えた。


十一月十一日、旅順城陥ルヲ夢ミ、賦シテ乃木将軍ニ示ス

百弾激雷天亦驚　　百弾激雷　天もまた驚く
包囲半歳万屍横　　包囲半歳　万屍横たわる
精神到処堅於鉄　　精神到る処　鉄よりも堅し
一挙直屠旅順城　　一挙直《ただち》に屠《ほふ》れ　旅順城

この漢詩をよんだ乃木の苦衷は察するに余りある。

乃木は、十一月二十日、攻撃計画案を策定し、総司令官に報告した。

攻撃目標および実施要領は、前回とだいたい同じであるが、望台奪取までの攻撃を第一期、望台からの内部攻撃を第二期とし、二段攻撃の構想である。従来の経験を基礎にして、慎重に慎重を期した計画である。

総司令官は、この計画を全面的に承認し、いかなる犠牲を払っても旅順を陥せと厳命した。

また新たに第三軍に増援された新鋭第七師団は、二十二日、大連に上陸し戦線に加入した。二十二日、第三軍に対し、次の勅語が下された。攻撃開始前に勅語を賜るとは前代未聞のことである。

勅　語

旅順要塞ハ敵カ天嶮ニ加工シテ金湯トナシタル所ナリ　ソノ攻略ノ容易ナラサル固ヨリ怪シムニタラス

朕深ク爾等ノ労苦ヲ察シ　日夜軫念《しんねん》ニ堪ヘス　然レトモ今ヤ陸海軍ノ状況ハ　旅順攻略ノ機ヲ緩フスルヲ得サルモノアリ　此ノ時ニ当リ　第三軍攻撃ノ挙アルヲ聞キ　ソノ時機ヲ得タルヲ喜ヒ成功ヲ望ムノ情甚タ切ナリ　爾等将卒夫レ自愛努力セヨ

第三軍将兵は、この異例の勅語に感激し、一死もって君恩に酬いねばならぬと誓い、乃木は次のとおり奉答した。

奉　答

旅順要塞総攻撃ニ際シ勅語ヲ忝《かたじけの》フス　臣希典感激恐懼《きようく》ニ堪《た》ヘス　将卒一般深ク聖旨ヲ奉体シ誓ツテ速カニ軍ノ任務ヲ遂行セムコトヲ期ス

謹ンテ奉答ス

もう絶対に失敗は許されないのである。旅順陥落か、然らずんば死あるのみである。

白襷隊の戦訓を生かしたルーデンドルフ将軍

十一月二十三日午前十一時、総攻撃の命令が下達された。

この命令の第五項に、特別予備隊の編成が新たに追加された。

この予備隊は軍司令官の直轄で、状況により水師営付近から直路要塞内部に突入し、要塞を分断せんとするものであった。

この案は、歩兵第二旅団長・中村覚《さとる》少将（後の陸軍大将）の熱烈な意見具申によって採用されたものである。多くの軍参謀は「要塞攻撃にこのような奇襲戦法は通用しない」と反対したが、乃木は攻撃準備の不充分をこの奇襲の成功をもって補わんとして、これを承認した。

史上有名な白襷隊はこの別名である。

特別予備隊は、次のような部隊から編成されていた。

第一師団混成部隊、大久保直道中佐以下八三二名。第七師団歩兵第二十五聯隊（第三大隊欠）、渡辺水哉大佐以下一五六五名。第九師団歩兵第三十五聯隊第二大隊、田中武雄大尉以下三四五名。第十一師団歩兵第十二聯隊第一大隊、児玉象一郎少佐以下三三二名。第九工兵大隊の一小隊三一名。計三一〇五名で他に第七師団衛生隊の一部がこれに加わった。

部隊は、総攻撃の開始日である十一月二十六日午前五時、水師営西南側に集合した。乃木はこれに悲壮なる訣別と激励の訓示をしてその出発を見送った。

旅順総攻撃は、二十六日午前八時、二十八サンチ榴弾砲の射撃をもって開始された。

各師団の突撃部隊は、砲兵射撃の成果を利用し、午後一時頃からそれぞれ当面の敵陣地に突入したが、敵の抵抗もまた頑強を極め、ここに凄惨な彼我の死闘が各所に展開された。

乃木は午後五時、特別予備隊の使用を決意し、中村覚少将に要塞内部への突入を命じた。

部隊は六時、集結地出発、行動を開始し、九時頃、松樹山第四堡塁へ夜襲をしたが、敵は我に対し猛烈な銃砲火を浴びせ、我は死傷者続出、とりわけ将校の死傷が多く、中村少将も重傷を負うた。今や奇襲は完全に失敗した。

この状況を知った乃木は、午前二時三十分退却命令を下し、部隊は朝までに死傷者を収容して後退を終わり、午後一時三十分その編成を解いた。

奇襲の成否は、その初動においてわかる。失敗とわかってもまだ意地で攻撃を続ける者が多いが、奇襲失敗と知るや、直ちに攻撃を中止、退却を命じた乃木の決断は流石である。優柔不断の凡将なら、ぐずぐずしているうちに夜が明けて、取り返しのつかぬ結果になったであろう。

この特別予備隊について、司馬氏は『坂の上の雲』(「旅順総攻撃」)で「この不幸な白襷隊戦法の着想ほど、乃木軍司令部の作戦能力の貧困さをあらわしたものはなかった」と口をきわめて非難し、数頁にわたって縷々説明を加えているが、その内容は相変わらず史実と違ってデタラメである。

例えば、特別攻撃隊の総員を三千名とし「三千人というのは三個大隊の人数であり、その指揮官は、大佐でよかったのである」と述べ、「しかし中村が入選された理由は、

――将官といえども死地へとびこむ。

という、士気鼓舞のためのものであった。あまりにも多くの兵士を旅順において殺しすぎたために、この場合、将官を死なせねばならぬ統帥上の理由はあったであろう」と勝手な推論を下している。

さらに「要するに白襷隊三千人は、旅順大要塞の正面を突破して、その背後の旅順市街に突入しようというのである。なんの現実性もない作戦であった」云々。

要するに司馬氏は、白襷隊を貧困な頭脳から生まれた暴挙と決めつけて、要塞攻撃に夜襲をやるなど非常識極まると言いたいのだろうが、実は、これから十年後、ドイツ陸軍は、この白襷隊の戦例を踏襲し、この数倍の規模の夜間攻撃を要塞に対して実施している。

しかもこれを計画したのが、ドイツ陸軍の鬼才というより、最高の頭脳の持ち主であるルーデンドルフ将軍である。

いくら軍事の素養の乏しい司馬氏でも、ルーデンドルフの名前ぐらいは知っているだろう。欧州戦争の初期、第八軍参謀長として、軍司令官ヒンデンブルクを補佐し、史上未曾有の大殲滅戦タンネンベルクの会戦を指導し、その後、参謀次長に就任し、参謀総長ヒンデンブルク元帥と名コンビを組み、欧州戦争後半の戦争指導の立役者であった。戦後、国家総力戦論を唱えたのも彼で、二十世紀初頭において最も傑出した軍人である。

その彼が、欧州戦争開戦前、参謀本部作戦課長として計画立案したのが、ベルギーのリエージュ要塞の夜間攻撃である。

対仏進攻作戦において、仏軍の左側背に大兵力を指向しようとすれば永世中立国ベルギーの中立を侵犯し、そのリエージュ要塞の迅速な攻略が前提となる。

ドイツ軍は、開戦劈頭、エンミッヒ大将の指揮する第十軍団（六個混成旅団より成る）をもって、夜襲により一挙にこれを攻略しようとした。

当時、第二軍参謀副長のルーデンドルフ少将は、軍と軍団の調整役として軍団に同行した。しかしながら、この夜襲は第十四旅団を除き他の五個旅団は全部失敗してしまった。第十四旅団も、旅団長、聯隊長相ついで戦死したが、この旅団の後尾についていっていたルーデンドルフは、自ら旅団を指揮して攻撃を続行し、遂に目標の堡塁を占領した。

こんなところは、日本の辻政信参謀とよく似ているが、ところで第三軍の総攻撃の方はどうなっていたか。

第三回総攻撃の途上での一大決心の変更

十一月二十六日に開始された総攻撃は、またしてもロシア軍の頑強な抵抗に阻まれて攻撃は進展しなかった。

東鶏冠山の攻撃に向かった第十一師団は、師団長・土屋光春中将傷つき、各突撃隊の兵力の大半は斃れ、わずかにその残存兵力で突撃陣地を保持しているに過ぎない。

一方、二龍山・盤龍山を攻撃した第九師団も同様の苦戦を強いられている。

また一縷《いちる》の望みをかけて決行された特別予備隊（白襷隊）の奇襲も失敗した。

かくして、攻撃第一日において、旅順の堅塁は砲兵が射撃し、歩兵が突撃するというような従来のやり方では、到底抜けるものでないことだけははっきりした。では他に方法はあるのか。ないでもない。それは、工兵で坑道を掘って地中深く要塞の下まで進み、爆薬で堡塁を吹き飛ばしてしまうことである。

しかし、これには時間がかかる。その間、攻撃を止めてじっとしておれるか。今となっては、そんな悠長なことは絶対に許されない。異例の勅語を拝受して、攻撃をはじめた以上、要塞が落ちるまで攻撃は続けなければならないのだ。

だから昭和の凡将なら、おそらく決心変化なし、依然、攻撃続行と、軍の攻撃力が完全になくなるまで、攻撃を続けたことであろう。

しかし、合理主義者の乃木は、そんな非合理的な行動をとることはできなかった。

彼は二十七日朝、一大決心の変更を行なった。すなわち従来の行きがかりを捨て、二〇三高地の攻撃を決心したのである。

二〇三高地については、すでに縷々述べてきたとおり、これの攻撃を希望しているのは、海軍と大本営の長岡参謀次長だけで、総司令部も第三軍も二〇三高地をとっても旅順の陥落には直接の関係はないとして、全然相手にしていなかったのである。

そこで誰しも今頃になって二〇三高地とは何だと、不審に思うことだろう。

現に二十七日朝、第三軍の作戦主任参謀・白井二郎中佐が、満洲軍参謀副長・福島安正少将――彼は総司令官・大山巌元帥の命令で第三軍司令部に軍目付として派遣されこの戦場にいた――にこの攻撃正面変更について申し出たとき、福島は「二〇三高地に攻撃を転換するのであるならば、あらためて総司令官の許可を受けなければならぬ。自分はあくまで現正面の攻撃を遂行せしむるようにせよとの任務だから、二〇三高地攻撃に同意する権能を持たない」と当初は難色を示したが、だんだんと白井参謀の説明を聞いているうちに納得したらしく、「それでは総司令官の許可は後でよい。自分が責任をもって同意するから一刻も早い方がよい」と同意した。

流石に後年、陸軍大将になるだけの人物である。白井参謀の申し出を納得すると、あっさり承認してしまった。

福島は、第三回総攻撃開始にあたり、今度は絶対に成功させよという総司令官の厳命を受けて、第三軍司令部に派遣されてきた参謀である。

勅語を拝受した乃木が絶体絶命の境地にあるのと同様に、福島も旅順が落ちないかぎりは、絶対に総司令部に戻れない状況にあるのだ。

昭和のぼんくら参謀なら「それは絶対に認められません。総司令官の御意図は東北正面堡塁の攻略にあります。今となって決心の変更とは何事ですか。ただ既定方針に従って攻撃あるのみです」と居丈高に拒否するか、「いや、総司令官の許可がおりるまでは、何とぞ現態勢で現在の攻撃を続行して下さい」と哀願するか、いずれにせよ自己の責任で独断攻撃正面の変更を認めるようなことはしないだろう。

その点、やはり明治の参謀は、昭和の参謀と一味違うようである。

陣外決戦の場としての二〇三高地

十一月二十七日午前十時、乃木は次の命令を下した。

一、軍ハ一時本攻撃正面ニオケル攻撃ヲ中止シ、二〇三高地ヲ攻撃セントス。
二、第一師団ハ砲撃成果ヲ待チ、日没頃、二〇三高地ニ突撃シテコレヲ略取スベシ。
三、攻城砲兵ハ二〇三高地ニ対スル砲撃ヲ開始シ、主トシテ二八榴ヲモツテ敵堡塁ヲ破摧スベシ。
四、他正面特ニ従来ノ攻撃正面ニアツテハ勉メテ攻撃ヲ継続シ、二〇三高地攻撃ニ対シ、当面ノ敵ヲ牽制スベシ。

この命令文を見てわかるように、二〇三高地の攻撃には、あくまで砲兵射撃の効果を期待している。

肉弾でとれなど一言もいっていない。

前述したとおり、二〇三高地は本陣地外の野戦陣地を強化した陣地である。永久築城である旅順要塞の堡塁とは全然性質の違う陣地である。二十八サンチ榴弾砲の威力をもってすれば、一ぺんにふっ飛んでしまう陣地だ。それでわざわざ「二八榴」と砲種まで指定したのであろう。

ところで、なぜ乃木はこの二〇三高地攻撃に踏み切ったのだろうか。

本陣地外の前進陣地に過ぎない二〇三高地をとってみたところで、直接、旅順要塞の陥落とは何の関係もないことは、乃木自身、百も承知のはずである。

その二〇三高地にあえて攻撃目標を変更したことは、一般には海軍の要望に応えたものといわれている。

公刊戦史にも、そのような意味のことがさらりと記述されている。

二〇三高地をとって、ここに観測所をあげて旅順港内の敵艦隊を砲撃する。これが、海軍の終始一貫して主張してきたものであるが、乃木も本要塞が早急に落ちないようなら、せめて二〇三高地でもという気持ちになったことは事実であろう。

しかし、もしそれだけのことなら、もっと早く手をつけてもよかったのではないか、この時期において、二〇三高地とは、いささか腑に落ちないような気がするのは筆者だけではあるまい。

そこで私は、もっと別な意味が、この二〇三高地攻撃にはあるような気がするのである。十一月二十七日の乃木日記には、「日夕《にっせき》二〇三攻撃ヲ第一師団ニ命ズ」と、ただ一行あるのみだ。そして悪戦苦闘屍山血河の戦いのあと、ようやく二〇三高地を占領した十二月五日の日記には「朝ヨリ二〇三砲撃、九時ヨリ斎藤支隊前進、目的ヲ達ス」とこれまたわずか一行である。

また十二月十一日の日記の末尾に、あの有名な爾霊山の詩がのっている。

爾　霊　山　険　豈　難　攀
男　子　功　名　期　克　艱
鉄　血　覆　山　山　形　改
万　人　斉　仰　爾　霊　山

爾霊山《にれいさん》の険　豈《あに》攀《よ》じ難からんや
男子功名　克艱《こくかん》を期す
鉄血山を覆いて　山形改まる
万人斉《ひと》しく仰ぐ　爾霊山

「鉄血山を覆いて山形改まる　万人斉しく仰ぐ爾霊山」の字句には、いかなる乃木の感慨がこめられているのであろうか。

　おそらく乃木は第一回の総攻撃以来の度重なる我の苦戦で、旅順の要塞は兵糧攻めで相手を干乾しにするか、坑道による爆破かの手段によるしか陥落しないと覚ったに違いない。

　堅い殻を被ったロシア兵をただ攻撃するのは、我が損害を出すだけで相手はほとんど無傷、これほど分《ぶ》の悪い戦いはないのである。何とかこの堅い殻からロシア兵をおびき出して、これに大なる損害を与えることができないものかと、四六時中、考えていたに違いない。すなわち敵に陣外決戦を強要できる場所はないかと思いめぐらしているとき、この二〇三高地が頭に浮かんだのであろう。

　一方、相手のステッセルの方はどうであろうか。

　日本軍に包囲されて、全く孤立無援の状態になってすでに半歳以上になる。堅い要塞の中にまもられているとはいえ、食糧、弾薬は日に日に欠乏し、やがて陥落することは時間の問題である。いかにしてこのようなジリ貧状態を打開するか、あてにしていたクロパトキン軍の救援の見込みもない、とすれば自分から討って出て乃木軍に打撃を与える以外に道はないではないか。

　彼もまた、乃木の二〇三高地に対する攻勢に対し、これを天与の機会とし、断固これに応戦した。

かくして二〇三高地をめぐる彼我の凄絶な決戦が展開されたのである。

この戦いは、共に相手に多大の出血を強要する大消耗戦であったわけである。決して二〇三高地という単なる地点の争奪戦ではないのである。

二〇三高地は日露両軍将兵の屍体で蔽われてしまった。その累々たる屍体が多ければ多いほど、消耗戦の目的は達せられたのである。

戦いとは非情なものである。勝利のためには、いかなる犠牲にも耐えなければならない。

乃木の心の傷みは大きかった。

「万人斉仰爾霊山」の七文字に、ロマンチスト乃木の万感の思いが凝縮されているようである。

第一次欧州大戦でのベルダン要塞の消耗戦

このように二〇三高地の戦闘を解説する人が他にいるかどうか、この戦いが行なわれて八十年になるが、寡聞にして知らない。

しかしながら、この二〇三高地の戦例にヒントを得たのではないかと思われる戦いがある。

それは第一次欧州大戦で、ドイツのファルケンハイン将軍の指導したベルダンの戦いである。

ファルケンハインは、一九一四年、欧州戦争開戦時の陸軍大臣であったが、同年秋、マルヌ会戦失敗の責任をとって辞職したモルトケの後を襲って参謀総長に就任した。

彼は膠着した西部戦線の戦局を打開するため、一九一六年、仏軍戦力の消耗を目的とするベルダンの攻撃を策案した。

同年二月、ドイツ皇太子の指揮するドイツ第五軍の精鋭はベルダン要塞に攻撃を開始し、ここに史上未曾有の大激戦が展開されたのである。

第一次欧州大戦史上、最も有名なベルダンの攻防戦である。

また同時に、開戦時無名の一老大佐に過ぎなかったフランスのペタンが、一躍、ベルダンの英雄として全世界にその名を知られたのも、この戦いである。

この戦闘は、同年十二月にまで及び、この間使用した兵力は、通計独軍六三個師団、仏軍七四個師団、損害は独軍約二八万、仏軍約四四万と言われる。

ベルダン攻防戦の結末は、ドイツ軍のベルダン地区よりの退却で終結を見たが、仏軍兵力の損耗を目的としたファルケンハインの着想からすれば、一応、ドイツ軍の成功と評価している向きもある。

ところで、ファルケンハインが日露戦史をどの程度勉強していたかは全く知らないが、彼は大尉から少佐時代の約六年の長きにわたり、中国（当時清国）に駐在し、その間、一九〇〇年

（明治三十三年）に勃発した北清事変に従軍している。彼は、日露戦争の直前一九〇二年に帰国しているが、当時の極東の新興国日本にも大なる関心を持っていたことは想像に難くない。

今こそ決戦の好機到来

第一師団は、軍命令により十一月二十七日夜、二〇三高地に突撃を開始。翌二十八日は終日山頂において、その争奪戦がくり返された。

同日夜、乃木は師団長・松村務本中将から「ロシア軍の大逆襲により山頂を奪回され、山麓にまで追い返された」という報告に接するや、今こそ決戦の好機到来と、軍の総予備隊である第七師団の投入を決意し、第七師団長・大迫尚敏中将に第一師団を併せ指揮し、二〇三高地の奪取を命じた。時に二十九日午前四時である。

二〇三高地奪取の命を受けた第七師団長・大迫中将は、十一月三十日朝、新部署に基づいて総攻撃を開始した。

しかしロシア軍の抵抗もものすごく、我が山頂の敵陣地を占領するや、彼が直ちに逆襲ということで、彼我の間にその争奪がくり返された。

何しろ猛将コンドラチェンコ少将自ら二〇三高地の東南約二キロメートルの北太陽溝に進出し、次から次へと増援兵力をさし向けたのである。

このような彼我の激闘のうちに、三十日夜、二〇三高地は遂にわが領有に帰し、その占領の電報は直に総司令部および大本営に届けられたが、十二月一日午前二時、再びロシア軍の大逆襲により奪い返されてしまった。

このあと十二月五日、攻撃再開、遂に二〇三高地を完全占領、流石のコンドラチェンコもその奪回を諦め、ここに戦闘の終末を見るに至ったのである。

「児玉が落とした」という誤れる伝説

二〇三高地の戦闘の経過は、だいたい以上のようなあらましであるが、これについて大変な誤解というか、誤れる伝説が世間に流布されている。

それは、特に戦後において完全に定説化してしまった児玉神話である。

現在、世間一般では、二〇三高地は総参謀長の児玉が、わざわざ旅順まで出かけていって、やっと落としたことになっている。

この件については、第七章「伊地知幸介論」でも詳しく述べているが、あまりにも世間の誤解が甚しいので、若干重複をいとわず、その要点を述べてみたい。

ここで一度、時間関係を整理してみよう。

乃木が二〇三高地攻撃を決心したのは十一月二十七日の朝であり、第一師団長および攻城砲兵司令官に命令を下したのが午前十時、二十八サンチ榴弾砲の射撃開始は午後三時、歩兵の突撃前進は午後六時三十分である。

また軍が大本営および総司令部に攻撃正面変更の電報を発信したのは午後五時頃であるから、児玉が承知したのは同日夜だろう。児玉が知ったときは、第一師団はすでに突撃をはじめていたのである。

ついで児玉が自ら旅順行きを決心したのは十一月二十九日である。この日、乃木は第七師団の投入を命じている。

「伊地知幸介論」でも述べているが、この第七師団投入の報に接した児玉は多分「乃木は死ぬ覚悟だ」と直観したに違いない。同時に「乃木を殺してはならぬ。また、もし乃木が死んだときは、そのあとをやるのは俺しかいない」と考えたのであろう。

そこで急遽、二十九日夜八時に出発したわけである。

このとき、大山元帥から第三軍指揮権に関する一札（後で詳述）をもらったのが事実とすれば、乃木が死んだら、第三軍の指揮は次級者である師団長がとるのが軍の規則であって、児玉といえども勝手にとることはできないからである。

途中、児玉は二〇三高地陥落の報に接し、祝電まで打っているが、十二月一日朝、大連で食事中、再び奪回されたとの報に接し、第三軍司令部に急ぐのである。

児玉が柳樹房《りゅうじゅぼう》の軍司令部を経て、戦闘司令所のある高崎山についたのは同日の午後で、そこで二〇三高地攻撃に関する幕僚会議に臨席することになる。

世間では、この席で児玉が独創的な攻撃案を披露したように信じている向きもあるが、別に彼が特別な攻撃案を出したわけでもない。

彼が重砲の陣地変換を主張し、それを強引に実行させたと、司馬氏などがそのときの情景をオーバーに書きたてているが、このとき実際に陣地変換をした火砲は、十二サンチ榴弾砲一五門と九サンチ臼砲一二門だけである。二十八サンチ榴弾砲のごとき全然動いていないことは第七章「伊地知幸介論」で詳しく述べている。

軍は、二、三、四日と三日間の周到な攻撃準備をした後、五日攻撃再開、二〇三高地を完全占領したのである。

攻撃の成功は、この三日間にわたる周到な攻撃準備と、第一線部隊の勇猛果敢な突撃、これに協力した砲兵、特に二十八サンチ榴弾砲の威力、これらの要素が総合されたことによるのであって、児玉の存在とは全く関係がないのである。

公刊日露戦史が児玉について一言も記述していないのは当然である。

日露戦争は近代戦である。戦国時代のように一人の勇将豪傑の働きで勝敗が決まるというようなものではないのである。

二〇三高地の陥落とコンドラチェンコの戦死

といって私は勇将の存在を無視するものではない。

もし二〇三高地の攻防について、それをあげるならば、それはロシア軍のコンドラチェンコ少将ではないだろうか。

ロシア軍の戦史によれば、十二月五日午後九時、彼は負傷のため後送された一大尉から山上の惨状を聞き、万事がすでに終わったと観念し、逆襲中止、退却を命じたのである。

それまでは、彼は次から次へと増援部隊を二〇三高地に送り、逆襲に次ぐ逆襲を実施したのである。

コンドラチェンコの戦闘意志の放棄こそ、二〇三高地攻防戦の終末となったのである。

このコンドラチェンコは、それから十日後の十二月十五日、東鶏冠山北堡塁を視察中、たまたま飛来したわが二十八サンチ榴弾砲の砲弾の直撃を受け、壮烈な戦死をとげた。

このコンドラチェンコの戦死こそ、その後の旅順要塞の運命を決めたといっても過言でない。

彼の戦死の報が伝わるや、ロシア全軍の士気は急速に沮喪していったのである。

日本軍は旅順占領後、コンドラチェンコ少将戦死の跡に記念碑を建てて、その英魂を弔ったが、その碑は今なお旅順の史蹟として現存していることを、先年筆者は確認した。

二〇三高地は陥落した。

旅順港内に蟄居していたロシア艦隊も、二〇三高地に観測所をあげたわが砲兵の射撃により、完全に撃滅された。

「それ見たことか、俺の言ったとおりではないか」と海軍は自己の主張の正しかったことに満足しただろうが、事実は、旅順艦隊はすでに無用の長物になり下がっていたことは前述したとおりである。

わが二十八サンチ榴弾砲によって次から次へと沈められてゆくロシア艦隊を見て、敵将ステッセルも、これでうるさい役立たずがいなくなったと心中快哉《かいさい》を叫んでいたかも知れない。

それはともかく、ロシア艦隊の撃滅により、わが聯合艦隊は旅順の封鎖から解放された。完全主義の東郷司令長官は、旅順口から脱出を企図して港口で座礁した戦艦セヴァストポリの沈没を自分の目で確認して、はじめて封鎖解除の決心をした。

聯合艦隊の日本母港への帰還は、乃木に大きな安堵を与えたことであろう。これで海軍もバルチック艦隊の東航に対し万全の準備をすることができるようになったと、乃木は心から喜んだに違いない。

このバルチック艦隊の東航という心理的重圧が、どれくらい第三軍の作戦に制肘《せいちゅう》を加えたことか図り知れないものがある。

これで軍は、はじめてのびのびと自由に作戦をすることができるようになったのである。

「多少ノ時日ヲ費スモ確実ナル方法」を採用する

二〇三高地攻略後の乃木の状況判断について、公刊戦史は次のように記述している。

「第三軍司令官大将男爵乃木希典ハ（中略。東北正面堡塁については）今ヤ多大ノ犠牲ヲ供シテ強襲スル必要無キカ故ニ多少ノ時日ヲ費スモ確実ナル方法ニ由リ勉メテ我損害ヲ減シ且全力ヲ一点ニ集中シ朝ニ一塁ヲ略シタニ一塁ヲ奪ヒ逐次各堡塁ニ及ホスノ方針ヲ採レリ」

合理主義者の乃木としては、はじめからこの方針でやりたかったのだろうが、何しろうるさい外野席の野次馬のために、心ならずも無理な強攻策をとらざるをえなかっただけのことである。

二〇三高地が落ちても、旅順本要塞の攻略には何の影響もないことは、しばしば述べたとおりである。

この時期においては、また相手のステッセルもいささかの決心の動揺もなかった。おそらく彼は、それからわずか一カ月足らずで旅順を開城することになるなど、夢想だにしていなかったであろう。

「多少ノ時日ヲ費スモ確実ナル方法」とは、工兵が坑道を掘って爆薬を仕掛け、堡塁を爆破する方法である。

すでに数度の攻撃の結果、これしか他に方法がないことは、はっきりしていた。

第三軍の今後の使命は、速やかに旅順を攻略し、来るべき春に予想される北方戦場における日露両軍の大会戦に参加することである。

今、日露両軍は厳冬期を迎え、冬ごもりの対陣状態に入っているが、やがて春の到来と共に、一大会戦が満洲の野において展開されることは必至である。

今や両軍ともに満を持して戦力の温存増強に努めているが、特に敵将クロパトキンは開戦以来の相次ぐ敗戦の屈辱を一挙に雪がんものと、その意気はなみなみならぬものがあった。

このような状況であるので、満洲軍としては一日でも早く旅順を陥落させ、第三軍を北方に招致することを待ち望んでいた。

しかしながら、急いで攻撃を強行すれば、優秀な指揮官と勇敢な兵士を徒《いたずら》に失うだけのことになるのは過去の戦例がこれを証明している。

旅順は落ちたが、第三軍の戦力はガタ落ちになって、当分は使いものにならないでは、いったい何のための旅順攻略かということになる。

旅順要塞を封鎖し、わが満洲軍主力の後方連絡線の安全を確保するという第三軍の当初の基本任務は昨年夏以来、完全に達成しているのである。

次は来るべき日露の決戦に参加し、戦争の雌雄を決めることである。

そのためには、当然それだけの戦力の温存が必要であるということになる。このように考えてくると、乃木が、多少の時間がかかっても確実な方法により勉めてわが損害を減ずるような攻撃方法を採用したことは、極めて合理的な至当な決心であったと言うべきであろう。

こういう貴重な教訓を、乃木が後世に残してくれたにもかかわらず、その後の日本陸軍はどうであったか。

支那事変、大東亜戦争の各種戦場における攻撃の失敗、無用の損害の発生、その原因は皆、急げ急げで上から尻をたたかれ、準備不十分のままの攻撃の強行ではなかったのか。

日露戦史研究不足のツケが大東亜戦争にまわってきたのである。

二〇三高地陥落後も続いた激戦

それはさておき、十二月十日午前九時、乃木は攻撃命令を下達した。

その第一項に曰く、「軍ハ正攻法ニヨツテ望台一帯ノ高地ニ対スル攻撃ヲ継続シ、マズ速カニ二龍山、松樹山、東鶏冠山北ノ三堡塁ヲ奪取セントス」と。すなわち二龍山を第九師団、松樹山を第一師団、東鶏冠山を第十一師団にそれぞれ配当した。

これらの攻撃目標は、同年夏の第一回総攻撃以来、引き続き同じ師団が与えられているのである。従って将兵は敵情地形については十分に熟知している。周到な準備さえできれば、満々たる自信をもって攻撃に臨むことができたのである。

先ず、第十一師団は十二月十七日、東鶏冠山北堡塁に対する攻撃を開始し、激戦の後、翌十八日、遂にこれを占領した。

つづいて十二月二十八日、第九師団は二龍山を攻撃、ロシア軍の頑強な抵抗を粉砕して翌早朝、完全にこれを占領した。

さらに十二月三十一日、第一師団は松樹山を攻撃、これを奪取した。

この本要塞東北正面の各堡塁の陥落に、わが将兵の士気は大いに揚がったが、まさかステッセルがこれで簡単に手を上げるとは、夢にも思っていなかった。当時の軍首脳は旅順の陥落は一月の中頃ぐらいになるだろうと予想していた。

然るに三十一日夜半より、第九師団が、さらに第十一師団も、望台に向かい独断突進を始め、一月一日午後三時三十分頃、望台頂上に日章旗が翩翻《へんぽん》として高くかかげられた。

この望台こそ、前年八月の第一回総攻撃以来、終始変わらぬ第三軍の攻撃目標であった。

この望台の重要性は、敵将ステッセルの方が、より以上に認識が強かったようである。おそらく彼は、望台を失えば旅順の命運はつきるものと、かねてから思っていたのであろう。望台失陥の報に接するや、わずか三日前の十二月二十九日における抗戦継続の作戦会議の決定をいとも簡単に独断放棄し、開城の軍使をわが軍に派遣したのである。

ステッセル以外の指揮官幕僚いずれも望台失陥で万事休すと思ったのだろう。作戦会議であれほど頑強に抗戦継続を主張した連中も、一人としてステッセルに抗命する者はいなかった。

それほど望台の陥落は、ロシア軍にとって致命的なものであったのである。

このことからしても第三軍の攻撃目標の選定は、決して誤っていなかったのである。

この東北正面の各堡塁の攻撃については、あまり一般に知られていない。二〇三高地攻略戦の蔭にかくれてしまったかも知れない。

司馬氏は、二〇三高地が落ちたあとは、残敵掃蕩期に入ったなどと言っているが、とんでもない見当違いである。

この攻防戦で我が坑道を掘って敵陣地に近迫すると、ロシア軍もこれを察知し、彼もまた坑道を掘りはじめた。わが坑道を逆に爆破するためである。いわゆる坑道戦である。

十二月十五日、ロシア軍第七師団長コンドラチェンコ少将が東鶏冠山北堡塁に赴いたのも、この坑道戦の現場視察のためであった。このとき不運にも彼はわが二十八サンチ榴弾砲の砲弾をまともに喰らうというアクシデントに遇ったのである。別にわが砲兵がコンドラチェンコの存在を知って射撃したわけではない。本当に偶然の一発であったのである。

もし、このコンドラチェンコが戦死していなかったなら、旅順の開城はまだまだ先に延びたであろう。そしてそれは次の奉天会戦の帰趨に重大な影響をもたらしたことは確実である。まことに日露両軍の命運を分けた一発と言うべきであろう。

この東北正面の戦闘におけるわが損害を見ると、十二月七日から十七日まで軍全般の戦死傷者は五七一名であり、十七日から十八日の東鶏冠山北堡塁の攻略における第十一師団の死傷者は八六五名で、戦闘参加人員一八二〇名に対し、四七・五%の高率となっている。

二十八日の二龍山攻略の第九師団は、戦闘参加人員三四八〇名、死傷一一九〇名、三四・一%の損害を出し、第一師団は松樹山堡塁の攻略で一八七名、戦闘参加人員三二一九名の五・八%の損害を出している。

この死傷者の数を足しただけでも二八一三名になるが、十二月七日から一月二日の休戦までの第三軍の戦死傷者の総数は三八七四名（内戦死者七八二名）にのぼる。この数字からだけでも旅順の終末戦がいかに激しかったかが偲ばれるのである。

残敵掃蕩戦というような生易しいものでは、決してなかったのである。

ステッセルが驚嘆した日本軍の砲兵運用

ちなみに旅順攻略戦の全期間のわが戦死傷者は五万九四〇八人であり、うち、一万五四〇〇人が戦死者である。

これに対しロシア軍の方はどうであったか。明治三十七年五月、戦闘が始まった頃の総兵力は、義勇兵や海兵を除いた正規の陸軍兵力だけで四万四二七七名であったが、開城時の健康な兵員は一万二七七五名で、義勇兵、海兵をいれても二万名に達しない。

一方、傷病兵は健康者の数を上まわって、一万九六六五名であったから、その戦力もおおむね限界に達していたともいえるであろう。

一月二日、伊地知第三軍参謀長は水師営においてロシア軍のレイス要塞地区参謀長と会談した。ロシア側は我の呈示した旅順開城に関する条件を全面的に同意し、両代表は調印し、日露両軍の休戦が成立した。

ここにおいて乃木は隷下部隊に戦闘行為の停止を命令し、ロシア側も早々と武装の解除を始めた。

日露両軍の将兵が堡塁の上で互いに抱きあって喜んだのもこのときである。

これより先、旅順開城の報が天聴に達するや、明治天皇は、敵将ステッセルが祖国のために尽くした忠誠を評価し、武士の名誉を保たしめるようにとの聖旨を参謀総長・山県元帥に下された。この聖旨は直ちに電報により軍司令官に伝えられ、乃木はこの聖旨にそうて開城交渉を進めるよう、わが方全権・伊地知幸介少将に命じたが、さらに一月三日、参謀・津野田是重《これしげ》大尉を直接ステッセルの官邸に派遣し、同大尉より伝達された。

ステッセルは軍装を正して恭しく聖旨を拝受し、最も荘重な態度で「敵国の元首たる皇帝陛下より、此《かく》の如き勅語を拝受することは予にとり実に無上の光栄である。願くば予の深厚なる謝意を陛下にお取次ぎ下さるよう、乃木大将に懇請する旨を伝えられたし」と奉答した。

一月五日、乃木、ステッセルの両将は水師営において会見した。

史上有名な「水師営の会見」である。この会見の模様は、佐佐木信綱文学博士作詞の小学校唱歌「水師営の会見」で長く国民の間で愛唱され人口に膾炙《かいしや》しているので、あえて説明を加える必要もないと思うが、会見の際の両将の問答のうちであまり一般に知られていないことについて一言述べてみたい。

ステッセルが「攻城戦の末期、すなわち二龍山、松樹山の攻撃に際し、日本軍砲兵の部署が良好で、目標の分配、射撃の実施が卓越していた」と称賛し、「攻城砲兵司令官は誰であったか」と乃木に質問したので、乃木は「陸軍少将・豊島陽蔵で、攻城の初めから彼であった」と答えたところ、ステッセルは「自分は、初期の指揮官とは全く別人と思っていたが、同じ人物とは日本人の頭脳は実に柔軟で、状況によりよく変化するものだ」と驚嘆した。

すなわちステッセルによれば「当初の日本軍の砲兵運用はまことにお粗末であったが、後で

水師営の会見。中列中央が乃木将軍とステッセル将軍

素晴しいものに成長した」ということである。

この砲兵指揮官・豊島の名は、司馬氏の小説の中にしばしば登場して散々に司馬氏からけなされている。

ところで若干余談をつけ加えると彼の小説の中で次のような記述がある。話は、ステッセルが帰国のため旅順から大連へ向かう途中の列車の中で、彼に同行した津野田是重参謀との談話である。読者の理解を容易にするため少々長くなるがその全文を紹介する。

「その列車のなかで、日本軍砲兵の能力についての話題が出た。

ステッセルは、

『どうも日本軍の砲兵は、火力を分散する痼癖《こへき》があった。とくに攻城初期においてはそうで、かの』

と、窓外の凹字形《おうじけい》の高地を指さした。列車が営城子にちかづこうとしているときであり、このあたりの戦闘は七月下旬ごろであった。この凹字形高地に日本軍が攻撃点をえらんだのは賢明であったとフォーク（筆者注、ロシア軍少将、第四師団長）ともどもステッセルは言い、ただ日本軍はあまりに砲兵を分散したからロシア軍歩兵は三日間もささえることができた、といった。

この話題は、砲兵そのものの射撃能力についてでなく、高級司令部の砲兵のつかいかたについてのものであった。どうも火力を分散しすぎるきらいがあったらしい。

『ただし、末期においては感服すべき程度にまで進歩した』

と、ステッセルはいった。この末期における火力集中をやったのは、乃木軍参謀でもなく、攻城砲兵司令官の少将豊島《てしま》陽蔵でもなく、総司令部からきた児玉源太郎であった。そのことは津野田もいわなかったし、むろんステッセルも知ってはいない」（『坂の上の雲』「乃木軍の北進」）

この最後の部分は、砲兵なるものについて全く知識のない司馬氏の空想から生まれた作文である。

そもそも児玉が直接旅順の戦闘に関与したのは、二〇三高地攻撃の末期である。

そのとき、児玉が砲兵の陣地変換や射撃について、豊島やその部下の奈良少佐と論争したことは、このとき児玉に随行した総軍参謀・田中国重少佐（後の陸軍大将）の回顧談にもあり、そのこと自体は事実であり、第七章「伊地知幸介論」でも詳しく述べているが、ステッセルはそんなことを言っているのではない。

ステッセルの言う攻撃末期とは二〇三高地ではなく、また砲兵の運用とは、統一指揮による火力の集散離合を指し、それは観測通信測量という戦闘技術に裏づけられたものである。

これには卓越した砲兵指揮官の存在はもちろん必要であるが、また指揮官を補佐する優秀なスタッフがいて、はじめて成り立つものである。

幸い、当時の攻城砲兵司令部には、高級部員の佐藤綱次郎中佐（後の陸軍中将、砲兵監）をはじめ、奈良武次少佐（後の陸軍大将、侍従武官長）、吉田豊彦大尉（後の陸軍大将、技術本部長）など錚々《そうそう》たる砲兵の俊秀がそろっていたのである。

高度の技術を必要とする砲兵の火力運用のごときを、専門家でない歩兵出身の児玉にできるはずはないし、またできなくても少しもかまわぬのである。

旅順陥落の意義

水師営の会見は、そのとき従軍していた外国新聞特派員によって全世界に報道され、深い感動をまきおこした。

乃木に勝者の驕りなく、ステッセルに敗者の卑屈なく、共に祖国の興亡をかけて、全智全能を傾け善謀勇戦した両将に対し、全世界は惜しみない賞讃の言葉を浴びせたのである。

ここで旅順陥落の意義を総括してみると、旅順陥落によりわが聯合艦隊は、旅順の封鎖という長期の地味な作戦から解放され、東征の途上にあるバルチック艦隊要撃の作戦準備に専念することができるようになったことが第一にあげられる。

これは同時に相手のバルチック艦隊の行動にも大きな影響を与えた。

太平洋艦隊（旅順艦隊のこと）が撃滅され、その根拠地となる旅順を失陥して、開戦当初と情勢が全く一変した今日において、なお当初の既定方針どおりバルチック艦隊（正式には第二太平洋艦隊と呼称）を極東に派遣する必要があるかということである。おそらくこのような疑念はロシア本国においても、またバルチック艦隊司令長官ロジエストウェンスキー中将以下の乗組員にも生じたであろう。

しかし、日本陸海軍を撃滅して日本を屈服させるという戦争目的をロシア帝国が放棄しないかぎり、バルチック艦隊の東航は中止されないだろう。

だが太平洋艦隊の消滅した今日では、東航中のバルチック艦隊の兵力では、日本艦隊より劣勢である。

常に相手側の兵力より圧倒的優勢をもって敵に臨むというロシアの伝統的兵力運用の原則により、ロシア海軍はさらに第三太平洋艦隊なる一艦隊を編成し、バルチック艦隊を追わせた。しかしながらバルチック艦隊はこの新艦隊との合流を待ったため、極東への進出は一層遅れざるをえなくなった。

同艦隊の極東への進出の遅延は、それだけわが聯合艦隊に準備の余裕を与えることになり、日本海海戦の勝利へとつながったのである。

次に、旅順の陥落により、わが陸軍に兵力の余裕が生じた。これまで旅順の攻略に充てられていた第三軍の兵力が、そっくり、来るべき北方の日露決戦に使用できることになった。

このことはロシア軍にとって一大脅威であった。

敵の総指揮官クロパトキン大将は開戦前まで陸軍大臣をやっており、旅順要塞の建設に莫大な資金と資材をつぎこんだ責任者である。

彼は開戦直前の明治三十六年に、極東の状況視察のため日本までやってきている。もちろん旅順要塞の状況もつぶさに視察している。

彼は、旅順は金城鉄壁の要塞で難攻不落のものと確信していた。

彼の作戦計画では、クリミア戦役のセヴァストポリ要塞の戦例からしても旅順は短期間では落ちないものとされていた。

その要塞がわずか半年で落ちたのである。彼の夢想だにしなかったことである。彼が、この旅順を落とした乃木という男を鬼神のごとく恐れたのは無理もない。これが奉天会戦における彼の作戦指導に重大なる影響を与え、彼の命取りとなったのである。

このように旅順の陥落が、日露戦争の命運を決めたところの奉天会戦および日本海海戦のわが勝利の直接間接の原因となったことは、何人も認めるところであるが、それ以外にも戦争の遂行に重大な影響を及ぼしたことを我々は忘れてはならない。

それは、日本およびロシアの戦費調達に及ぼした影響であり、さらにロシア国内の民心に与えた影響である。

戦費の調達については、日本もロシアもその台所の苦しさは同じで到底これを自国内だけでは賄うことはできなかった。

当時、日銀副総裁であった高橋是清（後の首相、蔵相）がロンドンに派遣され、公債の募集に苦労したのである。当初、この外債の募集はなかなか思うようにいかなかったが、旅順の陥落で日本の信用がぐっと高まり、英国および米国における外債の募集が円滑順調に進展したのである。

これに反して、ロシアはその同盟国であるフランスでその公債を募集していたが、旅順陥落を契機としてその人気が下落して、戦費の調達に一層苦労することになるのである。

またロシアを援助していたフランスまでが、旅順陥落後、日本公債に色目を使うようになってきた。

次に、この旅順の陥落は、ロシア国内における敗戦厭戦思想を一層蔓延させ、革命分子の活動を益々助長させていったことである。

あの史上有名な「血の日曜日」といわれた首都ペテルスブルクの冬宮広場の大虐殺事件は、旅順陥落後間もない一月二十二日の出来事である。

旅順陥落こそ日露戦争勝敗の分岐点といえるであろう。

なぜ旅順攻撃への誤解が生まれたのか

ところで、このような旅順陥落の政戦両略上の意義は極めて大であり、何人もこれを否定しないであろうが、戦術面の評価となると、戦前からあまりパッとしなかったのも事実である。

一言にしていえば、旅順の攻撃は終始同じパターンの正面攻撃を繰り返し、多くの無用の損害を出したということであり、その原因を、乃木をはじめとする第三軍首脳の頭脳の貧困にありとする評価である。

しかし、これが全くの誤りであることは、これまで縷々述べてきたとおりである。

では、なぜ、こんな評価が生まれたのだろうか。

その第一は、折々ふれてきたように、日露戦争後の陸大戦史教育の誤りに起因すると思うが、その他にも次のような点も考えられる。

日露戦争後、政府および軍は、日本軍人というより、日本人はすべて先天的に武勇にすぐれた勇猛果敢な民族であるという観念を徹底的に国民に叩き込もうとしたのではないだろうか。

これは国民皆兵の徴兵制度を採用するわが国の施策としては当然のことと思うが、その教材として日露戦争における、わが将兵の忠勇美談が大いに活用されたのである。

この施策は見事に成功し、日本人は知らず知らずのうちに必勝不敗の精神が培われ、骨の髄までしみこんだのである。

旅順の戦例とて例外ではない。旅順が遠くから射つ砲兵の射撃や、ごそごそ穴を掘って爆薬を仕かける爆破作業で落ちたなどといっては面白くない。

やはり弾丸雨飛の中をものともせず、戦友の屍の山を乗り越え、銃剣をかざして敵陣地に突入するものでなければ、忠勇美談として講談や浪花節の材料にはならない。

そこへ、日露戦争後発表された桜井忠温中尉著の『肉弾』がベストセラーとして拍車をかけ、旅順即肉弾という観念が国民の中に深く定着してしまった。

桜井中尉の『肉弾』の内容は、彼が負傷した第一回の総攻撃までで、旅順の前哨戦である前進陣地の攻撃が主で、旅順本要塞の攻撃についてはほとんどふれていないのに、題名だけが先走りしてしまった感がないでもない。

それはともかく、この肉弾という言葉が、国民を大いに奮い起こさせ、肉弾攻撃を当然のものとして受けいれていたのである。

ところが大東亜戦争後、国民の価値観が百八十度転換してしまうと、何であんな無茶な、馬鹿なことをしたのかということに変わってしまう。

ベトンの要塞に肉弾をぶつけるとは何事か、人命軽視、無策も甚しいということになり、そんなことをやらせた乃木は怪しからぬ、無能ということになる。

乃木にとってもまことに迷惑千万な話である。

旅順の第三軍の損害が大きかったことは事実だが、後の第一次、第二次大戦の消耗に比べれば問題にならない。日露戦争が近代戦の前ぶれであるとすれば、あのくらいの損害数は当然の数字といえよう。

第五章 黒溝台会戦と奉天会戦

日露戦争での滞陣中に

第三軍の幕僚には優秀な人材がそろっていた

半歳の悪戦苦闘の後、旅順は落ちた。

しかし第三軍将兵は戦いの疲れをいやす暇もなく、次期会戦参加のため新戦場に向かわなければならなかった。

明治三十八年一月十三日、旅順入城式が行なわれた。乃木は全将兵をこれに参加させ戦勝の喜びを共にわかちあいたかったが、実際に参加したものは約半数に過ぎなかった。各部隊は次期作戦準備に追われていたのである。

ついで翌十四日、水師営南方の地において戦没将兵の招魂祭が厳粛盛大に斎行された。式場には乃木自ら筆をとって、「第三軍戦死病歿各位之霊」と大書した柱を中央に植立し、自ら起草し清書した祭文を朗読した。

乃木が祭壇の前に立って音吐《おんと》朗々《ろうろう》祭文を読み進むと、満場寂《せき》として声なく、「幽明相隔つ悲しいかな」のところに到ると、参列者皆泣き、来賓の中国人も涙を流し、全く言語を解しない欧米人までも眼を拭っていたという有様だった。

乃木の全人格のほとばしりが彼らの肺腑《はいふ》をついたのであろう。

ところで、第三軍の北進については一月十三日に発令されていたが、この夜、北方の総司令部から電報があり、「おそくとも二月中旬までには遼陽付近に集中を終わるべし」の内容であった。

これより先、一月十二日、第三軍の戦闘序列の変更が発令されたが、第十一師団、後備歩兵第一・第四旅団および攻城砲兵部隊が除かれ、新たに第八師団、後備歩兵第八旅団および騎兵第一旅団が加わった。しかし、これらの部隊は当分の間、総司令官直属とされ、やがて二月七日の発令で正式に第三軍より除かれ、代わりに騎兵第二旅団が加わった。これで第三軍は第一・第七・第九の三個師団を基幹とする部隊で奉天会戦に臨むことになったのである。

また、これに前後して軍司令部の幕僚の異動があり、伊地知幸介参謀長は新設の旅順要塞司令官に、参謀副長の大庭二郎中佐、作戦主任の白井二郎中佐は大本営付にそれぞれ発令された。

なお大庭中佐は一月二十七日付で後備第二師団参謀長に転補したが、白井中佐は残務整理のため引き続き勤務し、奉天会戦後に帰国、四月十五日付で侍従武官に補職された。

そして新参謀長には小泉正保少将、参謀副長には河合操《みさお》中佐、作戦主任には菅野《すがの》尚一《ひさいち》少佐が着任した。

この人事について司馬氏は『坂の上の雲』で、「結局は旅順攻撃の作戦と指導上の責任を問われたものであった」（「乃木軍の北進」）と書いている。軍司令官の乃木と一番若い参謀の津野田是重を除く全員が左遷されたと言いたいのだろう。しかし更迭されたのは前述の三人だけで、これを左遷人事と見るのは誤りだ。

第七章「伊地知幸介論」でも述べておるが、その後、伊地知は同期生の長岡外史や井口省吾よりも三年も早く中将に進級しているし、大庭も同期生のトップで大将に昇任し、教育総監になっている。

彼の同期には、他に河合操（参謀総長）、田中義一（陸相、首相）、山梨半造（陸相）の三人の大将がおるが、いずれも大庭よりも半年から一年遅れている。

白井も同期のトップグループで中将に昇進し、第九師団長になっている。

これが司馬氏の言う左遷人事の結末である。

余談であるが、第三軍の幕僚ほど人材がそろっていたのは、他になかったのではないか。

伊地知は病気のため大将になれなかったが、前述の大庭・河合の他に菅野尚一、井上幾太郎、磯村年《とし》（元ＮＨＫの磯村尚徳氏の祖父）、さらに攻城砲兵司令部の奈良武次、吉田豊彦と七人も大将がでている。これに最後の第三軍参謀長であった一戸兵衛をいれると八人になる。

司馬氏は、第三軍の参謀はぼんくらばかりで、その点、乃木はまことに不幸であったと変な同情をしているが、こんなに大将がたくさん出たところは他所にはない。

最大のピンチ・黒溝台の会戦

乃木の軍司令部は一月二十四日、思い出多い柳樹房を後にして、遼陽に向かい汽車で出発した。

部隊はすでに十五日から逐次行動を開始し、厳冬の寒風をついて北上を続けていた。

一月二十六日朝、遼陽着、乃木はさらに汽車を乗りつぎ、烟台にある総司令部に出頭した。

この日の未明（二十五日の深夜）、参謀長・小泉正保少将が汽車から転落負傷という奇禍にあい、そのため後日、松永正敏少将が後任に補職された。

ちなみに松永少将は歩兵第三旅団長として明治三十七年八月、かの有名な弓張嶺の夜襲を敢行した猛将である。

乃木が総司令部に出頭したときは、たまたまロシア軍がわが満洲軍の左側背に対し一大攻勢を仕掛けてきたときで、総司令部内は騒然とした空気につつまれていた。

日露戦史上有名な黒溝台の会戦である。

黒溝台の会戦は一月下旬、ロシア軍総司令官クロパトキンが、グリッペンベルグ大将の指揮する第二軍に命じて、わが満洲軍の左翼にあたる黒溝台付近に攻勢をとらせたために起こった戦闘である。

このロシア軍の攻勢は全く我の意表に出たもので、わが満洲軍にとっては日露戦争全期間中最大のピンチとも言うべきものであった。

この付近には騎兵第一旅団長・秋山好古少将の指揮する秋山支隊がおったが、当時、満洲軍の総予備隊であった第八師団が救援にかけつけ、さらに第五・第三・第二師団と兵力を逐次増援し、第八師団長・立見尚文中将を長とする臨時立見軍を編成し、これに対処したのである。

総司令部でこの状況を知った乃木は、第九師団長に一戸少将の指揮する歩兵第七聯隊を遼陽に至急汽車で急行するように命じた。

遼陽に到着した一戸支隊は二十七日、勇躍戦場に向かったが、乃木はまた万一を顧慮し野砲兵第十六聯隊を遼陽西北方地区に展開させ、さらに歩兵第三十五聯隊を増加して、軍の集中掩護に万全を期した。

黒溝台の会戦は一月二十七日から二十八日にかけ、彼我の主力が激突し最高潮を極めて、ロシア軍は依然優勢を持して日本軍を圧迫したが、二十九日、突然ロシア軍が退却を開始したことによって、その幕を閉じた。

このロシア軍の退却はまことに不可解で謎とされたが、一般には総司令官クロパトキンと、この方面の軍司令官グリッペンベルグ大将との不和にあったとされている。

そもそもクロパトキンの当初の意図は、本国から続々と送られてきている増援軍の到着を待って日本軍と一大決戦を行なうことにあったが、旅順陥落の報に接し、それでは乃木軍が到着する前に攻勢に出ようと決心を変更したのである。

その作戦構想は、先ずグリッペンベルグの指揮する第二軍に日本軍の左翼に対し攻勢をとらせ、その戦況の進展によって、第一および第三軍から成る軍主力で当面の日本軍（第一・第二・第四）に対し攻勢を行なうというものである。

グリッペンベルグは、戦況の進展に伴い、隣の第一・第三軍が攻撃を開始するものと思っていたところ、クロパトキンがなかなかその腰をあげない。

自分の方は日本軍の頑強な抵抗にあい、苦戦を強いられているのに、日本軍の方はどんどん増援軍を送ってくる。この状況においてグリッペンベルグはなお攻撃を続行し、戦果の拡張を期していたが、クロパトキンは一月二十八日夜、一度発令した攻撃続行命令を急遽取り消し、退却を命令した。グリッペンベルグがカンカンに怒ったのは当然だ。彼は病気と称し、辞表をたたきつけて帰国したのである。

クロパトキンの作戦構想は乃木軍到着で破れた

このクロパトキンとグリッペンベルグの行動について種々取沙汰されているが、司馬氏はその小説で次のように書いている。

「この大作戦を担当したグリッペンベルグ大将が、なおもう一日戦闘をつづければ、五割に減少してしまっている立見師団を圧し潰すことは容易であったにちがいなく、もしこれを敢行して日本軍の後方にこの十万の大軍が出現すれば、煙台の総司令部自体が書類をかかえて逃げ出さざるをえなかったであろう。

さらにこのとき、日本軍正面で大兵力をにぎっている総司令官クロパトキンが、その大兵力をもって日本軍の中央および右翼を衝けば、——戦術上では初歩的な常識だが——縦深が浅くいわば多分に見せかけの布陣をしている日本軍は兵力が分散し、四分五裂し、ついには潰滅したであろうことは、たれがみてもあきらかであり、おそらく日露戦争はこの一戦で終了したにちがいない。

が、奇怪にも、この会戦の二十八日、つまりロシア軍にとってなお圧倒的な優勢を示しつつある切所《せつしょ》においてクロパトキンは、

『退却せよ』

と、第二軍司令官グリッペンベルグ大将に訓令をくだしたのである。

信じがたいほどの命令であった。

この命令は、この日（二十八日）午後八時にくだした。ところがそれよりもわずか十五分前

に、

『攻撃をつづけよ』

と、グリッペンベルグに命じているのである。わずか十五分後に、まったく逆の命令を発した。

その極端に意志力を欠いたこの命令変更の理由については、クロパトキンは、

『日本軍は、わが中央を衝《つ》こうとしている』

という理由からであった。なるほど大山・児玉は、中央の兵力をほとんど左翼の火事場に移したため、それを敵に気づかれぬように擬装攻撃をわずかながらクロパトキンの中央に対してかけた。この陽動作戦（ともいえぬほどに微弱な攻撃）にクロパトキンの過敏な神経はみごとに反応したのである。だから、

『ひきあげて来い』

と、第二軍十万をひきいるグリッペンベルグに命じたのだが、しかし素人が総司令官であってもクロパトキンのような命令は出さないであろう。日本軍がロシア軍中央に攻撃をしかけてくれば、逆にそれに対して攻撃をかければ、紙を突きやぶるような容易さで日本軍の中央を潰乱させることができたのである。となれば、日本軍は自分の左翼へ駈けつけさせた数個師団をよびもどさねばならず、それによって左翼の秋山支隊は全滅し、グリッペンベルグは一瀉千里《いつしやせんり》

の勢いで日本軍の本営を衝けるところであった」(『坂の上の雲』「黒溝台」)

なるほど一応もっともなような説明であるが、これではクロパトキンは素人よりも劣る愚将ということになる。だが、当時クロパトキンは一流の軍略家としてその名を全世界に知られていた将軍である。

そう馬鹿にしたものでもあるまい。

現在戦いが行なわれている黒溝台正面に続々と送られてくる日本軍が、中央正面の兵力が移動してきたものであるということが、わかっておればクロパトキンも司馬氏の言うようにするだろう。しかし、もしそれが乃木軍であったらどうなるか。

乃木が二十六日遼陽に到着したことは、おそらくロシア軍の諜報網は探知したであろう。また乃木の処置した一戸支隊などの行動についても然りである。しかしながら、このような後方の動きに比べ、案外第一線に近いところの動静はわからないものだ。それが戦場の実相なのだ。このへんの事情は実戦の経験の全くない司馬氏にはわかるはずもないが。

乃木軍の到着前に日本軍を撃破するというクロパトキンの作戦構想は、乃木軍の戦場到着(実際の兵力はまだ先頭の一部に過ぎなかったのだが)によって無残にも破れてしまったことになる。然りとすればクロパトキンの決心が動揺するのも無理はない。

特に彼の神経質な性格からすれば、さもありなんである。

クロパトキンが乃木を鬼神のごとく恐れていたことは前にも書いたが、今、黒溝台で我と戦っている日本軍が、乃木かどうかは不明であるにせよ、その頑強な抵抗ぶりからしてあるいは乃木軍ではあるまいかと彼が疑っても無理はないだろう。

現に我と戦っている第八師団や騎兵第一旅団が、この一月、第三軍の戦闘序列に入っていた情報を、もし彼が知っていたとしたらなおさらである。

このように「乃木遼陽に来る」の情報で、彼が黒溝台会戦中止の決断をしたとするならば、「死せる孔明、生ける仲達を走らす」の故事を想起させるではないか。

却下された第三軍の増強要請

黒溝台の戦いは終わり、両軍は再び対陣の状態に戻った。

この戦いは双方引き分けの形であったが、やがて春の解氷期の前に日露の決戦が行なわれることは必至であった。氷が解けて大地が泥濘化すると作戦行動は著しく困難となる。軍隊の機動が容易な時期に敵に決戦を求めて雌雄を決する。それは日露両軍首脳の一致した共通の願望であったのである。

特に日本の場合は、その国力からして、これ以上の長期戦には耐えられない。またロシアの方もその国内事情から、日本軍を撃滅して戦勝を獲得することは、政略上の至上命令であった。

かくして春の到来を前にして、満洲の天地に刻一刻、戦機は熟していったのである。

一月末、わが満洲軍のたてた作戦構想は、右より鴨緑江軍、第一軍、第四軍、第二軍、第三軍と併列し、鴨緑江軍は敵の左側背を、第三軍は敵の右側背をそれぞれ脅威し、中央正面から敵に決戦を求めるというものであった。

この作戦構想に基づき、軍の戦闘序列が変更され、既述のごとく第三軍から第八師団と秋山騎兵旅団が除かれたのである。

二月十七日、総司令部より作戦計画が各軍に示され、二十日、乃木は総司令部に招致され出頭した。

このとき乃木は、全般の状況判断からして、敵の右側背に繞《にょう》回運動（迂回行動）を行なう第三軍方面に攻撃の重点が指向せられるのが戦術上至当であるとして、そのために第三軍に一個師団と砲兵の若干を増加されんことを要請したが、この意見具申は却下された。

このとき乃木に随行した参謀・津野田是重大尉は、満洲軍の作戦主任参謀・松川敏胤《としたね》少将に対し、かつての彼の陸大教官であったという気安さも手伝って乃木の要求がいれられるように再三力説したが、一言のもとにはねつけられてしまった。

松川少将曰く「第三軍には多くを期待していない。ただなるべく多くの敵の予備隊をこの方面に引きつけ、新民屯付近で旅順の二の舞を逆にやればよいのだ。そうすれば、満洲軍の主力は中央突破により敵に決戦を求める。云々」と。

この松川の言が、実際に行なわれた総司令部の作戦指導と著しく背馳《はいち》していることは、爾後の戦況が証明するところである。この件についてはあとで詳しく論評したい。

奉天会戦劈頭の第三軍の快進撃

奉天会戦の火蓋は、先ず二月二十一日、川村景明大将の率いる鴨緑江軍の行動開始により切られた。

敵の総司令官クロパトキンは、この鴨緑江軍方面を日本軍の主攻と判断し、この主攻正面には当然、乃木の第三軍がおるものと推測した。

事実、鴨緑江軍にはかつて第三軍に属して東鶏冠山の攻略に勇戦した第十一師団がいた。また鴨緑江軍の兵站は、従来の第三軍の兵站がそのまま鴨緑江軍兵站となったものであった。

兵站とは弾薬糧秣《りょうまつ》などの補給輸送を主任務とする部隊である。

これには軍人のほかに多数の軍夫（労働者）が配属されている。旅順の攻略間は後方地域で酒を飲んだり博打《バクチ》を打ったりしていた連中でも、他所では「旅順は凄かったぜ」と大法螺《おおぼら》を吹きたがるのが人情である。

こういう連中が軍の後方を前進しておれば、いつとはなしにこの方面に第三軍が前進しているとの情報が自然と流れてゆく。

クロパトキンが鴨緑江軍を第三軍と誤判断しても無理はない。

当時ロシア軍は、東より第一、第三、第二軍と併列し、その兵力は歩兵において我の約一・六倍、砲数で約一・二倍と遥かに優勢を保持していた。

クロパトキンも我に対する先制攻撃を企図し、その主攻は第二軍方面、すなわち黒溝台会戦と同様に日本軍の左翼に対し攻勢をとろうと準備を進めていたが、わが鴨緑江軍によりその出鼻をくじかれて、攻勢発動の機会を逸してしまった。

それどころか、その総予備隊をその方面に移動したのである。

二月二十六日、総司令官・大山巌元帥は、鴨緑江軍の攻撃が進展し、戦機熟すると見るや、全軍に攻撃発動を下令した。

乃木の指揮する第三軍は、二十七日朝、遼陽西北方の集中地を出発、右から第九師団、砲兵旅団、第七師団、第一師団および田村支隊（騎兵第二旅団）の五縦隊となって前進を開始した。

その前進方向には、露第二軍に属するグレコフ支隊の騎兵の警戒幕があったが、もとより鎧袖一触、無人の野を行くような快進撃を続けた。

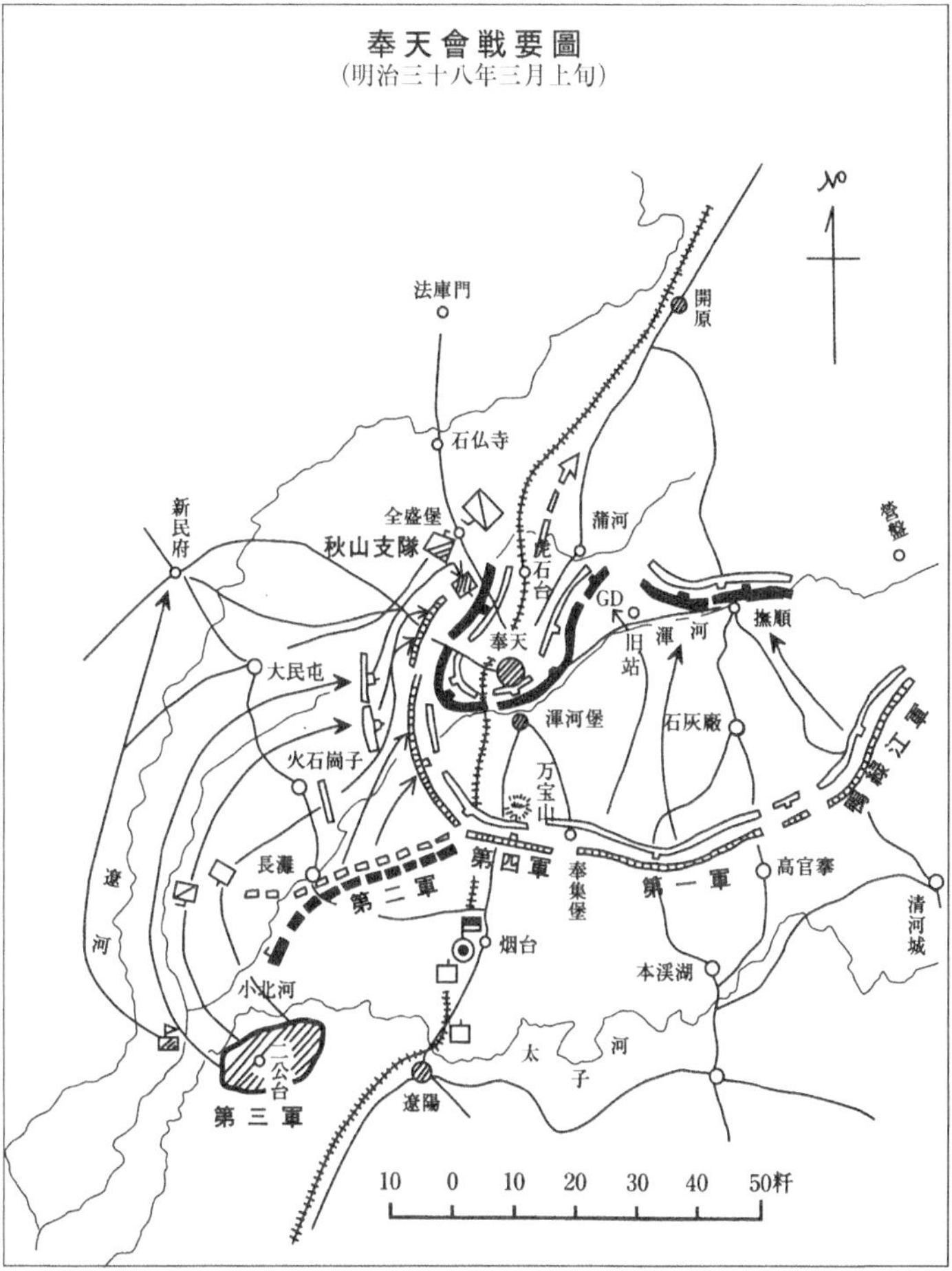
奉天會戦要圖
(明治三十八年三月上旬)
法庫門
開原
石仏寺
全盛堡
秋山支隊
新民府
蒲河
営盤
虎石台
GD
奉天
撫順
渾河
旧站
大民屯
渾河堡
石灰廠
鴨緑江軍
火石崗子
万宝山
長灘
第四軍
奉集堡
第一軍
高官寨
第二軍
清河城
遼河
烟台
本渓湖
小北河
太子河
二台公
遼陽
第三軍
10 0 10 20 30 40 50粁

日本軍大部隊北上の情報は、クロパトキンのもとに届けられたが、まだ飛行機も無線も普及していない時代である。

情報収集伝達の手段は、専ら斥候《せっこう》と伝令によるしかない。従って正確な敵の兵力など、そう簡単にわかるはずはない。

クロパトキンも当初は一個支隊ぐらいの兵力との報告を受けていたが、二十八日夜になりこの敵を乃木第三軍と判断し、これを撃滅するために十分に兵力を奉天付近に集中せんと企図し、取りあえずビルゲル中将に総予備軍の一部兵力を指揮させ高力屯に急派し、日本軍の前進阻止と、わが兵力の集中掩護を命じた。

このクロパトキンの的確なる状況判断、迅速な決心、適切な処置、流石に当代一流の軍略家と言われただけの、敵ながら天晴れ見事なものである。

これを、このときからちょうど四十年後のビルマ・イラワジ会戦における英第四軍団（覆面兵団として突如パガン付近でイラワジ河を渡河して、メイクテイラに突進した）に対するわが統帥部の状況判断のお粗末さに対比すれば、感慨ひとしおのものがある。

クロパトキン、乃木軍撃滅のため兵力を集中す

このとき、わが総司令部の最も心配していたことは、敵が決戦を避けて退却するのではない

かということであった。

退却は、開戦以来ロシア軍の常套戦法でもあり、また当時の欧州電報は、そのような風説があることを伝えていた。この先入観が作戦の終始を通じ、総司令部の作戦指導に重大なる影響を及ぼしたことは否めない。

それがまた第三軍への迅速な前進を要求する督促電となり、多くの問題を残したのである。

一方、第三軍の迅速な前進によって、総司令部との電話がしばしば不通になり、総司令部をやきもきさせた。

総司令部内では、第三軍の前進をあまりうるさく督励したので、乃木が怒って電話線を切って前進したというような噂まで出たが、それは誤りで、実際は砲弾や敵性分子による電話線の切断であった。しかし最大の原因は器材の未進歩・不良と推測する。

ところが三月二日午前二時、総司令部と第三軍の電話線が復活し、第三軍が予想以上に前進しているのを知って、今度は第三軍が敵中に孤立するのを心配して、その前進停止を命じたが、乃木の意見具申によりその前進継続を認めた。

然るに二日朝、軍司令部が出発する頃、また総司令部との電話が不通になった。幕僚たちは、電話が開通してから出発してはと、乃木に意見具申したが、乃木は「通信網のために戦機を逸すること勿《なか》れ」と拒否して、所要の連絡処置を講じさせて午前八時出発した。

公刊戦史はこのときの状況を「時ニ北風雪ヲ捲テ遠望ヲ妨ゲシモ前面寂トシテ宛然無人ノ地ヲ行クガ如ク十時頃楊士崗子ニ達シ微カニ南方ニ砲声ヲ聞ク」と記述している。

一方、クロパトキンは乃木軍撃滅を企図して、この方面に兵力の集中を図ると共に、第二軍司令官カウリバルス大将をその総司令官に任じてこれに専念させ、第二軍司令部付のラウニッツ大将に従来の第二軍の残余を指揮させた。

クロパトキンが乃木軍に指向した兵力は歩兵七二個大隊に及んだが、彼はこれでもまだ不十分とし、さらに第一軍のシベリア第一軍団を同軍から引き抜いた。

ちなみに乃木軍の当初の歩兵兵力は後備旅団をいれて四二個大隊である。

このロシア軍の兵力移動、第一線よりの兵力の抽出は、日本軍をしてロシア軍の退却と誤認させ、わが方の指揮を混乱させた。

三月二日、従来、第二軍に属していた秋山騎兵第一旅団が第三軍の指揮下に入った。これで秋山少将は、田村少将の指揮する騎兵第二旅団を併せ指揮し、秋山支隊として軍の外翼を行動することになる。

作戦開始のときからそうしておけばよかったのである。まことに遅すぎた総司令部の処置ということになる。

乃木の断固たる進撃と総司令部の思惑

三月二日夜、総司令部で作戦会議が開かれ、第二軍と第三軍とを連携させ、西方から奉天を攻撃させようという作戦方針が決定し、そのために三日の第三軍の前進中止を発令した。

この二日夜、乃木は独断、明三日朝からの攻撃前進を決意し、各師団に命令をしていた。当時総司令部との通信連絡が途絶え、友軍および敵情不明の状態であったが、乃木はこれを意とせず、断固攻撃前進に踏み切ったのである。

この乃木の強い決意に、彼の幕僚は、乃木はこの一戦に自ら死処を求めているのではないかと疑った。

三日朝から各師団は前夜の軍命令に基づき攻撃前進をはじめた。

ところが攻撃をはじめてから間もなく、総司令部から前進中止の命令がとどいた。

乃木は従順にその命令に従い攻撃中止を発令した。このとき第一師団に派遣されていた津野田参謀が軍司令部に飛んで帰ってきて、なぜ前進を停止させるのかと乃木に詰問したが、逆に乃木になだめられて、ウィスキー一杯をご馳走になって引き下がった。

三月三日夜、総司令部は重大な作戦方針の変更を決定した。

全般の戦況の進展がはかばかしくないので、第二軍主力を渾河《こんが》北岸に移し、奉天の西および西北から敵を包囲攻撃しようとするものである。

この夜、乃木は奉天付近の敵が退却中であるという情報に接した。そこで敵の退路遮断より、一挙、奉天に直進する方が得策と判断して、各師団に攻撃前進を命令した。

この乃木の企図を四日早朝に知った総司令部内では、乃木の処置に関し賛否両論に分かれた。

乃木の行動を是認して昨夜の命令を取消せというものと、命令の取消しは威信にかかわるからしばらく状況を見ようというものである。

総参謀長・児玉大将は、後者の意見を採用した。

しかしながら、乃木が総司令部の昨夜発令された命令を知ったのは午前四時五十分で、そのときすでに各師団は行動を開始していた。

乃木は、第二軍の渾河北岸への進出を待っていては、当面の敵を逸するおそれありとして、あえて総司令部の命令を黙殺し、その決心を変えなかった。

昨三日の前進中止命令には従順に従ったが、今日は断固として所信を貫いた。名将乃木の面目躍如たるものがある。

然るに、三月五日、総司令部は第二軍と第三軍との作戦地境を変更したため、第三軍は現在戦闘中の第七・第九師団の地域を第二軍にゆずり、さらに北方に転移せざるをえなくなった。敵前における蟹《かに》の横ばいである。

後年、わが参謀本部戦史部員は、その研究論文において、この行動について言及し、「本会戦ニ於ケル我軍ノ包囲手段ガ古来名将ノ未ダ企及シ得ザリシ第一線ノ側方移動ニ依リテ実施セラレタルニ至リテハ極メテ大膽ナル策案ニシテ且我軍統帥者ノ独創的考案トモ謂フベキナリ、元来大兵団ヲ以テスル包囲ニ於テ側方移動ニ依ル包囲運動ハ極メテ有利ナル地形ノ掩護アルニアラザレバ実行不可能ト認メラレタルニ拘ラズ、我軍ハ絶対必要ノ前ニハ何等地形ノ掩護ヲ受ケルコトナク、且兵力劣勢戦線到ル処薄弱ニシテ大ナル危険ノ伴フモ意トセズ大膽ニ此危険ヲ冒セシハ高等統帥部ノ心中絶大ナル自信アリ而モ計画ノ周密適切ナリシニ因ルモノニシテ用兵上後世ノ誇ト為スニ足ルモノナリ」とべた褒めに褒めちぎっているが、果たしてどうであろうか。大いに疑問とするものである。

本件については、あとでさらに論述してみたい。

シベリア第一軍団の大攻勢を斥ける

この総司令部の企図により、第三軍は三月五日、攻撃前進を停止し、五日夜から六日にかけて北方に転進を実施した。

一方、ロシア軍の乃木軍に対する攻撃の準備は着々と進められていた。

クロパトキンの乃木軍撃滅の決意は固く、これに充当する兵力は実に歩兵一二〇個大隊、砲三六六門に達すると胸算用していた。

敵に対しては、数において絶対優勢を保持するという、いわゆるマスの原理は帝政ロシア時代から赤軍に至るまで変わることのないロシア軍の伝統である。

この点、寡をもって衆を破ることを誇りとする日本軍人とは極めて対照的である。

夜行軍により転進を実施していた第三軍は、六日早朝から敵の大攻勢を受けた。

この攻勢を最初に受けたのが、劉家窩棚にいた第七師団の一部であり、攻撃したのはゲルングロス中将の指揮するシベリア第一軍団である。

しかし、この攻勢もわが将兵の奮戦により挫折した。

この六日の攻勢の失敗は、クロパトキンに中央正面で戦闘していた第一・第三軍を渾河の線まで後退させることを決意させた。

彼は戦面を思い切って緊縮することにより、歩兵約六〇個大隊を予備隊として捻出できると胸算用したのである。

しかし通説ではこの理由のほかに、この彼の決心はたまたま奉天北方約二〇キロメートルの地点に約六〇〇〇の日本軍が進出したという報告（誤報）を受けたことによってなされたと言われている。

クロパトキンの性格が側背の危険に対して極めて鋭敏であったのは事実であるにせよ、こんなあやふやな情報だけで、戦局を決定するような大決心をするとは思われない。

やはり、あくまでその総力を結集して乃木軍を撃滅しようという彼の執念が、第一・第三軍の後退という思い切った処置をさせたと見るべきで、決戦方面に徹底的に兵力を集中しようとしたことの処置は、戦術的に見ても極めて至当なる策案と評価できるのである。

重要地点を担う第三師団の危機

三月七日、この日は第三軍に隣接して戦っていた第二軍の第三師団が、悪戦苦闘を強いられ、日露戦史のなかでも最大の激戦として有名な李官堡《りかんほ》付近の戦闘のあった日である。

第三師団は当初、満洲軍総予備隊であったが、三月四日第二軍の指揮下に入り、第三軍の第七・第九師団と交代して李官堡付近に進出した。

李官堡は、奉天の真西一二キロメートルに位置する。前述のように乃木は、この付近から直路奉天城に迫ろうとしたが、総司令官の命令で戦闘を中止し、北方に転進した。

この付近が、我の包囲迂回行動の回転軸にあたる地点で、本会戦における最大のキーポイントであることは一目瞭然である。

もし逆に、この地点をロシア軍に突破されれば、第三軍の包囲迂回行動は画餅《がべい》に帰すことは明らかだ。

クロパトキンも当然これに着目し、ここに兵力の集中を図った。そして時間の経過と共にその兵力は増大していった。

従ってこの時期に、この重要な場所の部隊交代を行なわせたことは、戦術上明らかに総司令部の重大なミスと言えよう。

もし、このとき総司令部が第三師団を第三軍に配属していたら、乃木は第七・第九師団をしてそのまま李官堡付近の敵に対する攻撃を続行させ、第三師団を遠く外翼に迂回行動させたであろう。

その場合の戦果の発展は、推して知るべしである。

それはともかく、第三師団の歩兵第六聯隊は李官堡東方約二キロメートルの干洪屯において、また歩兵第三十三聯隊はその南側の三軒屋において、それぞれ優勢な敵の包囲攻撃を受け全滅の危機に瀕し、遂に同地を放棄撤退するの止むなきに至った。

この一月まで乃木第三軍の高級副官をしていた歩兵第三十三聯隊長・吉岡友愛《ともよし》中佐が戦死したのはこの三軒屋の戦闘であり、重傷を負うた第六聯隊の大隊長・大越兼吉《かねきち》少佐は友軍の危機を自ら旅団長に報告せんとしたが果たさず自決した。

また前年の遼陽会戦で抜群の武功を樹てた歩兵第六聯隊の東大出身の工学士・市川紀元《きげんじ》二中尉もこの日ここで戦死した。

これらの人々の壮烈無比の行動は日露戦争中の忠勇美談の一つとして長く国民の間に語り伝えられて、日本人の魂をゆさぶってきたが、今や全く忘れ去られてしまった。

ここにその芳名を記録して、いつの日か忠魂再び蘇らんことを願うものである。

この第三師団の苦闘を知った乃木は、第三師団に隣接して戦闘をしている第七・第九師団に攻撃の進捗を督励するとともに、軍予備の後備歩兵第十五旅団を第七師団に配属し、同旅団を第三師団との境界線付近に進出させた。

しかし、この旅団は翌八日優勢な敵の攻撃を受け、二人しかいない聯隊長のうち一人が戦死、一人が負傷し戦死傷計一〇四六名という莫大な損害を出し、潰乱状態となった。

第九師団も七日、一七三三名という作戦開始以来、最大の損害を出し、翌八日、さらに一一三三名の損害を出した。これらの数字を見ただけでも、いかにこの方面のロシア軍が頑強に戦ったかがわかるのである。

このような自軍の苦戦にもかかわらず、乃木は虎の子の機関砲六門を第三師団に貸与して、その戦闘に協力している。

「此ノ如キ命令ヲ受クルハ、千載ノ恨事ナリ」

この戦況の悪化に血迷ったのか、総司令部は第三軍の攻撃前進を一段と督励した。

総司令部としては、鴨緑江軍、第一、第四軍ともにその攻撃は遅々として進まず、頼みの第二軍また振わずとすれば、頼むところは第三軍による包囲網の完成のみである。

児玉が第三軍参謀長・松永正敏少将――彼はこのとき黄疸のため重態であったが――を電話口に呼び出し、「何をぐずぐずしているのか」と怒鳴りつけたのもこのときである。

しかし、この頃、第三軍の現況は連日の戦闘で各部隊の兵力は著しく減少し、かつ給養睡眠の不足、寒気と労働の過大で、将兵は疲労困憊しきっていた。しかも当面の敵は時々刻々とその兵力を増し、彼我の兵力の差は拡大してゆくばかりである。

この総司令部の督戦に、乃木は憤然として駒を最前線に進めた。

敵の小銃弾の飛んでくるところである。たちまち軍司令部付の獣医が頭を射貫かれて即死した。

これでは軍司令部の事務はとれないと幕僚は悲鳴をあげたが、乃木は頑として動かなかった。

支那事変や大東亜戦争のときでは想像もできない軍司令部の位置である。

三月七日夜、総司令部は昼の児玉の電話に追い討ちをかけるように総司令官の訓令を電報して第三軍を督励した。この日の第三師団の李官堡の苦戦がよほどこたえたのであろう。

その訓令に曰く、

「一、諸報告ヲ綜合シテ第三軍ノ戦況ヲ判断スルニ、今七日ニオケル運動ハ頗ル緩慢ナルヲ覚ユ、甚ダ遺憾トス。
二、全般ノ戦機ヲ発展スルノ目的ヲ以テ奉天付近ノ敵ヲ撃砕スルハ、第三軍ノ攻撃迅速且果敢ナルニ因ラズンバアラズ。
三、貴官ハ、充分ナル決断ヲ以テ貴官ノ命令ヲ厳格ニ実行セシメ、以テ攻撃ヲ為スベシ」

しかし、この訓令は全くの見当違いである。この時期において総司令官が叱咤激励するのは、第三軍に対してではなく、むしろ中央正面の第一軍、第四軍ではないのか。

この第一軍、第四軍正面の敵は、前述したようにクロパトキンの命令で七日早朝から渾河の線まで後退を開始している。

後退を知ったわが軍は、敵に追尾し攻撃前進を続けたが、連日の戦闘の疲労でその行動は緩慢である。

敵は逃げる。これを追うわが行動は鈍重だ。だから退路遮断を急げというのが総司令部の幕僚の理屈かも知らぬが、相手のクロパトキンの方はまだ退却する意志など毛頭ないどころか、その全力をあげて乃木軍に向かわんとしているのである。

こんな見当違いの状況判断で、ハッパをかけられたのでは、乃木の方はたまったものではあるまい。

「此《かく》ノ如キ命令ヲ受クルハ、千載ノ恨事ナリ」と第三軍首脳の怒心頭に発したことは想像に難くない。

「何を言ってやがる。文句があるなら、ここに来てみろ」と言いたくなるのが人情であるが、こういう上級司令部と下級司令部の確執は実戦の場においてはいたるところで見られた状態で、それが戦場の実相でもある。

乾坤一擲のロシア軍大攻勢を拒止する

三月八日、総司令部は第一軍、第四軍正面の敵が後退を開始したことを知り、これを敵の総退却と判断し、午前十時、全軍に総追撃の命令を発した。

しかしながら、この敵の後退は決戦を完遂するための兵力部署の変更であることはすでに述べたとおりである。

それを総退却と判断したことは、明らかに過早と言わねばならぬ。

総司令部では、「敵は退却する」という先入観から、敵は退却を開始し、現在、乃木軍正面に対する敵の圧力もその退却を掩護するためのものと判断。乃木軍に対し、退路遮断のため攻撃の進捗を強く要望したわけである。

敵の後退を知った第一軍、第四軍では総司令部の命令を待つまでもなく、敵に追尾して攻撃を続行したが、連日の戦闘の疲労で、前述の通り、その行動はすこぶる緩慢であった。

この頃の戦況および総司令部内の空気について、司馬氏は次のように描写している。


「どの戦線もにかゝわでかためたように膠着し、作戦においてロシア軍に勝つという自信のもとにあれほど精緻に練りあげた計画も、現実面ではすこしも進まず、このぶんでは将棋でいう『指し切り』になって攻撃側の日本軍自身が攻勢姿勢のまま大崩壊してしまうという危険さえはらみはじめた。

とくに左翼から奉天にむかって迂回運動をしている乃木軍がどうにも弱かった。乃木軍の前衛は優勢な敵のために潰乱と退却をくりかえしているような状況であり、

『第三軍を遠く北方へ繞回せしめて奉天の側背を衝かしめんとす』

という総司令部が立案当初もっとも自信のあった計画のその部分から瓦解してしまうかもし

れない。
『乃木閣下もこまったものだ』
という声が、総司令部で憎悪をこめて毎日ささやかれつづけ、さらに若い参謀までが、
『第三軍の幕僚はいつまで下手ないくさをするつもりか』
と、旅順での不手際をもふくめてののしったりした」（『坂の上の雲』「退却」）

しかしながら、もし総司令部の幕僚が本当にこんな気分になっていたとしたら、それは彼らの戦術能力の未熟を証明する以外の何ものでもないだろう。だが、彼らはやせてもかれても明治陸軍のエリートのはずだ。

やはり司馬氏の空想と見るのが至当であろう。

総司令部は七日、総予備隊である後備歩兵第一、第十三、第十四旅団を第三軍に配属した。叱咤督励するだけでは気がひけるので兵力の増強をしてやったつもりであろうが、元来この後備旅団というのは後方の兵站警備のために編成された老兵弱兵の集まりで、到底第一線でものの用に立つような軍隊ではない。

彼らに飯を喰わせるだけ余分な負担がかかり、貰った方が有難迷惑というのがホンネであろう。

そんな軍隊を軍の最重要正面である決戦場に使用せざるをえないことは、軍の戦力がすでに涸渇していたことを意味する。

このうち後備第一旅団は第一師団に配属され最前線に進出したが、果たせるかな、翌々九日、敵の猛攻を受け大恐慌を起こすのである。

このパニックは、ただこの後備旅団だけでなく、それに隣接する第一師団の歩兵第二旅団にまで及んだ。

司馬氏はこれについて第一師団どころか全軍が大潰乱におちいり大敗走をしたような感じを与えるオーバーな書きぶりをしているが、この潰乱も師団長・飯田俊助《としすけ》中将以下の懸命の努力で戦場の一局部の波瀾《はらん》に止めることができ、大勢には影響がなかった。

まさに乾坤一擲《けんこんいってき》とも言うべきクロパトキンの大攻勢であったが、乃木軍はよくこれに耐え、この攻勢を拒止したのである。

ロシア軍の潰乱と乃木軍最後の苦闘

三月九日は烈風砂塵を捲き咫尺《しせき》を弁ぜずといわれたほど強い南風の吹き荒れた日である。一般にこれが神風であったと言われるが、果たしてどうであろうか。

この九日も、わが第三軍は終日強大な敵の攻撃を受け苦戦した。

奉天の北方に迫った最左翼のわが第一師団が敵の猛攻を受けたのは前述のとおりである。敵は退却をはじめた。一兵たりとも逃すなという総司令部の判断は、当然、退路遮断に任ずる乃木第三軍に対する叱咤激励となる。

総司令部の作戦主任参謀・松川少将は、第三軍の白井参謀を電話口に呼び出し「長蛇を逸すべからず」と叱咤したところ、白井参謀から「長蛇が逸するを待ちつつあり」と返事がかえってきた。

白井中佐は既述のように一月大本営付に発令されていたが、業務援助のため第三軍司令部に引き続き残留勤務していたのである。今は大本営付という身分からこんな横着な返事ができたのだろうが、これが第三軍幕僚のホンネであり、それほど第三軍は苦戦を強いられていたのである。

この夜、総司令部もやっと戦場の実態がわかってきたのだろう。

八日の総追撃命令を変更して、第四軍に対し鉄嶺方向への追撃を一時中止し、直接第三軍の背後の敵に対する攻撃を命ずると同時に、第一軍に対し第四軍の右側を確実に掩護するよう命令を与えた。

この件について『機密日露戦史』の講述者である谷寿夫大佐（当時）は「真に九仞《きゅうじん》の功を一《いっ》簣《き》に欠くものと云うべく、吾人は当時の満洲軍総司令部の作戦指導に対し遺憾の辞を呈せざるを得ず」と述べているが、筆者はこの意見には同意できない。

何となれば、奉天会戦でわが軍が後述するような戦果をあげ得たのも、この九日夜の我の作戦変更の結果であって、もし、あのまま九日昼の態勢を続けていたら、我は何の戦果も得ることなく、ただ莫大な損害を出しただけで奉天会戦の結末を見たことであろう。

閑話休題。六、七、八、九日と連続四日に及ぶクロパトキンの乃木軍に対する攻勢は遂に功を奏さなかった。

このことは逆に、ロシア軍の全面的な崩壊の危険の招来を意味する。

クロパトキンにとっても大きなショックであったろう。流石の彼も、ことここに至ってはその決戦企図を放棄せざるをえなかった。三月九日午後五時三十分、全軍を鉄嶺以北に退却させることを決意し、その夜七時五十分に退却命令を発令した。

同時に退却掩護の目的をもって、明十日、自ら総予備隊を率い、乃木軍に対し攻撃を実施することを決意した。

何が何でも乃木軍だけはという彼の執念でもあるが、また乃木軍を撃滅しなければ彼の計画する斉々とした総退却そのものが成り立たなくなる。

このため乃木軍の苦戦は、さらに十日と続くのである。

しかし、ロシア軍の方もこのとき大きなミスを犯した。それはこの日、わが第一軍によって旧站（奉天東方二〇キロメートル）付近で渾河の防御線が突破され、ロシア第一軍と奉天方面の第二軍、第三軍との間が分断されたのであるが、この重大な情報がクロパトキンに適時報告されず、九日夜になって彼がこれを知った後も、総参謀長サハロフ中将は士気の沮喪をおそれて各軍に通報しなかったのである。

このため、各軍相互の緊密な連携を前提としたクロパトキンの退却計画は崩壊し、十日の退却は大混乱におちいり、莫大な損害を出してしまったのである。

戦いは錯誤の累積といわれるが、それにしても皮肉なものである。

我が追撃の一時中止を決意したとき、相手は退却の決心をするとは。しかし敵情就中《なかんずく》その企図のごとき不明なのがあたりまえだ。戦闘指導は暗闇の中を手さぐりで歩くようなもので、それが戦場の実相である。

乃木第三軍は十日未明より全力をあげて鉄道線路の線に進出し、敵の退路を完全に遮断しようとして猛攻を続けたが、敵もまた必死で頑強な抵抗を試みた。

第七師団は十日の夜明け前、奉天北方の昭陵付近の敵陣地を夜襲したが、混戦となり、旅順二〇三高地占領の殊勲者である歩兵第二十八聯隊長・村上正路《まさみち》大佐は乱戦の中で重傷を負い、不運にも俘虜となってしまった。

このとき敵の重囲の中で昭陵に立てこもった約三個大隊のわが部隊が、友軍主力と連絡が回復したのは十日の夕方であった。

一方ロシア軍の方も、わが第四軍によってその背後を攻撃され、各所で包囲分断され、多数の捕虜を出したのである。

このように三月十日の奉天城付近は、彼我入り乱れ大混戦の日であった。

十日午後からロシア軍の大部隊は続々と北方に退却していくが、わが第三軍の各隊はすでに射撃する弾薬も尽きはて、ただ呆然としてこれを見送るだけであった。

後日、乃木が凱旋、宮中に参内し、明治陛下に軍状奏上のさい、

「攻撃力ノ欠乏ニ因《よ》リ退路遮断ノ任務ヲ全ウスルニ至ラズ」

と奏上し、陸軍当局がこれを問題視し、一般に公表するにあたり「攻撃力ノ欠乏ニ因リ」の九文字を伏字として発表したが、この攻撃力の欠乏こそ乃木にとっては千載に残る痛恨事であったのである。

第六章 日露戦争の終結とその後の乃木希典

宇品港に凱旋した第三軍。中央で犬をつれているのが乃木将軍
（明治 39 年 1 月）

総司令部の作戦指導が適切でさえあれば

かくして、奉天会戦は日本軍の大勝利により終末を見た。

日本軍の戦闘総員約二五万九五〇〇名、死傷者七万二九名に対し、ロシア軍は約三〇万九六〇〇名のうち死傷者六万九三名、行方不明者二万九三三〇名を出した。

日本軍の戦果は、捕虜二万一七九二名、軍旗三旒、砲四八門、小銃三万四〇一三挺、馬一四八九頭、その他莫大な軍需品を獲得した。

まさに曠古《こうこ》の大勝利と中外に誇ってよいのであろう。

しかしながら、もし、わが満洲軍総司令部の作戦指導において、さらによろしきを得れば、紀元前二一六年のハンニバルのカンネの殲滅戦の再現どころか、また、このときから十年後のタンネンベルクの殲滅戦に先立って、それこそ史上未曾有の大殲滅戦が我々日本人の手によって実現できたはずであった。まことに惜しみて余りあるものと言わざるをえない。

もしも総司令部が作戦開始に先立って乃木の意見具申を採用し、乃木軍の兵力を四個師団とし、さらに会戦の途中でその総予備隊たる第三師団を乃木軍に増強していたならば、それこそ日本海海戦に比すべき陸のパーフェクトゲームが、このとき演出されたことであったろう。

さきに紹介した参謀本部戦史部員も次のように述べている。

「包囲実施部隊ノ兵力過弱ナリシニ反シ寧ロ中央方面ニ過多ノ兵力ヲ使用セシハ遺憾ナカラ殲滅戦闘の精神ニ違反セルモノト謂ハサルヘカラス

当時露軍ノ正面ニ配置セシ第二、第四軍ヨリ更ニ強大ナル兵力ヲ抽出シ之ヲ包囲翼タル第三軍方面ニ使用センカ完全ニ露軍ノ退路ヲ遮断シ得、縦令《たとい》事実ノ示ス如ク弾薬ノ欠乏ヲ訴ヘアリシト雖モ茲ニ最モ完全ナル殲滅戦ハ演出セラレ、一万ノ俘虜ハ之ヲ十万二十万ノ俘虜ト為シ得タルナルヘシ」

また『機密日露戦史』の谷大佐も同様の意見を述べ、満洲軍の重点は初めより第三軍方面に決定しておかねばならなかった、と決めつけている。

たしかに、乃木軍は敵を牽制するだけでよいとした当面の松川敏胤参謀の作戦計画は明らかに誤りであったが、さらに大きな誤りは総司令部の会戦間の作戦指導ではなかったろうか。

この点について、旧陸軍において戦史研究家として令名の高かった四手井《しでい》綱正《つなまさ》中将は、その名著『戦争史概観』の中で次のように記述している。

「奉天会戦の為の計画は、遼陽会戦後より総司令部に於て数次に亘《わた》り研究変遷を見たるものにして、実行せし包囲の規模に関しては、後に之を研究論議するもの多く、第三軍の兵力寡少にして不徹底なりしを評す。然れども当時の実情に於ては、必ずしも斯く云うを得ず。寧ろ同軍の繞回進捗に伴う総司令部の会戦指揮十分ならざりしを感ぜざるを得ず。兵力の不足已むを得ざりしとは雖も、此の指揮にして適切に行われしに於ては、本会戦に於ける戦果を遥かに大ならしめ得たりしならん」

このように奉天会戦について、さまざまの論評があるが、これを要するに根本の問題は、はじめの作戦構想のあいまいさにある。

総司令部の作戦計画に、我は敵の両翼を脅威し、中央において決戦を求めるという意味のことが記述されているが、問題はこの脅威という言葉の意味である。

松川参謀はこのことについて、第三軍は敵を牽制抑留すればよいのだと言っていながら、実際は退路遮断を要求している。

この両者の戦術的意味は、黒と白ほど全く違うものである。

そもそも牽制抑留は持久戦的性格を有しているが、退路遮断は決戦そのものである。

そこで脅威というような灰色の言葉で表現したところに、総司令部の「官僚的ずるさ」が感ぜられる。

一方、受令者の乃木は、命令の字句などにはじめからとらわれず、終始敵の退路を遮断し、その死命を制するという積極的意志に燃えていた。

しかし、残念ながら彼の意志を実行するためには、彼に与えられた兵力が、余りにも少な過ぎたことは、その戦況が示したとおりである。

こういう上級司令部の曖昧な命令指示が、軍隊の実際の行動において各種の問題を残すのであるが、大東亜戦争でも次のような戦例がある。

開戦早々、フィリピンに進攻した本間雅晴中将の指揮する第十四軍は、南と北から首都マニラに向かって進撃した。敵将マッカーサーは早々と首都マニラの無防備都市を宣言し、バターン半島に遁走をはじめた。

このとき本間中将に与えられた任務が、敵首都の迅速な攻略か、敵米比軍の撃滅か、この点大本営の態度はまことに曖昧であった。

結果は、マニラは簡単に陥落したが、我はみすみす敵を逃がしてバターン半島で苦戦することになるのである。

真の対決は乃木対クロパトキンの戦い

クロパトキンは奉天会戦敗戦の責任をとって、三月十六日、総司令官を辞職し、第一軍司令官リネウイッチ大将がその後任となった。

しかしクロパトキンは本国に帰らず皇帝に請願し、そのまま留まって三月二十一日、第一軍司令官に任命された。おそらく彼は、部下の軍司令官、軍団長が自分の意図のごとく行動してくれたら、あんなぶざまな結果にはならなかったと、心中、口惜しがっていたことだろう。よし、それなら俺が第一線軍司令官としてもう一度やって、この恨みを晴らしてやろう。そんな気持ちから最高指揮官の座を自ら下り、さらにその下級指揮官の位置に甘んじて踏み止まったのではないだろうか。

思うにロシア軍の最大の敗因は、頭脳の鋭敏な秀才クロパトキンが矢次ぎ早に出す命令指示に部下がついていけなかった、この両者の能力の不釣合いにあったような気がするが、敗軍の将クロパトキンに対する内外の風当たりは強かった。特に部下将軍たちの彼に対する非難は囂《ごう》囂《ごう》たるものがあった。

敗戦の責任がすべて首将たる彼に帰せられるのは当然とはいえ、彼は消極退嬰、優柔不断、常に受動の位置にあって決心の動揺する愚将という烙印を押されてしまった。

彼の頭の回転の速さが、逆に裏目に出たと言えよう。

日露戦争に従軍したサムソノフも、おそらくクロパトキンの指揮統帥を批判した一人であったろう。

彼は第一次欧州大戦の緒戦において、ロシア第二軍司令官としてドイツ領内に進攻したが、彼は多分、俺はクロパトキンとは違うぞと、心中深く期するところがあったのだろう。そして彼は猪突猛進した。その結果、見るも無残にタンネンベルクにおいて独将ヒンデンブルクの指揮する第八軍により完全に包囲殲滅される憂目にあったのである。

クロパトキンはその回想録で、もう一日早く、三月九日に退却をはじめておれば、完全に秩序を保って退却ができ、何らの戦利品も敵手に委ねることはなかっただろうと口惜しがっているが、この一日の遅れが結果的には彼の唯一の戦術上のミスとも言える。

しかし、それも彼が乃木軍撃滅の意志に燃えていたからではないのか。

前述のサムソノフも、最後まで自己の勝利を確信していたのである。

奉天会戦は大山・児玉対クロパトキンの勝負であったが、真の対決は乃木対クロパトキンの戦いではなかったろうか。

そして両者死力を尽くして戦ったこの勝負は、遂に双方傷み分けに終わったと言うことができる。

三月十日午後二時半頃、約一中隊の騎兵に護衛されたクロパトキンの司令部が旗幟《きし》堂々と北進してゆくのを、第三軍参謀・津野田大尉は切歯扼腕《せっしやくわん》しながらこれを見送ったのである。

それは単騎、川中島の本営を襲った上杉謙信を見送る武田勢の姿を彷彿させるものがあるではないか。

奉天会戦余滴

奉天会戦におけるわが戦死傷者の総数は七万二九名で、戦闘参加人員の二八％にあたる。

会戦期間中、最大の損害を出した日は三月七日で、一万一二〇四名である。一日の死傷者数が一万名を越えた日は、李官堡の戦闘のあったこの日だけである。

この日、第二軍は五七三五名の損害を出しているが、この数字も軍の一日の損害としては最高である。

このうち四二三九名が第三師団で、これも師団としては最高だが、その中の三九〇一名が李官堡付近で戦った歩兵第六聯隊と三十三聯隊が所属する歩兵第五旅団の損害である。

第五旅団は、かつて乃木将軍が旅団長をしたことのある名古屋旅団で、ほぼ全滅に近い損害と言ってよいであろう。

この三月七日に一〇〇〇名以上の損害を出した部隊は、第二軍の第八師団（一三三九名）と第三軍の第九師団（一七三三名）で、共に第三師団に隣接して戦ったのである。

なお、この日の第一軍の損害はわずか一四六名であるから、会戦の焦点が完全に西方に移動したことを物語っている。

第三軍の全期間の損害総数は一万八五二三名で、全軍の最高である。期間中、損害の一番多かった日は三月九日で、五四七〇名の死傷者を出している。この日は敵の最後の大攻勢のあった日で、これをまともに受けた第一師団が二三五七名、後備歩兵第一旅団が一九三九名の死傷者が発生している。

なお、この日の第一軍の損害は一〇二名、鴨緑江軍は一一名である。

第三軍の中で、全期間を通じて最も損害の大きかったのは第九師団で、六二五一名。次いで第七師団の四六〇七名。第一師団は三八四四名である。この第九師団の六二五一名は、戦闘に参加した全師団一四の中でも最高である。次いで第二軍の第五師団の五七八九名、同じく第八師団の五六一八名の順で、五〇〇〇人を越えたのは以上の三個師団だけである。

逆に最も少なかったのは、第一軍の第十二師団で一七四七名である。

第九師団は旅順攻略戦で一万七二二三名と最大の損害を出しており、日露戦争で一番損害の大であった師団である。

この師団は、その後、第一次上海事変、支那事変の初期、上海、南京、徐州、武漢と各会戦に参加し、激戦を経験してきたが、大東亜戦争では満洲から沖縄本島に移駐するも、米軍の上陸直前にさらに台湾に移動し、玉砕を免れた。

また第十二師団の方は、満洲事変、支那事変、大東亜戦争の間、一度も実戦を経験せず、これまた終戦を台湾で迎えた。何かの因縁であろうか。

第三軍の損害は、敵が攻勢をはじめた三月六日から逐次増加していくのであるが、その反対に、東部戦線の鴨緑江軍、第一軍の損害は急激に減少している。

ちなみに乃木軍司令官が大山総司令官から叱責された翌三月八日の各軍の損害は、鴨緑江軍：一一四名（後備一師団：九一名、十一師団：二三名）、第一軍：七名（二師団：一名、十二師団：零、近衛師団：四名、その他：二名）、第四軍：一六名（十師団：八名、六師団：三名、その他：五名）、第二軍：三二五名（四師団：零、五師団：一八六名、八師団：四六名、三師団：二四名、その他：四九名）であるのに比べ、第三軍の損害は三七九九名（一師団：九四五名、七師団：五九四名、九師団：一二三名、後備十五旅団：一〇四六名、その他：八一名）で、全軍の全損害数の八九・四%になる。

この数字から見ても、三月七日夜の大山総司令官の訓令の適否は論ずるまでもないであろう。その幕僚の責任たるや、極めて重大であると言わざるをえない。

敵の跳梁を許したことへの深い自責

奉天会戦後、わが満洲軍主力はおおむね鉄嶺─法庫門以南の地区において部隊の整頓、戦力の恢復を図っていたが、五月上旬、鉄嶺─法庫門以北の地区に部隊を推進し、陣地を構築しロシア軍の南下反撃に備えた。

その配置は東から第一、第四、第二、第三軍を併列し、鴨緑江軍は第一軍の東南山地帯にあって、わが右側背を掩護した。

第三軍は右より第九、第一、第七師団を併列し、軍司令部は法庫門に位置した。

法庫門は戸数四〇〇〇、人口約一万五〇〇〇の小都市で、乃木は五月五日、ここにその駒を進め、平和克復凱旋の日まで約七カ月間、この地に滞在したのである。

軍が新配備についてから間もなく、突如ミシチェンコ騎兵集団がわが左側背に襲来し、わが後方部隊が蹂躙され大混乱におちいった。

すなわち騎兵二個師団から成るミシチェンコ騎兵集団は、五月十七日、突如第七師団の左側背に現れ、十八日には軍司令部の位置する法庫門を直接襲撃するような気配を示しながら、さらに南下を続け、十九日、二十日とわが後方兵站線を荒しまわり、点在するわが小部隊を片っぱしから奇襲していった。

特に二十日、小造化屯（法庫門西南方約三〇キロメートル）では同地を警備していた後備歩兵第四十九聯隊第二大隊長以下約二〇〇名を丸々俘虜にするなど、まさに傍若無人の行動であった。

この急襲に驚いた軍司令部がその対策に大わらわになっているとき、敵は早くもわが警備線外から遠く消え去ってしまった。まさに風のごとく来り、風のごとく去っていったのである。

それにしても、いかに後備の部隊とはいえ、かくも簡単に歩兵大隊長以下が俘虜になるとは、まさに空前絶後の事件で、支那事変、大東亜戦争では絶対にありえなかったことが日露戦争の末期にはあったのである。

これをもってしても、いかに将兵の素質が当時低下してしまっていたかが、うかがえるのである。

もっとも相手は、当時、世界最強を誇る精悍《せいかん》無比《むひ》のコサック騎兵である。こちらは弱兵の集まりの後備兵である。しかも広地域に小部隊ごと分散配置されている。はじめから勝負にならないのは当然であろう。

この時期に、アメリカ人記者ウォッシュバーンが第三軍司令部に従軍していた。彼は後に名著『乃木』を著して全世界に乃木の人となりを紹介した人物であるが、十八日、たまたま同僚のバリーと乃木の居室を訪れて歓談をしていたのであるが、そのときの様子を著書『乃木』の中で次のように書いている。

「……談笑の交換に四五十分を過した。此の時ほど将軍の寛いで見えたことはない。大軍の司令官たる責任は全く免かれているような態度は、此の時始めてみたのである。其のうちにやがて将軍の面色打ち沈んだと思うと、何か不本意のことありげな微笑をみせ、なかば遺憾の、またなかば弁解の素振を示して、急に自らいいだした。

『今日はこれで失礼します。午後は少し忙しい。ミスチェンコ《（ママ）》の兵が、我が軍の連絡を絶ったために、襲撃しようとしていますから。』

ここが日本人の絶対的特色である。無意無心の閑談に耽けること約一時間、すると俄かに思い出したように、全軍静止六週間後の消息の一片を洩して来るのである。私達は直ちに辞し去った」

以下、彼が自ら見聞した法庫門内外の状況を詳しく記述したのち、次のように結んでいる。

「正午にはコサク騎兵僅かに一個中隊のために、容易く犠牲となるべかりし法庫門は、かくて夕刻六時になると、一個師団の兵を以てしても、尚お脅すことの出来ないものとなってしまった。

私たち二人が乃木大将の許に悠々と茶を喫していた時は、豈図らん丁度この戦闘準備の最中であったのだ」

軍司令部の所在する法庫門ではこのような迅速な対策がとられても、当時広く分散していた各部隊から兵力を抽出することは容易ではない。

しかも相手は足の早い騎兵である。

我は機動力の全くない歩兵である。あれよあれよというちに終わってしまった。

このようにミシチェンコの襲来は、ちょうど台風のようなもので、またその被害も軍の戦力に直接影響を及ぼすほどのものではなかったが、ただ敵の跳梁を許したことに、乃木は深い自責の念にかられた。

それがゆえに、乃木は凱旋の際の復命書において、「敵騎大集団ノ我ガ左側背ニ行動スルニ当リ、此ヲ撃摧《げきさい》スルノ好機ヲ獲ザリシハ、臣ガ終生ノ遺憾ニシテ、恐懼措ク能ハザル所ナリ」と陛下に奏上したのである。

凱旋と明治天皇への復命

さて六月、日露両国の間に講和の議が起こり、八月、アメリカのポーツマスで講和会議が開かれ、九月五日、日露講和条約調印。それに伴い、九月十六日、日露両軍の間に休戦が成立した。

翌十月十日、法庫門郊外で第三軍の慰霊祭が斎行された。この時、乃木は次のような漢詩を賦している。

劫余風物不堪酸
処々炊煙暮色寒
往時茫々渾似夢
百年誰記忠魂壇

劫余《こうよ》の風物　酸に堪えず
処々炊煙　暮色寒し
往時茫々　渾《すべ》て夢に似たり
百年誰か記す　忠魂の壇

日露戦争を戦った各軍は、三十八年の年末から三十九年の初頭にかけて続々と凱旋の途についた。

しかし多くの部下を戦死させ、二人の愛息を失った乃木は、必ずしも故国への凱旋に気が進まなかったであろう。次の詩は、その心境をあますところなくつたえている。

皇師百万征強虜
野戦攻城屍作山
愧我何顔看父老
凱歌今日幾人還

皇師百万　強虜を征す
野戦攻城　屍《かばね》山を作《な》す
愧《は》ず我何の顔あってか　父老に看《まみ》えん
凱歌今日　幾人か還《かえ》る

明治三十九年一月十四日、東京に凱旋した乃木は、熱狂的な東京市民の歓迎を受けて、新橋駅より軍状奏上のため宮城に向かい、参内し、明治天皇に復命書を伏奏した。

この復命書の奏上は、総司令官および各軍司令官が凱旋のときの恒例行事であって、その内容は型にはまった抽象的な字句の羅列で、その量もほぼ一定していた。

ところが乃木のそれは全く異色のもので、その内容は極めて具体的であり、他のものに比べてはるかに長文である。

特に注目されるのは、既述したように自己の失敗を率直に述べて、陛下にお詫びしていることである。

乃木は、旅順の攻城に半歳の長日月を要して多くの犠牲を出したこと、奉天会戦で敵を逃したこと、さらにミシチェンコ騎兵集団を撃摧できなかったことの三点をあげて「臣ガ終生ノ遺憾ニシテ、恐懼措ク能ハザル所ナリ」と奏上している。

この復命書の内容が予め総司令部に報告されたとき、総司令部から修文を求められたが、乃木は頑として応じなかった。それだけに大本営や総司令部の幕僚連中の乃木に対する風当たりが強かった。

内容が官僚的作文の枠からはみ出していただけでなく、乃木の指摘した三点は、もとをただ

法庫門での第三軍慰霊祭（明治38年10月10日）

せばいずれも大本営・総司令部にも責任のあることだからである。

それだけ彼らにとっては皮肉に聞こえたのかも知れない。

彼らが、乃木さんは余計なことを申し上げたものだと、ぼやいたのも無理はない。

そして、「攻撃力ノ欠乏ニ因リ」の九文字が、一般に公表されるにあたり伏字とされたのは、前述のとおりである。

こんなことから乃木が官僚的軍人から煙たがられ、陸軍の主流から敬遠されるようになったと考えられないこともない。

そしてそれが後の陸大戦史教育にまで尾を引いていったのかも知れない。

明治天皇の思し召しで学習院長に

第三軍司令部が復員し、乃木は一月二十六日、軍事参議官に親補された。

この年七月、参謀総長・児玉源太郎大将が急逝した。児玉は凱旋後、大山巌元帥の後をついで参謀総長に就任していたのである。

児玉の後任に、山県元帥は乃木を奏請したが、明治天皇はお許しにならなかった。陛下には、乃木には別の思し召しがあったからである。

間もなく八月、乃木は宮内省御用掛を拝命し、翌年一月、学習院長に就任した。

学習院長は文官である。武官が文官になったときは、陸軍将校分限令により現役を退いて予備役に編入されるのであるが、明治天皇の勅命により乃木は軍事参議官兼任で依然、現役陸軍大将たるの身分を保持した。

まさに異例の人事といってよいであろう。

これは当然、終身現役である元帥への昇進の含みもあったからであろう。

そんなことで明治四十一年秋、大和地方で行なわれた陸軍特別大演習では南軍の軍司令官を仰せつかっている。

この乃木の学習院長就任についてさらに付言すると、乃木は日露戦争前から学習院長候補と

殉死の当日、居間にて妻・静子と（大正元年9月13日）

して話題に上っていたのであるが、戦争の勃発によってその話も沙汰止みになった。

いかに休職中の身といえども、乃木のような有為な人材を陸軍から失うことは、当時の緊迫した情勢がそれを許さなかったのは当然であるし、乃木自身もおそらく承知しなかったであろう。

戦後、再びその話が持ち上がったときも、自分は教育のことは全く未経験だからと言って辞退したのであるが、明治三十九年八月二十五日、宮内省御用掛を拝命したさい、明治天皇より次の御沙汰を拝したのである。曰く、

「学習院学生ノ教育ハ、朕ノ夙《つと》ニ軫念《しんねん》スル所ナリ。今回特ニ卿《けい》ニ命シ同院教育ノ事ニ参与セシム。卿能ク此意ヲ体シ実績ヲ挙クルコトヲ勉メヨ、学生教育上意見アラハ宮内大臣ト熟議ヲ遂クヘシ」

このような優渥《ゆうあく》な御沙汰を拝しては辞退するわけ

にもいかぬだろう。

乃木は恐懼して御沙汰を拝するとともに、引続き軍職にあってこれに携わることは到底その力の及ぶ所ではないとして、軍職を辞して学習院長に専念しようと寺内正毅陸相に申し出たが、明治天皇はこれをお許しにならず、現職をもって兼任させよとの勅命があったのである。日露戦争における乃木の功績は全世界に喧伝され、乃木は二十世紀初頭の世界の名将として、その名声を博した。

それは乃木が明治四十四年、英国国王ジョージ五世の戴冠式に参列のため渡英し、引き続き欧州各国を旅行したとき、各地で彼が受けた熱烈な朝野の歓迎ぶりを見ても察せられるのである。

明治四十五年七月三十日、明治天皇が崩御遊ばされた。

天皇の崩御は乃木にとってまさに青天の霹靂《へきれき》であった。

乃木は、天皇よりも年長である。

従って自分の存命中、天皇がおかくれになるとは夢想だにしなかったことであろう。明治の御代に当然死ぬものと確信していた乃木にとって今後生きていく意味は存在しなかった。

大正元年九月十三日。

明治天皇御大葬の夜、御霊轜《れいじ》が宮城御出門の午後八時、乃木は静子夫人とともに自刃した。

第七章 伊地知幸介論

伊地知幸介

優等生を尻目に超スピード進級

日露戦争の旅順攻略戦で第三軍の参謀長であった伊地知幸介少将を、司馬遼太郎氏は小説『坂の上の雲』で、馬鹿の標本のようにこきおろしている。

彼は、この無能な人間が参謀長という要職に任命されたのは、軍司令官・乃木大将が長州出身であったから、これに配する参謀長は薩摩出身者にという人事のバランスから決められたのだと述べている。

さらに第四章でも紹介したように、乃木将軍が軍司令官になったのも、この大戦争に長州出身の軍司令官が一人もいないのはまずいという山県元帥の考えが強く作用したのだと、司馬氏は決めつけている。

平時ならばともかく、一国の興亡を賭けた大戦争で、一軍の安危をになう将帥の人事を、まるでどこかの政党の派閥人事と同一視するかのごとき考えは、ただ、滑稽というより他に言いようはない。

参謀長・伊地知は、果たして司馬氏の言うごとく、無智無能の人物であったのであろうか。

伊地知幸介は安政二年（一八五五年）十一月六日、薩摩藩士・伊地知直右衛門の長男に生まれた。

明治五年六月、陸軍幼年学校に入校し、引き続き八年十二月、陸軍士官学校に入校。十一年十二月、同校を卒業した。士官生徒第二期生にあたる。

明治初年の陸軍の学校には、士官学校、幼年学校、教導団の三つがあり、幼年学校は少年生徒に外国語および普通学科を教授する学校であり、将来の外国留学生要員の予備校のような役目をしていた。

幼年学校が将来のエリート養成を主眼とした学校であるのと対照的なのが教導団である。教導団は、元来が下士官の養成を目的とする学校であるが、教導団からも士官学校に進む道が開かれ、その優秀者は士官学校に多数入校している。教導団出身の大将がおるのもそのためである。

伊地知の士官学校在学中に、西南戦争が勃発した。西南戦争には在学中の第一期生が従軍し、三十四名の戦死者を出している。伊地知の故郷・鹿児島に残った彼の友人たちのほとんどは西郷軍に従軍したであろうから、もし戦争が長期化し、二期生までが出るようになれば、骨《こつ》肉《にく》相搏《う》つという悲劇も生じたであろうが、幸い彼は出陣せずに済んだ。まことに幸運な星の下に生まれた男といえよう。

明治十二年二月、砲兵少尉に任官した伊地知は、翌十三年五月にはフランス留学のため出発している。

彼と共に少尉に任官した同期生は一三六名で、この中には井口省吾、長岡外史、田村怡与造《いよぞう》らの名が見える。

この期では四名の優等生を出しているが、伊地知の名はその中にない。しかし、伊地知はこれらの優等生を尻目に超スピードで、階段をかけ上がるように進級してゆく。明治十四年十一月・中尉、十七年四月・大尉、二十二年十一月・少佐、二十七年九月・中佐という速さである。

優等生の仙波太郎（後の陸軍中将）が十六年二月・中尉、十九年五月・大尉という進級速度であり、長岡外史（後の陸軍中将、日露戦争時の参謀次長）に至っては十七年五月・中尉、二十年四月・大尉とさらに大きく水をあけられている。

伊地知は、明治十七年二月、大山巌遣欧使節団に随行し、再び渡欧したが、そのまま留まってドイツに留学し、二十一年六月に帰朝した。二十二年十一月、野砲兵第一聯隊大隊長、二十四年六月、参謀本部第二局員の職を経て、日清戦役には第二軍参謀副長で出征し、二十九年五月、参謀本部第一部長（作戦）に就任している。

当代随一の最新軍事知識の持ち主として

明治三十年十月、砲兵大佐に昇任。このとき彼の同期生一三名が同時に大佐に進級している。今まで大きく差をつけられていた連中が、やっと彼に追いついたわけである。この中には、前述の仙波、長岡、井口らの名も見える。

このように大量進級者が出たのは、日清戦役後の大幅な師団の増設があったからである。

彼は、大佐に昇進するや十二月、イギリス公使館付武官を命ぜられ、三度目の渡欧をしている。そして三十三年四月、陸軍少将になる。同期では、田村怡与造の二名である。

田村といえば、山梨県が生んだ今信玄といわれるほどの智謀の持ち主だった。

この英才田村は、参謀総長・川上操六亡きあと、その衣鉢をつぎ、参謀次長として対露作戦計画の策定にその脳漿《のうしょう》をしぼっていたが、惜しくも明治三十六年十月に病死した。その田村と同時に、同期のトップを切って少将に進級した伊地知が馬鹿であるはずはない。

ちなみに、長岡外史はずっと遅れて三十五年六月に少将になっている。なお、この第二期生から、大迫尚道、井口省吾、大谷喜久蔵と、三人の大将が出ているが、この三名の少将進級も、大迫・三十四年六月、井口・三十五年五月、大谷・三十五年六月と、いずれも伊地知から大分はなされている。

英国から帰朝した伊地知は、三十三年十月、再び参謀本部第一部長に就任。三十五年五月、野戦砲兵監、三十七年一月、京城公使館付武官となるが、日露開戦で三月帰国、再び野戦砲兵監に就任し、五月、第三軍の編成に伴い、その参謀長を命ぜられたのである。

このように彼の経歴をふり返って見ると、エリートコースをまっしぐらに進んできたことがわかる。三度の欧州勤務といい、彼は、自他共に許す、当代随一の最新の軍事知識の持ち主であったのである。

エリートのハイカラが実戦において役に立つか立たぬかは別にして、伊地知がその経歴からして、旅順という当時の最新式の要塞の攻略軍の参謀長に選ばれたのは当然の人事であって、何の不思議もないはずである。

元来、司令官とその参謀長は一心同体というべき関係にあるものであるから、その組み合わせは特に慎重でなければならない。

乃木将軍は明治二十年一月から翌二十一年六月まで、ドイツに留学している。この間、伊地知もドイツにあって、いろいろ将軍の世話をしており、将軍との因縁浅からぬものがある。このような両者の人間関係からしても乃木・伊地知のコンビはむしろ理想的な人事というべきではないか。

伊地知への酷評の原因は『機密日露戦史』の理解不足

しかしながら、伊地知が真に適任であったかどうかの判定は、一に旅順攻略戦における彼の手腕実績を見なければならぬのは当然である。司馬氏が口を極めて彼を罵倒しているのも、彼の旅順戦における采配ぶりを見て論じているのである。

　では、伊地知が旅順戦において、大方の期待に反して実際にヘマばかりしていたのであろうかということになる。

　司馬氏が彼を無能としてあげている理由をかいつまんであげてみると、「彼の軍事思想は非近代的で硬直し」「作戦の終始を通じて同じ失敗をくり返し」「旅順攻略のため莫大な死傷者を出し」「長い時日がかかったこと」である。そして具体的な事例として、大本営が攻撃の重点を二〇三高地に指向するように再三勧告しても、これを頑として拒み続けたことや、大本営から二十八サンチ榴弾砲の増加装備について意見を求められても、そんなものは要らぬと、にべなく断ったことなどを書き上げている。

　要するに、伊地知という男は性格が頑固で、他人の意見には一切耳をかさない。しかも、やることなすことすべて失敗という、全く手のつけられぬ人間のように評価しているのである。

　司馬氏のこのような評価の原因は、すべて谷寿夫中将著の『機密日露戦史』から出ているようであるが、私をして言わしむれば、同戦史の理解不足というより他に言いようはない。

『機密日露戦史』は、日露戦争裏話ともいうべき内容のものであるが、その性質上、個人の主観感情というものが多く影響している。従って、これを理解するためには、当然、史実に関する広い知識と高度の戦術能力、さらに欲をいえば、実戦の体験に基づいた眼光紙背に徹する洞察力を必要とする。

司馬氏のような軍事にずぶの素人の文人では、これを理解するのは、どだい無理な話であろう。もっとも司馬氏も二年ばかりの軍隊経験もあるようだが、そんな程度の経験と知識はかえって皆無よりも始末が悪いのは、第二次大戦のヒトラーの統帥がこれを如実に証明している。

ただし、ことわっておくが、私は軍人以外の者が軍事について論じてはいかぬなど毛頭考えてはいない。否、むしろ軍人以外の民間人が大いに軍事について関心を持ち、論じなければならぬと思っておるものである。わが国は、戦前、国民皆兵の国でありながら、国民の軍事知識は欧米の諸国民に比べて一般に極めて低かったことも事実である。

このことは、戦前、石原莞爾中将も「戦争史大観の由来記」(『東亜聯盟』昭和十六年六月号)において指摘されてあるが、私も全く同感だ。

事実、欧米では民間人の中から世界的に著名な軍事評論家が多数出ているのに比べ、わが国にはそのような人物が一人も出ていないことでも明らかである。

要塞の防御の薄いところを攻めるべきか否か

第三軍司令部が宇品を出帆したのは明治三十七年六月一日であり、遼東半島の一角、張家屯に上陸したのは六月六日、そして戦場に進出したのは六月八日になる。

第二軍と戦場を交代した第三軍は、所在の敵を駆逐し、七月下旬から旅順要塞の外廓陣地の攻撃をはじめ、八月十五日の第一師団の高崎山の戦闘で一応終止符を打ち、いよいよ要塞の本攻撃にかかるわけである。

この要塞の攻撃計画策定の段階で、満洲軍の高級参謀・井口省吾少将と、第三軍の伊地知参謀長と、意見が真向から対立した。

伊地知の考えは、攻撃の重点を二龍山、東鶏冠山の正面に指向して、本防御線を突破し、望台高地を占領することによって旅順要塞の死命を制せんとするものである。この作戦構想は旅順攻略戦全期間を通じ、第三軍の一貫した思想であって、満洲軍総司令部においても完全に同意承認されたものである。

しかし、この案には参謀次長の長岡外史少将や井口満洲軍参謀は不同意であった。旅順のような金城鉄壁の陣地を正面から攻撃するのは得策でなく、西方の陣地の薄弱な部分を奇襲的に攻撃せよというのである。

この両者の攻撃案について、陸士の同期生である伊地知と井口の両者が論争し、遂には激昂のあまり摑みあいにならんばかりになったという。

この論争については、司馬氏の『坂の上の雲』にも出ているが、彼は二〇三高地の問題ととり違えている。しかし、この八月上旬の時点では、まだ二〇三高地など全然話題にのぼっていない。

この両者の論争は、次の二点からこれを観察する必要がある。

その第一は、満洲軍と第三軍の立場の相違である。

満洲軍の作戦構想は、南満洲に侵攻したロシア軍と遼陽付近において決戦を行ない、これを殲滅しようとするものである。

そしてこの決戦には、旅順を攻略した第三軍の参加も予定していた。これを証明する資料として、六月七日の大本営の方針は「先ず旅順を攻撃し、雨期前に鳳凰城岫《しゅう》巌《がん》および蓋平の線に止り、雨期後遼陽に向い前進せんとす」とある。

この大本営の方針は満洲軍の方針そのものと考えてよい。何となれば満洲軍総司令部は、開戦時の参謀本部の職員がそのまま満洲に移転したものであるからである。ちなみに満洲軍総司令部の編成下令は六月二十日であり、その東京出発は七月六日である。

また満洲軍は六月二十二日、第三軍に対し「遼陽会戦は雨期後とし、成るべく速かに旅順を攻略するごとく計画せよ」と訓令を出している。

満洲軍としては、遼陽決戦に第三軍を参加させるためには、迅速に、しかも戦力をあまり消耗せずに旅順を攻略して欲しいのである。ところが第三軍としては、先ず旅順をとることが先決であり、遼陽会戦は二の次の問題である。

満洲軍の希望は旅順の早期陥落であるが、難攻不落金城鉄壁を誇る旅順要塞に対しては、あくまで慎重に対処すべきだというのが第三軍の態度である。

乃木将軍は出征の初め、その幕僚に対し「急ぐなよ旅順の敵は逃げはせじ　よく喰って寝て起きて戦へ」と訓示している。しかも南山の攻撃以後の外廓陣地の攻撃で、ロシア軍の堅固防御陣地と頑健なロシア兵の抵抗により、わが軍は予想外の苦戦を強いられている。

伊地知には、ロシア軍の強さが身にしみる程わかっているが、内地から着いたばかりの井口には、そんな実感はまだ湧いてこない。鴨緑江の緒戦以来の連戦連勝の気分で、旅順なんか簡単に落ちると思っているのである。

次は、二人の戦術思想の相違である。

伊地知は前述したように、ヨーロッパに長く学んで西欧的合理主義を身につけた人物で、その戦術思想は十分な力を用意し、相手をたたくという考えだ。

これに対し、井口は陸軍大学校の一期生で、当時、ドイツからの招聘教官メッケルの直弟子である。メッケルの思想は、先制主動の地位を確保し、敵の弱点を捕捉し、迅速に戦場において敵を捕捉撃滅することを主眼としている。これは、その後長く日本陸軍の主流となった伝統的戦術思想であるが、井口の立場からすれば、伊地知のような悠長なことでは困る。遼陽決戦を考えれば、一刻でも早く旅順を落とす必要がある。そのためには旅順要塞の弱点である西方地区を奇襲的に攻撃せよというのである。

この両者の意見を考察すると、確かに井口の言うごとく、旅順要塞の西方地区は、その防御配備は薄弱である。しかしロシア軍が、この部分の防備を薄弱にしているということは、攻者がこの方面から攻撃する場合、攻者の戦力発揮が地形上、著しく制限されるという攻者の不利を胸算していることからである。

攻者が不利であるから防者も防御を薄くしているのであって、反対に東方地区は攻者の戦力発揮が容易であるから防者も防御配備を堅くしているのである。

この簡単な理屈を戦術論争において、忘れている人が案外多い。

しかも、西方から攻撃する場合、わが後方連絡線を敵の要塞の正面にさらすという絶対的不利がある。小部隊ならともかく、軍レベルにおいては、後方連絡線の安全確保ということは絶対の要件であることを忘れてはならない。

今、地図を開いて、両者の案を検討すれば、伊地知の案の方が、はるかに正しいことは明瞭である。

然るに、旧陸軍においても、一般に井口案の方に賛成するものがおったのはなぜか。それはメッケルの戦術思想が長く旧陸軍軍人の頭脳を支配して、西欧合理主義が便利主義の名で排撃されていたからである。

井口は日露戦争後の明治三十九年二月から大正元年十一月まで、六年半の長きにわたり陸軍大学の校長をつとめている。

第三軍の作戦が戦史教育の俎上に上って、いかなる評価を受けたかは容易に想像できるのである。なお、『機密日露戦史』の著者・谷中将は、大正元年卒業の陸大優等生であることを付け加えておく。

軍事知識が皆無だからこその第一回総攻撃批判

ともあれ第三軍においては伊地知案が採用され、満洲軍総司令部もこの案を承認している。

かくして、第三軍の旅順本要塞に対する攻撃ははじまるが、周知のごとく惨澹たる結果に終わってしまう。

世人はこれを、第三軍首脳が要塞攻撃に対する知識が皆無で、この難攻不落を誇る要塞を野戦陣地を攻撃するような要領でやったから失敗したのだと冷笑非難している。

しかし、第三軍の行なった第一回総攻撃は果たして野戦陣地的攻撃であったろうか。

戦史をひもとくと、第三軍はこの攻撃にあたり、攻撃準備射撃を二日間（計画は十八日払暁から二十日払暁まで、実施は一日延期され、十九日から二十一日までになる）計画実施している。

今ここで攻撃準備射撃なる軍事専門用語について、くどくど説明することは省略するが、この二日間の攻撃準備射撃は陸軍の歴史においてもまさに空前絶後の記録である。

ちなみに、大東亜戦争における代表的堅陣攻撃における攻撃準備射撃の時間を当たってみると、シンガポール約一日、バターン半島五時間、コレヒドール四日間延十七時間（厳密にいえば最終日の三時間）である。

このように他に比を見ないような長期間の攻撃準備射撃が行なわれたことは、第三軍が周到な準備のもとに、まず大火力をもって敵をたたきのめし、それから攻撃するという近代的な攻撃方法を採用したことを証明している。

第三軍が野戦陣地を攻撃するような要領で攻撃したと言うような人は、戦史を勉強していないのか、あるいは軍事知識そのものが皆無であるのか、そのどちらかといえよう。

このような空前絶後とも言うべき攻撃準備射撃が計画実施されたことは、参謀長・伊地知が、砲兵出身でフランス、ドイツに留学した最新の軍事知識の持ち主であったからである。

もっとも、攻撃準備射撃という用語は、第一次世界大戦の西部戦線の陣地戦から生まれたものである。従って日露戦争当時にはこのような用語は存在しないが、伊地知こそ世界の軍事界における攻撃準備射撃の先鞭者ともいえるであろう。

しかしながら、世界戦史上かつてないほどの大砲兵火力をもってしても、旅順要塞はびくともしなかったのである。それだけ旅順の要塞は、大方の想像を絶するほど堅固に構築されていたのである。

八月下旬の第一回総攻撃が失敗するや、第三軍は攻撃築城による攻撃方法に改めた。これは参謀・井上幾太郎工兵少佐（後の大将）の意見具申によるものであるが、八月二十八日にこの計画は決定している。八月二十四日に攻撃を中止してからわずか四日後である。まことに驚くべき迅速な決心の変更であり、軍司令官、参謀長をはじめ軍首脳部の頭脳が、いかに柔軟性に富んでいたかを示している。

然るに、司馬氏は『坂の上の雲』（「旅順」）で、「しかもその乃木軍はその攻撃法を変えず、第二回目の総攻撃をやった。おなじ結果が出た」と、また「旅順要塞への第二回総攻撃は、むろん第一回のように単純な突撃主義ではなかった。火砲をもって十分にたたいておくという『正攻法』を併用し、そのうえで突撃した」と述べている。

いったい、司馬氏は何を読んで書いているのかと言いたい。

攻撃築城とは、交通壕を掘って突撃陣地を逐次前方に進めていくという方法である。第三軍が第一回の総攻撃の失敗でこの方法に変更したことから、逆になぜ最初から攻撃築城を採用しなかったのかと非難する向きもある。

言うまでもなく、弾丸がたくさんあれば、こんな時間のかかる方法などでやる必要はないのだ。現に米軍は第二次大戦でこんな方法は一度も採用していない。

第一回総攻撃のわが戦死傷一万五八六〇人は、戦闘参加人員五万七六五人の三一%になる。この莫大な損害はどうして出たのか。

一言にしていえば、日本軍将兵の勇敢な攻撃に対し、ロシア軍が頑強な抵抗をしたからである。強烈な戦闘意志を持つ強い者同士が戦えば、生身の人間である以上、多くの損害が出るのは当然だ。

日本の戦国時代の戦いで最も多数の死傷者を出したのは、川中島の戦である。当時最強をうたわれた甲越両軍が死力を尽くして戦ったのだから、損害の多発は当然といえよう。しかし、いくら損害が多く出たからといって、武田信玄や上杉謙信を愚将と言う者はいないはずだ。

龍虎戦えば共に傷つくのが戦いの実相である。

第一回総攻撃の損害多発の原因は、乃木や伊地知の無能のためなどと言う輩こそ、戦術戦史に全く無知な人間というより他はない。

「二十八サンチ榴弾砲を拒絶した」という大嘘

旅順攻撃に、わが二十八サンチ榴弾砲が偉功を奏したことは周知の事実であり、もしこの大砲がなければ、旅順の攻略はさらに長引いたことは確かである。

しかし、この火砲ははじめから第三軍に装備されていたものではない。第一回総攻撃後、日本内地の要塞にあったものを取り外して送ったものである。

ところが、この火砲を大本営から第三軍に送ろうとしたら、伊地知参謀長から、そんな余計なものは要らぬと断られたという話が伝えられている。そのへんのいきさつを司馬氏は次のように記述している。

「長岡が、乃木軍の伊地知あてに打った電文の原文は、つぎのとおりである。

『攻城用トシテ、二十八サンチ榴弾砲四門ヲ送ル準備ニ着手セリ。二門ハ隠顕砲架《いんけんほうか》、二門ハ尋常砲架ニシテ、九月十五日ゴロマデニ大連湾ニ到着セシメントス。意見アレバ聞キタシ』

このみじかい電文の行間に長岡の意気ごみがよくあらわれている。

『意見アレバ聞キタシ』

というのは、現地軍に対する東京の心づかいのあらわれであった。姿勢が低い。

ところがこれに対する乃木軍司令部の返電は、歴史に大きく記録さるべきであろう。

『送ルニ及バズ』

というものであった。古今東西の戦史上、これほどおろかな、すくいがたいばかりに頑迷な作戦頭脳が存在しえたであろうか」（『坂の上の雲』「旅順」）

相変わらずオーバーな司馬流の表現であるが、事実は司馬氏の話と大分違うようだ。

第一回総攻撃後、伊地知参謀長より弾薬の増加請求の電報があった。

これに対し、八月二十五日の午後、長岡参謀次長から伊地知への返電があった。

八月二十五日といえば総攻撃中止の翌日であるから、弾薬増加請求の電報は総攻撃の最中であったかも知れない。

「貴官今日の電報に対し、十五糎《サンチ》臼砲を除き他の攻城砲のため約二万五百発を送るはずなり、最早此以上重砲弾を送るべきものなし、偏《ひとえ》に節用を乞う。

攻城砲として二十八糎榴弾砲四門を送る。九月十五日頃大連湾に到着せしめんとす。これに対し意見あれば聞きたし」

この電報の意味を考えれば、貴軍より請求の弾薬については、内地ではすでに在庫が底をついてきたので、もうこれ以上送れなくなった。二十八サンチ榴弾砲の弾薬なら在庫があるから、これを使用してみてはどうかという打診である。

これに対し、伊地知参謀長は八月二十六日午後「二十八糎榴弾砲は其到着を待つ能はざるも、今後のため送られたし」と返電している。

決して司馬氏の言うごとく「送ルニ及バズ」など返事をしていない。

大本営および満洲軍から、旅順の早期陥落を強いられている第三軍としては、二十八サンチ榴弾砲の到着など待っておれる状況ではない。

二十八サンチ榴弾砲はベトンで固められた砲床に備えつけの固定式要塞砲である。この図体の大きい火砲を要塞から取り外して、船に積みこみ、さらに船から降ろし陸上を運搬し、陣地を占領して砲を据えつけるまで、どれだけの日数と人力を要するか。

現地の労苦は想像を絶するものがあったろう。当時は今のようなクレーンもトレーラーもなく、すべて専ら人力に頼るしかない時代だ。

軍として、限られた人力をこの二十八サンチ榴弾砲の運搬据え付けにとられたら、それだけ他の弾薬攻撃資材などの軍需品の輸送に、ひいては全体の攻撃準備に重大な影響を及ぼすことになるのは火を見るよりも明らかだ。しかも第一回総攻撃直後で、いかにして今後攻撃を続行していくかと、頭が一杯のときである。伊地知の、そんなものは待っておれぬという気持ちは、当然すぎるほど当然なことではないか。

しかし、この金城鉄壁の要塞の攻撃のためには、あるいはこの二十八サンチ榴弾砲が必要となるような事態が起こってくるかも知れぬ。

それで彼は「今後のため送られたし」と返電したのである。

このように発信の日付の明瞭な電報が存在しているのに、司馬氏はいかなる資料を基にして、「これほどおろかな、すくいがたいばかりに頑迷な作戦頭脳」などという暴言を吐くのであろうか。

二〇三高地は要塞の死命を制する戦術的要点ではない

二〇三高地の攻防戦が旅順攻略戦の中で最も人口に膾炙した戦いであることは、それだけこの戦いが凄絶を極め、しかもこの高地の争奪が戦局の帰趨に重大な影響を及ぼしたからである。

しかし二〇三高地の陥落が即、旅順陥落と思うのは早計である。

一般に、二〇三高地が占領されて旅順要塞が陥落したように思われているが、二〇三高地がわが手に帰したのは十二月六日であり、旅順が陥落したのは、それから約一カ月後の一月一日である。

この時間経過から考えても、二〇三高地の占領によって、すぐ旅順が落ちたわけでないことは明らかである。

このように、二〇三高地は決して旅順要塞の死命を制する戦術的要点ではないのである。旅順要塞の死命を制する要点は、第三軍が攻撃の当初から目標にしていた望台である。

ステッセル将軍が旅順開城の決意をして、乃木将軍への親書を軍使に託したのが一月一日午後の望台陥落直後であることも、これを証明している。

二〇三高地がわが手に帰し、旅順港内におるロシア艦隊がわが砲撃により撃沈されても、ロシア軍の頑強な抵抗は継続したのである。

旅順要塞に対するわが猛攻により、十二月十八日、第十一師団が東鶏冠山、二十八日、第九師団が二龍山、三十一日、第一師団が松樹山をそれぞれ占領した。

二龍山堡塁が陥落した翌二十九日に、ステッセルは軍首脳を一堂に集め作戦会議を開き、今後の防御方針について協議したが、このとき開城を口にしたのは参謀長レイス大佐だけで、他の全員が依然戦闘継続を主張し、ステッセルは防御戦闘の続行を明示した。

このようにロシア軍将兵の士気はなお旺盛であったが、一月一日午後、ステッセルは望台陥落の報に接するや、万策尽きたか開城を決意した。彼が部下首脳に断乎抗戦の決意を言明したわずか三日後である。このとき彼は、幕僚にも部下指揮官にも誰にもはかることなく決断を下したのであるが、数日前あれほど頑強な抗戦意志を表明した彼の部下は、誰一人彼に反抗する者はいなかった。

望台の喪失が、ステッセル以下の抗戦意志を木っ端微塵に砕いてしまったのである。この事実からしても、第三軍の攻撃目標の選定は決して誤っていなかったのである。

海軍の思惑と参謀本部の実状

では二〇三高地は、いかなる価値をもったものであろうか。

二〇三高地の攻略を当初から強く希望していたのは海軍である。

二〇三高地の頂上からは旅順の港内がよく眺望できる。従ってここに観測所を設けて、港内におるロシア艦隊を砲撃すれば、この港内に逃げこんだ旅順艦隊は、ここにおれなくなる。

わが聯合艦隊は開戦当初、旅順艦隊を攻撃し、これを旅順港内に封じこめたが、今や日本艦隊は逆に完全に旅順港外に抑留された格好となっている。ロシア本国からバルチック艦隊が旅順救援のため来航するまでに、何とかしなければこちらがえらいことになる。これが海軍の気持ちである。

そのためには、陸から砲撃で艦艇を撃沈するか、これを港外に追出して、待ち受けているわが艦隊で撃滅するか、いずれにせよ、二〇三高地の占領は海軍にとっては喫緊の問題であった。

かくして海軍は大本営を通じて第三軍に対し、二〇三高地の占領を要望したのである。

当時の大本営陸軍部即ち参謀本部は、前述したように満洲軍総司令部が出たあとの留守司令部である。

開戦時の参謀総長・大山元帥は満洲軍総司令官に、参謀次長・児玉大将は総参謀長となって出征し、各部長皆それぞれ満洲軍総司令部参謀に任命され、後任の参謀総長は山県元帥、参謀次長には長岡少将が任命されたが、あとの部長は第三部長を除きすべて欠員である。

参謀総長・山県元帥は陸軍の最長老であるが、彼は文字どおりの元老であって、戦争指導の大綱を把握しているだけで、作戦の細部についてとやかくいう地位でもなければ、そんな気持ちも毛頭ない。

参謀次長・長岡少将は児玉大将の後任とはいえ、その貫禄は月とスッポンほどの差がある。彼は名は参謀次長とはいえ、実態は山県元帥の使い走りであり、海軍との連絡将校のようなものである。

然るに司馬氏は「この日露戦争における作戦の中枢をにぎっているのは、参謀本部次長であった。それが長州人の少将長岡外史であった」（『坂の上の雲』「旅順」）と書いている。

しかし前述したように、当時の参謀本部には作戦部長、情報部長は欠員で、わずかに後方担当の第三部長だけというのが実態である。従って後方兵站の中枢であっても作戦の中枢ではありえない。司馬氏の見解は、見当違いも甚だしいといわねばならぬ。

第三軍の作戦方針を満洲軍総司令部は支持していた

ところで海軍との連絡将校に過ぎない参謀次長・長岡が、海軍の意を受けて二〇三高地の攻略を主張していることは、その立場上よくわかるとしても、彼の意見が大本営陸軍部の判断に基づく戦術的意見ではないことは確かである。すなわち、あくまで長岡個人の意見として満洲軍総司令部や第三軍司令部に二〇三高地の占領を要望しているのであるから、満洲軍や第三軍にとっては、長岡の発信してくる電報のごときは、犬の遠吠えぐらいにしか思っていなかったであろう。

然るに後世の史家が、この長岡の意見を即大本営の意見と考えると史実を大きく見誤ることになる。

旅順がなかなか落ちないので、業を煮やした大本営は十一月十四日、宮中において異例の御前会議を開いた。桂首相、参謀総長、同次長、軍令部長、同次長、陸海軍大臣の七人が出席した。

議題は旅順を速やかに落とさねばならぬというもので、参謀総長は満洲軍総司令官あてに旅順攻略の方策について報告を要求している。

この御前会議の模様を見ても作戦に関しては一切、総司令官に任せて、二〇三高地を落とせなぞ、一言もいっていない。

然るに司馬氏は、このへんの事情を次のように記述している。

「乃木軍の作戦のまずさとそれを頑として変えようとしない頑固さは、東京の大本営にとってはすでにがんのようになっていた。

事は簡単なはずであった。

『攻撃の主力を二〇三高地にむければよいのだ。それだけのことが、なぜできないのか』

ということである。二〇三高地さえおとせばたとえ全要塞が陥ちなくも、港内艦隊を沈めることができ、旅順攻撃の作戦目的は達することができるのである。兵力を損耗することもよりすくなくてすむであろう。

『二〇三高地を攻めてくれ』

と、大本営ではさまざまな方法で、乃木軍司令部にたのんだ。が、命令系統からいえば、大本営は満州軍総司令部をとおさねばならず、乃木軍を直接指導できない。さらに現地の作戦は現地軍にまかせるという原則がある。そういう手前、命令ということはできない。示唆できる程度である。

大本営海軍側は、

――たのむから二〇三高地をやってくれ。

と、連絡会議ごとに陸軍側に懇請した。陸軍側も、その意見でいる。ところが現地の乃木軍が頑としてきかないため、どうすることもできなかった」(『坂の上の雲』「旅順」)

司馬氏の説明では、乃木や伊地知の石頭に、大本営がほとほと手を焼いたような書きぶりである。

しかし、再三述べたように第三軍の作戦方針については、満洲軍総司令部も厳として支持しているのである。何よりも当時の大本営と満洲軍総司令部の電報の応酬を見ればすぐわかることである。

「港内の艦隊を沈めれば目的達成」という戦術的無智

司馬氏は二〇三高地を落とし、港内の艦隊を沈めれば旅順攻撃の作戦目的は達成できるなど言っているが、これは市井の床屋談義にひとしく、彼の戦術的無智と言わざるをえない。

旅順港内に閉じこめられたロシア艦隊はすでに死んだ艦隊だ。これが海上に浮かんでいようが、海底に沈んでおろうが、すでに戦術的価値を全く失った無用の艦隊である。

ステッセルにとっては、早く沈んでくれた方が、その乗組員を陸上戦闘要員に転用できるだけ、ありがたいかも知れない。

現に多数の水兵が陸戦隊として陸上戦闘に参加している状況からすれば、おそらく彼はそれを望んでいただろう。

そんな艦隊を今さら沈めてどうなるというのだ。もはや、旅順要塞の運命とは何らかかわりのない存在である。

これに対し次のような反論があるだろう。

わが聯合艦隊は旅順艦隊を旅順港内に閉塞しておくために、旅順港外に拘束されて、そのため艦の修理も訓練もできないではないかと。

この議論はよく聞く議論であるが、当時の日本には、いったいどれだけのドックがあったのか。現実の問題として、聯合艦隊の全艦艇の修理を一度にやらなければならぬものでもなく、また、そんなことができるだけのドックがあるわけでもない。

艦艇の修理など交代してやれば十分に間に合うはずだ。また訓練などどこでもできる。旅順港外でも訓練をするのに何ら支障はないはずだ。

これを要するに、艦艇の修理も、訓練も、ロシア艦隊の閉塞とは何ら関係なく実施できる問題である。

また、たとえ旅順艦隊が全滅しても、旅順要塞が存在するかぎり、わが艦隊による封鎖は続けなければならないのだ。

現に、我の厳重な封鎖網をくぐりぬけて山東半島の芝罘《チーフー》あたりからジャンクで旅順のロシア軍に補給がなされている。

この件について陸軍から海軍に、厳重な封鎖の実施を再三要望している。

では、この時期における旅順要塞の価値は何か。

それは近く予想される北方の日露両軍の決戦に重大な関係をもっていることだ。旅順要塞の存在は、わが満洲軍の後方連絡線に重大な影響を及ぼしているところに、その重大な戦略的価値がある。

乃木第三軍の作戦目的は、旅順要塞を攻略してわが後方連絡線を安全にし、北方の満洲軍主力の決戦に参加することである。司馬氏の言うごとく、二〇三高地を落としただけでは、わが後方連絡線の安全は確保されず、主力の決戦にも参加できないのである。

満洲軍の作戦目的はロシア軍主力の撃滅であり、そのためには一兵でも多くの兵力を北方戦場に集めなければならない。

旅順攻略が急がれるのは実にそのためである。

砲兵の射撃技術上の問題

伊地知ら第三軍幕僚が二〇三高地攻略に反対したのは、おそらく以上のような理由であったろうが、次のような砲兵の射撃技術上の問題も見逃せない。

二〇三高地をとれという海軍や長岡の意見に百歩譲って、かりに二〇三高地をとって同高地上に観測所をおき、旅順港内のロシア艦隊を射撃するときの技術的困難さについて、砲兵の専門家である伊地知が当然考慮したであろうことは想像に難くない。

二〇三高地を占領しても、まさか大砲を山の上にもって上るわけではないので当然、旅順港内の艦艇に対する射撃は遠隔観測射撃となる。

遠隔観測射撃とは、大砲の陣地（通常放列と呼ぶ）と観測所が離隔している場合の射撃の方法であって、大砲の傍で観測して射撃する放列観測射撃に比べて技術的にはるかに難しい。ということは、射撃の目的を達成するために莫大な量の弾丸を必要とするということである。

海に浮かぶ軍艦に対する射撃は命中弾を得なければ効果はない。海の上を自由自在に動きまわる軍艦に遠隔観測射撃で命中弾を得るなど、陸上目標の射撃に比べ、数倍、否、数十倍の弾丸を必要とすることは理論上からも当然だ。

それでなくても弾丸が不足して困っている伊地知にとって、そんな馬鹿馬鹿しい射撃ができるかという気持ちが湧いてくるのは当然だろう。

次に考えなければならないのは、観測所と放列（砲兵陣地）との間の通信連絡の確保の問題である。

二〇三高地をとってみたところで本要塞が健在である以上、それから徹底的な集中射撃を受けるのは必至だ。果たして観測所が高地上におれるかどうか、また、たとえおれたにせよ観測所と放列との通信連絡はどうするのか、有線電話線は当然砲弾により切断されるものと覚悟しなければならない。当時はまだ無線電話などなかった時代だ。観測所と放列との間の通信連絡を考えるだけでも実行不可能と判断するのが常識だ。

あれやこれやと考えてゆくと、実行の責任者として伊地知が反対するのがあたりまえで、反対しない方がおかしいことになる。

素人は旅順の港が見える二〇三高地の上に観測所を出せば、百発百中で軍艦が沈められると簡単に考えているようだが、砲兵の射撃がそんなに甘いものでないことは以上の説明でおわかりと思う。

しかしながら、旅順の艦隊は、現実には陸からのわが砲撃で沈められてしまったではないかという反論があるかも知れない。だが、ひとことだけつけ加えさせてもらうと、一般に二〇三高地が落ちてからはじめて旅順港内の軍艦に対し、陸上からの砲兵射撃が行なわれたと思っている人が多いようだが、実際は、二〇三高地の占領とかかわりなく、ずっと以前から旅順港および港内の軍艦に対し、わが砲撃は行なわれていた。

特に、第一回総攻撃に先立つ八月七日から十八日までの間、わが海軍陸戦重砲隊第三中隊（長・永野修身海軍中尉、大東亜戦争開戦時の軍令部総長）は旅順市街および港内に対し威嚇《いかく》射撃を実施し、戦艦「レトウィザン」「ツェサレウィチ」「ペレスウェート」に多数の命中弾を与え、これを損傷した（発射弾　二二七七発）。

この射撃に旅順艦隊はいたたまれず、八月十日、ウラジオストックに脱出を図るが、途中わが聯合艦隊に阻まれ、黄海海戦を惹起することになる。

この海戦で敗れて、再び旅順港にまいもどった旅順艦隊はすでに艦隊としての機能を失い、乗組員は陸上防御要員に転用されてゆくのである。

ただ、この事実を不覚にもわが海軍は知らなかっただけである。

前進陣地への固執がロシア軍の命取りに

大分話が横道にそれてしまったが、では、二〇三高地とはいったい何であったか。

私は二〇三高地のもつ高地自体の戦術的価値と、旅順攻略戦における二〇三高地攻防戦の価値（意義）とは一応切り離して考えるべきものであると思う。

先にもちょっとふれたが、二〇三高地の戦術的価値はこの高地から海がよく見えるという程度のものである。

元来、二〇三高地はロシア軍本防御線の外にある高地である。この要塞をつくったロシア軍が、二〇三高地に登れば港内がよく見えるぐらいのことを知らぬわけはない。その高地をあえて本防御線の外に出したのは、全般の防御配備上、兵力と地形のバランスの関係からそうせざるをえなかったのであろうが、重要緊急の度も他の場所より低かったと言わざるをえない。

司馬氏は、九月下旬の日本軍の攻撃がわざわざステッセルに二〇三高地の重要性を教えにいったような結果になったなどと述べているが、ステッセルはやせてもかれても陸軍中将・軍司令官にまでなった将軍だ。それほど馬鹿でもあるまい。

では、この本防御線の外にある前進陣地に過ぎない二〇三高地の争奪に、なぜあのような激しい戦闘が行なわれたか。

理屈からいえば、適当な時機にさっさと放棄すべき高地を、ロシア軍があのように固執したことが、結局、ロシア軍の命取りになったのである。

これはロシア軍が決して戦闘の過程において二〇三高地の重要性にはじめて気づいたわけではなく、戦いの勢いがそうさせたのである。

戦争とは元来そういうものなのである。簡単に理屈だけで割り切れないものが戦争にはあるのである。

古今東西の戦史をひもといてみると、このように理屈で割り切れない戦例が山ほどある。

例えば、大東亜戦争におけるガダルカナル攻防戦のごときもまさにその適例であろう。米軍上陸の段階で、さっさとこの島を放棄しておれば何でもなかったものを陸海軍ともにつまらぬ意地を出したばっかりに、あのような莫大な戦力の消耗をしてしまった。そしてそれが結局は日本の敗戦につながったのである。

さらに、もう一つ類似した戦例を紹介すると、沖縄作戦における嘉数《かかず》高地の攻防がある。わが第六十二師団独立歩兵第十三大隊の防御していた嘉数高地も、わが首里本防御線の前進陣地であったが、この高地の争奪をめぐって日米両軍が旬日にわたって死闘をくり返している。

日本軍が、主陣地からこの陣地に増援のため投入した兵力は四個大隊に及び、ほとんどがここで全滅している。米軍もこの高地の占領に甚大な損害を出しているが、冷静に考えれば、前進陣地の戦闘に、なぜこんな莫大な兵力を消耗するのか、まことに奇妙な話である。

このように、数カ月かかって汗水たらしてつくった本陣地の前方の戦闘で兵力を消耗し、肝心な本陣地では戦闘らしい戦闘もせずに作戦が終わるというような戦例がいくらでもある。私自身ビルマ作戦で似たような体験をもっている。

前進陣地のある場所がいかに戦術的価値が高かろうと、前進陣地はあくまで前進陣地であって、主陣地のための前進陣地である以上、当然、適当な時期に放棄されるべきものである。決して玉砕してまで保持すべきものではないはずであるが、そう簡単に理屈どおりいかぬところに、理屈では割り切れない戦いの勢いがあるのである。

このような二〇三高地であったから、わが第一師団が九月十九日、この高地を攻撃したときは、ロシア軍の防御陣地はそうあまり堅固なものではなかった。

しかし、ロシア軍も頑強な抵抗をし、わが攻撃は挫折し、二十二日、攻撃を中止した。

この戦闘について、論者は第三軍があのときもう一押しすれば二〇三高地はとれたであろうと言っている。

私もそう思う。しかし、私はあの時点で二〇三高地がとれたからといって、旅順がすぐ陥落したとは思わない。

むしろ本防御陣地をがっちり守ったロシア軍の頑強な抵抗で、旅順の陥落の時期は実際よりもっと遅くなったかも知れない。

だが、十一月の第三回総攻撃では、ステッセルは第四章でも述べたように二〇三高地の保持に異常な執着を示した。

次々と予備隊をくり出し、ここに二〇三高地をめぐる日露両軍将兵の凄惨な争奪がくり返されたのである。

この結果、ロシア軍は莫大な損害を出し遂に力尽き、二〇三高地の奪回を諦めた。この二〇三高地における消耗が本防御線の抵抗力に重大な影響を及ぼしたと見るべきである。

旅順がなかなか落ちなかったのは、金城鉄壁とも言うべきベトンの陣地や大砲や機関銃の数だけではない。これを守るロシア軍将兵のスラヴ魂と言うべき頑強な戦意があったからである。

この戦意が、要塞内に突入してくる日本軍将兵に対し、逆襲で日本軍を撃退していったのである。

しかし二〇三高地での消耗で、この逆襲する力が漸次なくなってしまった。

この抵抗力の喪失が、旅順陥落の最大の原因であったと私は考える。

クロパトキン軍との呼応がステッセルの真意

以上の見地からすれば、ステッセルが二〇三高地に固執したことは確かに大きな戦術上のミスであった。

だが、それだけの理由でステッセルを愚将と責めるのは酷である。

旅順は海陸両正面ともに封鎖された孤立無援の要塞である。兵糧攻めにあった要塞は、いつかは陥落する運命にある。時間の問題である。

世人は、バルチック艦隊と旅順要塞とを結びつけたがるが、当時、ステッセルはおそらくヨーロッパからはるばるやってくるバルチック艦隊の到来なぞ、決して待ち望んでいなかっただろう。

陸正面を完全に封鎖され、糧道を絶たれた軍港に大艦隊が入ったところで、いったい何になるのか、その補給をどうするのか、誰が考えてもすぐわかることである。

ステッセルの待っているのは、北のクロパトキン軍の到来である。旅順を救うものはクロパトキン軍しかいないのだ。

そのクロパトキンが、予定の退却と称して、北方に遅滞行動（Delay action）を行なっている。

ステッセルとしては、いても立ってもおられぬ気持ちだったろう。

クロパトキンの救援が来なければ、自分から打って出るしか途はない。要塞の殻《から》の中に閉じこもっているだけでは、いずれは飢えてしまうだけである。

乃木軍に大出血を与える。それは日本軍の戦力に大きな打撃を与えるだけでなく、クロパトキン軍南下の呼び水にもなるわけだ。

果たして、クロパトキンは十月初旬、我に対し攻撃を開始してきた。沙河《しやか》の会戦である。沙河の会戦は、わが攻勢により敵の南進企図を挫折させて結末を迎える。

ステッセルは決して意地になって二〇三高地に執着したわけではないだろう。

二〇三高地を突破口にして、北方クロパトキン軍と相呼応して旅順要塞の解囲を図る。それがステッセルの真意であったと思うのである。

二〇三高地の攻防戦は、日露戦史全般から見れば、その戦略的意義は十分にあるのである。

児玉が第二回総攻撃を指導したわけではない

世上、二〇三高地の陥落には、満洲軍総参謀長・児玉源太郎大将の力が大きく影響していると伝えられている。

司馬氏の『坂の上の雲』では、まさに児玉大将独壇場の感を読む者に与える。いったい、他の連中は何をしていたのだと言いたくなるぐらいである。

しかし、冷静に戦史を読んでゆくと、また客観的に戦闘の経過を分析してゆくと、児玉大将が旅順に行って直接戦闘の指揮をとったから、二〇三高地が落ちたなどという議論がいかに滑稽極まるものであるかがわかるのである。

児玉将軍もさだめし地下で苦笑していることだろう。

児玉大将の旅順行きは、十二月の二〇三高地占領のときだけではない。

遼陽会戦が一段落したあと、九月十五日、遼陽を出発し、十八日、第三軍司令部に到着、十月初めまで約半月ばかり旅順に滞在している。

児玉大将が旅順についた翌十九日から、第一師団は二〇三高地の攻撃をはじめるが、戦況意のごとく進まず二十二日、攻撃を中止している。

この二〇三高地の攻撃は第一師団からの意見具申によるもので、児玉大将の視察とは何のかかわりもない。

この視察行でおそらく児玉将軍は敵将ステッセル以下のなみなみならぬ闘志を肌で感じ、旅順攻略の容易ならぬものを痛感したに違いない。

第一回の総攻撃に失敗した第三軍は、八月三十一日、今後の旅順要塞攻撃の基本方針を決め、各師団に目標を示し九月一日から突撃路の構築をはじめ、九月十七日頃までに予定の工事を終えた。

そこで、九月十七日、乃木軍司令官は攻撃再開の命令を発したのである。

児玉の旅順視察がたまたま、この作戦の時期に際会したのだが、児玉が特にこの作戦を指導したわけではない。

然るに、司馬氏は『坂の上の雲』の「沙河」のくだりで、沙河会戦の発生の経緯を説明したのち、次のように述べている。

「この緊迫した事態のなかでもっとも不都合だったことは、総参謀長の児玉源太郎が遼陽を留守にしていたことであった。児玉は旅順が片づかない原因の一つが乃木軍司令部の作戦能力の貧困さにあるとし、九月中旬から約二十日という長期間、その位置をはなれて旅順へ行っていた。

このことが、旅順要塞の陥落への速度を大いに早める結果になったのだが、かんじんの主決戦場におけるかれのしごとが留守になった」


いったい何を言っているのか、全く史実を無視した支離滅裂の記述である。

乃木将軍にとっての最後の賭け

第三軍は十一月二十六日、乾坤一擲の第三回総攻撃を開始するが、またしてもロシア軍の頑強な抵抗に阻まれて失敗する。

二十七日朝、乃木将軍は重大な決心の変更をする。現在続行中の要塞正面に対する攻撃を中止して、主攻を二〇三高地に指向してこれを攻略せんとするものである。

乃木将軍のこの日の状況判断に基づく決心の変更こそ、乃木の真の名将中の名将たるゆえんである。

乃木の悪口を言う者は、この頃の乃木はすっかりノイローゼになっていたなど言っているが、神経衰弱の人間がかかる重大な決心の変更ができるだろうか。馬鹿も休み休みに言えといいたくなる。

しかし、この決心の変更は乃木にとっては最後の賭けである。おそらくこの時、乃木は死を覚悟したことであろう。この決心の変更は直ちに満洲軍総司令部に報告された。この報告に接した大山も児玉も、多分、乃木の死を直感したのだろう。

盟友乃木を殺してはならぬ。児玉はそう覚悟したに違いない。

十一月二十九日午後八時、烟台の総司令部を出発し、児玉は急遽旅順に向かう。

ところが児玉のこの旅順行に関し、一般に、乃木や伊地知ではどうにもならぬから、児玉が直接第三軍を指揮するため旅順に行ったのだと伝えられている。この謬説に一層輪をかけているのが例の『坂の上の雲』である。

しかしながら、この説はまことにおかしな話である。もし本当に乃木や伊地知では駄目と思うなら、第三回総攻撃開始前に児玉が行くべきではないか。また第三軍の攻撃計画は事前に総司令部に報告され、総司令官・大山元帥の承認を得たものである。

この攻撃計画を承認した大山総司令官は、参謀副長の福島安正少将をすでに第三軍司令部に派遣している。

福島は二十七日朝の攻撃計画の変更について当初同意することをしぶったが、第三軍参謀・

白井中佐からその理由を説明されて納得し、事後承認を求める形で総司令官に報告している。

もちろん戦闘指導の過程における軍の攻撃重点の変更のごとき、軍司令官の裁量の範囲であり、総司令部幕僚がとやかく言う余地はないのであるが、総司令官が二〇三高地への主攻変更を承認した段階において、矢はすでに弦を離れたのである。今さら、軍の攻撃計画や戦闘指導の是非を論ずるときではない。事の成否は軍の段階を離れて、師団以下のレベルに委ねられているのである。今はただ、第一線将兵の勇戦健闘をまつだけのときである。

児玉が烟台の総司令部を出発した十一月二十九日の夜は、二〇三高地をめぐる彼我の攻防戦が、すでにたけなわのときである。

もし児玉が乃木に代わるとすれば、すでに完全にタイミングを失しているといえよう。

「第三軍の指揮権移譲に関する書簡」の真実とは

ところが、児玉は出発に際し、大山元帥よりの「第三軍の指揮権移譲に関する書簡」を懐にしていたといわれている。これは児玉に随行した参謀・田中国重騎兵少佐（後の陸軍大将）がそう言っているものなのだが、しかし、田中もその中身を見たわけでなく、また児玉も乃木にその書を見せることなく終わったのだから、当事者の大山、児玉以外に誰一人見たものもない幻の書簡である。

私はこの書簡そのものの存在に非常な疑問をもつものであるが、百歩譲ってこれが事実とすれば、いったいなぜ児玉はこんな書簡を大山からもらっていったのか。おそらく児玉は乃木が死んだ場合の第三軍の指揮について考えていたのではないだろうか。

軍司令官が戦死したときは、当然、次級者が代わってその指揮をとることになる。第三軍の場合は、先任の師団長ということになる。

そうすれば第九師団長の大島久直中将か、第七師団長の大迫尚敏中将のどちらかであろう。この二人は共に明治三十一年十月一日に中将に進級している。同日進級でも先任順序が決まっているから問題がないといえばそれまでだが、それは原則論に過ぎず、そう簡単に割り切れるものでもないだろう。特に旅順が落ちるかどうかの重大時期における軍司令官の代理だ。平時における次級者の形式的な代理とは事情が全く違うのである。単に次級者が一時代行するというわけにはいくまい。

そこで、児玉が自らそれを買って出たと考えるのがもっとも妥当な推理である。

しかし児玉とて、勝手に軍司令官の職務を代行するわけにはいかぬ。当然、大山総司令官の認証が必要となる。

以上のことは、あくまで乃木が死んだ場合の話であって、乃木が生きているかぎり大山といえども勝手に理由なく乃木の指揮権をとり上げることなどできるはずはない。第三軍司令官の職は、天皇の任命した親補職であるからである。

総司令部の幕僚の中には、乃木の更迭を望んでいた連中がおったのは事実かも知れぬ。

この連中が「せっかく児玉さんが行くのなら、いっそ乃木さんに代わって指揮してもらったら」というぐらいのことは思っていただろう。

この当時の総司令部の空気と、実際の事実を混同してはいけない。

児玉総参謀長の旅順における行動については、記録としては当時の参謀・田中大将の回想だけが現存しているのであるが、この回想にも次の三つがある。

すなわち谷中将の『機密日露戦史』、参謀本部編の『明治三十七八年秘密日露戦史』、朝日新聞社編『名将回顧　日露大戦秘史　陸戦篇』のそれである。最後のものは、昭和十年二月、帝国ホテルにおける朝日新聞主催、日露戦争三十周年記念「日露戦争回顧座談会」の速記録全文である。

この三者に出てくる田中大将の談話は同一人の回想でありながら、少しずつ内容が違っている点があるのに注意しなければならぬ。

また児玉大将の行動については、『乃木希典日記』にも、また当時の第三軍参謀・津野田是重大尉の回想録『斜陽と鉄血』の中にも出てくる。

田中大将の回想が大筋において間違いがないことは確かであるとしても、大山、乃木、児玉の三者の人間関係からして、大山が生きている乃木の指揮権をとり上げるなど絶対に考えられぬことだし、またそんなことを児玉が大山に頼むはずもない。

乃木、児玉の仲からいって、また児玉の性格からして、児玉が乃木に遠慮などするはずはなく、また指揮権の有無にかかわらず、児玉は総参謀長の職責からも、乃木に対し意見はいくらでも言えるのである。

事実、田中の回想にもあるごとく、児玉は遠慮なく乃木に発言し、伊地知以下の乃木の幕僚をところかまわず怒鳴りつけたのである。しかし意見をガミガミ言うことと、指揮をとることとは、見た目は同じであっても、本質的に全く違っているのである。

大山が児玉に指揮権を与えた書簡を書いたなどということは、軍事上の常識からもありえず、巷間の俗説として一笑に付してもよいのである。

全重砲部隊の陣地変換は真赤な嘘

ところが、さかんに児玉の旅順の行動について尾鰭《おひれ》をつけてはやしたてた人間たちがいたものだから、『坂の上の雲』のような小説ができあがってしまった。

谷中将の『機密日露戦史』に次のような記述がある。

「児玉大将は直ちに軍参謀を集め、次のように、攻撃計画の修正を要求した。
（一）、二〇三高地の占領を確保するため速かに重砲隊を移動してこれを高崎山に陣地変換し、以て敵の回復攻撃を顧慮し、椅子山の制圧に任ぜしむ。
（二）、二〇三高地占領の上は二十八珊砲を以て一昼夜毎十五分を間し砲撃して、敵の逆襲に備うること。
然るに重砲隊副官奈良少佐は第一項に反対し、第二項は友軍に危険なりとて不同意を唱えたるも、児玉将軍は砲撃は味方打ちを恐れずとて肯んぜず。児玉大将直ちに豊島将軍に第一項の陣地変換に要する準備時間を問い、二十四時間を要する解答ありしを以て、これが実行を命じた」

これを種本にして『坂の上の雲』では、司馬流の表現で面白おかしく当時の状況が、あることとないこと詳しく記述されている。

この奈良少佐とは後の侍従武官長・奈良武次《たけじ》大将であり、豊島将軍とは攻城砲兵隊司令官・豊島陽蔵少将である。

この『機密日露戦史』の記述は前述の田中参謀の回想によると同戦史に付記されているが、先ず第一に、こんな程度のことが果たして軍の攻撃計画の修正といえるであろうか。

砲兵の陣地変換や二十八サンチ榴弾砲の射撃のごときは戦況に即応する戦闘指導に属するもので、到底、攻撃計画などといえるしろものではない。

また、重砲隊の陣地変換の重砲とは、いかなる範囲の火砲をさしているか。『坂の上の雲』では二十八サンチ榴弾砲までも含む全重砲のように書いているが、筆者が公刊戦史および同付図について、当時の部隊の行動位置について詳細に検討してみると、このとき陣地変換した重砲（重砲という言葉は必ずしも適当でないのだが）は、野戦重砲兵聯隊（第一大隊欠）の第四、五、六、七、中隊の十二サンチ榴弾砲・計一五門が東北溝より太平溝へ、徒歩砲兵第三聯隊の第二大隊（第五、六中隊欠）の第七、八中隊の九サンチ臼砲・一二門が孫家溝より太平溝の南方地区へ陣地を変換しているに過ぎない。

この両砲兵部隊は、第九および十一師団方向でその攻撃を支援していたものである。児玉総参謀長の指摘をまつまでもなく、当然、軍の主攻の変換に伴い陣地変換すべき部隊である。

他の砲兵は、この戦闘間、全然陣地を移動していない。もちろん、する必要が全くないのだから当然だ。

余談であるが、砲兵の陣地変換というのは、その間、砲兵射撃が中止されることになり、わが砲兵戦力が零になることを意味する。従って戦闘指導上、最も重要な問題であり、戦況の発展をにらんで行なう指揮官の重要な決心事項の一つである。

いったい児玉が、田中の談話のように本当に砲兵の陣地変換を命じたのかどうかも疑わしい。もし二十八サンチ榴弾砲を含む全重砲部隊の陣地変換を命じたとすれば、戦術的措置としても重大なミステークであり、奈良少佐が反対するのは当然だ。相手が陸軍大将でも、「できないことはできない。間違いは間違いだ」とはっきり主張する明治の気骨がうかがわれる。

もし児玉が陣地変換を命令したとすれば、真相は「陣地変換をせよ」「そんなことはできません」で終わってしまったのではないか。

田中も当時の会議の雰囲気を語ったものだけではないのか。

ところが司馬氏は、このときの会議の模様を実に詳しく書いている。

まさに「講釈師、見てきたような嘘を言い」である。それどころか、砲兵の専門家である豊島以下と素人の児玉の問答を書きならべ、所詮、専門家の意見などは思考の範囲が狭く保守的であって、斬新独創的な意見は素人のみから生まれるというような偏見を書きならべ、そして次のように結んでいる。

「児玉は、奈良をおさえ、

『命令。二十四時間以内に重砲の陣地転換（注…こんな軍事用語はない）を完了せよ』

と、大声でどなった。結果からいえば、児玉の命令どおり、二十四時間以内に重砲は二〇三高地の正面に移されたのである」(『坂の上の雲』「二〇三高地」)

しかし、これは真赤な嘘である。

実際に陣地変換した火砲は前述したように十二サンチ榴弾砲・一五門、九サンチ臼砲・一二門だけである。当時の第三軍の全火砲・三百数十門の数パーセントに過ぎない数である。二十八サンチ榴弾砲のごとき陣地変換など全然していない。はじめからできるはずがないのである。

この点、『機密日露戦史』も重大な誤解を一般に与えているのである。

誤解しているのは司馬氏だけでなく、実に多くの人が誤解している。

もっとも、誤解させる『機密日露戦史』の方がもっと罪が深いかも知れない。

児玉総参謀長の旅順における言動は公刊日露戦史に記録されず、従って一般にはあまり伝えられなかったが、陸軍大学校の日露戦史の講義において、軍事秘密として学生に講述された。一般の者は知らず、エリートだけが知っているという優越感は、これをまねる馬鹿者を生んだことは否定できない。

支那事変、大東亜戦争の多くの戦闘場面で、一部の参謀に見られた越権的行動がこれを証明している。

児玉将軍にとっては泣いても泣き切れない気持ちであろう。

参謀長更迭論と弾薬不足問題

旅順がなかなか落ちないので、攻撃の責任者である参謀長・伊地知の評判は極めて悪かった。大本営や満洲軍総司令部の幕僚の間に、伊地知更迭論が出てきたのは当然だ。

軍司令官をかえることは一軍の士気に重大な影響を与えることになるので、軽々な異動はできないが、女房役の参謀長をかえることはよくあることである。

大東亜戦争においても、比島方面の作戦を担当した第十四軍の参謀長が第一次バターン半島攻撃失敗の責任をとらされ更迭された。

また、ガダルカナル島初期作戦においては、南東方面の第十七軍の参謀長がかえられた。ここでその辺の事情を詳しく述べることは省略するが、バターンもガダルカナル島も失敗の責任は参謀長よりも、直上の司令部である大本営の作戦指導の誤りにあることは歴史の証明するところである。

まことに皮肉な話だが、もし大本営が当初からこの首になった二人の参謀長の意見に謙虚に耳を傾けていたら、バターンもガダルカナルもあの悲惨な失敗は避けられたはずである。

流石に明治陸軍の最高首脳は、いくら伊地知への愚痴が囁《ささや》かれようとも、それに耳を傾けなかった。

軍司令官・乃木が、参謀長・伊地知を信任している以上、これをかえる必要は毫《ごう》もないのである。

伊地知の評判が悪いのは、彼の剛直な性格にもよるが、一番の理由は彼が総司令部や大本営に対し、攻撃失敗の原因を我の弾丸の不足にありとし、きびしく弾丸の補給を請求したことである。

当然といえば、当然すぎることであるが、当然なことゆえ、その当然なことが実行できない大本営にとっては、これほど耳の痛いことはないのである。

だから、逆に、こちらは財布の底をはたいて、なけなしの弾丸をお前に送っているのに、落とせないのはお前のせいだと、つい愚痴が出てくるのである。

大本営幕僚のこのような愚痴を耳にした参謀総長の山県は、軍司令官乃木に次のような書簡（口上覚書）を送っている。

「　口上覚

一　旅順攻略意の如くならざるは、一に砲弾之不足にありとの事を、貴軍参謀長が屢《しばしば》公言せりとは、戦地より帰来せる者の風聞として、聞及ぶ所なり。

二　平時の準備、我国の設備に稽《かんが》ふれば、或る程度に満足せざる可らざるは、独り弾薬のみに限らざるなり。而して貴軍に追送したる弾薬は、別紙の如くにして、凡そ其需に応じ居れり。

三　前項追送の為め、大臣其他局に当る者は、増製に買入に、昼夜苦心経営し、あらゆる非常手段を尽し、製作大に増加せり。

四　参謀長にして第一項の如き言辞を洩《もら》すは、偶《たまたま》以て我軍の威信を傷け、攻囲軍の士気を損ずるのみならず、参謀長自身の為にも不利なるべし。

五　弾薬不足の意見の如きは、出征以前に論究すべき重要問題なるに、数回攻撃後、初めて其不足なりしを口外するが如きは、慎重に考慮すべき事とす。

六　参謀長の言は、風聞として聞く所なるを以て、或《あるい》は事実相違あるやも測られずと雖《いえど》も、事小に似て容易ならざる影響あるべきを顧慮し、敢而《あえて》一言す。若し事実なれば十分の戒《かい》飭《ちょく》あれ。

十二月二十一日　　　　　　　　　　　　　　　　　　　　　　　有朋」

貧乏国陸軍の最高責任者の苦衷《くちゅう》が文面ににじみでているではないか。

ところで話はやや脱線するが、この手紙の日付が十二月二十一日であることも注目を要する。もし、この日付が誤りでないとすれば、二〇三高地占領後すでに半月後である。前に紹介した、旅順の攻略は二〇三高地さえ落とせばよいのだなどいっている司馬氏の言が、いかに空言に過ぎないか、この手紙の目付けでもよくわかるのである。

なお、この山県書簡は、『公爵山県有朋伝』より引用した。

例の『機密日露戦史』にもこの口上覚がのっているが、その時期は十月頃と漠然としている。いずれが真かは断定できないが、日付をはっきりと書いて書簡の体裁で記述している山県有朋伝の方が正しいように思われる。

この点について、識者からの御教示をいただければ幸いである。

閑話休題。この貴重な日露戦争の教訓がその後の日本陸軍において逆用されたことが、大東亜戦争において多くの悲劇を生んだのである。

旅順攻略戦における莫大なわが損害も、奉天会戦において九仭の功を一簣に欠いたのも、すべてこれ弾薬不足のせいであった。

近代戦における莫大な鉄量と火薬の消費、これはそれから十年後の欧州大戦において再び証明されることになるが、日露戦争を体験し、さらに欧州戦場を観戦したわが陸軍のエリートたちは、近代戦の莫大な消耗に驚き、日本の貧弱な国力および工業力をもってしては、この莫大な消耗には到底耐ええず、従ってこれに対応するには精神力に頼るしかないという奇妙な結論に到達した。

弾丸の不足を訴え、上級司令部に手きびしく補給を請求した伊地知が、その後の陸軍において評判が悪くなるのは当然の成行であろう。

弾丸がなくても戦争に勝てる。弾丸が不足した日露戦争で立派に勝てたではないかということが、日露戦争後の陸軍教育の主流となった。

このような考えは、装備劣等で戦意の低い中国軍相手の満洲事変・支那事変では何の問題も生じなかったが、相手が我より数段優秀装備の米軍では、そう簡単に問屋がおろさなかった。日露戦争後の戦史教育の誤り、換言すれば伊地知の悪口を言った連中が、日本陸軍を亡ぼしたといっても過言ではないだろう。

「第三軍司令部の位置が遠すぎる」はおかしな話

次に、伊地知の悪口を言う者の中に、第三軍の軍司令部の位置が第一線から遠く離れ過ぎていたと問題にする者がある。

司馬氏も例のごとくこの問題にふれている。

しかし、これはおかしな話である。

乃木が愛用した単眼鏡

軍司令部の位置は柳樹房であるが、柳樹房と攻城戦の終始を通じ彼我の死闘を繰り返した東鶏冠山北堡塁との直距離は、わずか七・二キロメートルである。半歳に及ぶ長期間の要塞攻撃において、史上これほど敵に接近した軍司令部があっただろうか。

いったい彼らは何を基準にして、遠いとか近いとか言っているのだろうか。

ちなみに、支那事変や大東亜戦争間の軍司令部は、いったい戦線からどの位のところに位置していたであろうか。

軍司令部は柳樹房にあっても、乃木将軍は常に第一線に進出し、総攻撃の都度、戦闘司令所を前方に進めている。二〇三高地攻撃の際の戦闘司令所は高崎山である。そこは第一、第七師団の司令部の位置でもあり、二〇三高地との直距離はわずか二・九キロに過ぎない。現在の常識をもってすれば連隊本部の位置である。
ところが総司令部では、児玉が旅順に向かい出発したあと、十二月一日、大山総司令官の名で第三軍に次のような訓令を発信している。

「一、二百三高地に関する戦況不明なるは、指揮統一の宜しきを得ざること多きに帰せざるべからず。
二、高等司令部及予備隊の位置遠きに過ぎ、ために敵の逆襲に対し救済するの時機を逸すること。
三、明朝の攻撃には、各高等司令部親しく適当な位置に進み、必ず自ら地形と時機とを観察し成功機会を逸せず、占領を確実ならしむることを期すべし。
（以下略）」

一般にこの訓令は第三軍の軍司令部の位置が適当でなかったという史料として利用されているが、旧軍において高等司令部といえば通常、旅団司令部以上を指す。旅団長や師団長の位置が適当でないなど総司令部で言うことは、軍に対する作戦の干渉である。
作戦が終了した段階で、戦訓資料として総司令部がこのような見解を発表することは許されるだろうが、彼我の激闘が最高潮に達し、まさに喰うか喰われるかの時点で、こんな訓令を発するとは、まさに非常識極まると言わなければならない。

この電報が、児玉総参謀長出発のあとに発信された点に、非常な疑問が残るのである。当時、福島参謀副長はすでに旅順へ出向しており、総司令部の参謀の中で最先任者は井口少将であるとすれば、伊地知と犬猿の仲の井口の第三軍に対する嫌がらせというより他はない。

こんな評論家まがいの電報を打って、どれだけ第一線の戦闘に稗益《ひえき》すると思っているのだろうか。

だいたい、こんな訓令を大山元帥が出すとは到底考えられないから、井口の総司令官の名をかりた独断と判断してさしつかえない。

この訓令に対し、伊地知以下第三軍幕僚の怒心頭に発したであろうが、軍司令部の作戦機密日誌には次のように記されている。

「二百三高地攻撃の失敗の原因、果して右の如きか、軍は必ずしもその然らざるを信じあり、しかれども、今敢て軍の行動を庇護するの要なし、すべからくこの訓令を服膺《ふくよう》してますますその然らざらんことを期するのみ」

総司令部幕僚より第三軍幕僚の方が大分大人であることが、この記述でわかる。

「伊地知は旅順戦の失敗で左遷された」という短見

一月一日夜、旅順開城につき談判をいたしたいとのステッセルの親書に接した乃木軍司令官は、この提案を受け入れ「二日正午より水師営において会合し、開城の規則を談判したい。その委員は両軍司令官の認可を必要としない全権代表とする」との回答を二日朝、ロシア軍に与え、日本側委員に伊地知参謀長を任命した。

一月二日十二時三十分から伊地知はロシア側委員レイス大佐と談判し、午後四時三十分、両者において開城規約の調印が行なわれた。

この開城規約は十一カ条から成っており、その内容は厳しきものの中に勝者の敗者に対する思いやりが十分にうかがわれ、まことに日本武士道のうるわしさが感ぜられるものである。短時間のうちにこれだけの規約をまとめて、これをロシア側に承認させた伊地知の行政手腕は十分に評価されてもよい。

ところがこの伊地知の能力が一般にあまり評価されていないのはどうしたことか。

一月五日、乃木・ステッセル両将軍の歴史的な水師営の会見が行なわれ、その四日後の九日に伊地知は新たに編成された旅順要塞司令部の司令官に任命され、旅順戦の後始末をすることになる。

この人事異動を、伊地知は旅順攻略戦の失敗の責任をとらされ、参謀長の職を罷免左遷されたのだと評している人が多い。

しかし、この人事が果たしてそうであろうか。見当違いも甚しいと言わねばならぬ。

ロシア軍が降伏し、開城規約が両者の間に調印されたといえ、これを確実に整々と実行することが、これからの大問題だ。

旅順開城と同時に俘虜となったロシア軍の将兵は四万に近く、その半数以上は傷病者である。この管理責任はすべて日本軍の肩にかかり、全世界はこの取扱いを注目しているのである。

開城に伴い、要塞などの建造物構築物はもちろん、従来ロシア軍の管理していた兵器、弾薬、食糧など一切の資材物件を接収して管理していかねばならぬ。

また、現地中国住民の問題もある。

これらの終戦処理には、なみなみならぬ行政手腕と法律知識、特に国際法の知識が必要となろう。決して誰でもよいというものではない。

一方、旅順攻略の大任を果たした第三軍は休養の暇もなく、一刻も早く来るべき日露両軍の決戦場に馳せ参ずるため北進を開始せねばならぬ状況にある。

もし、このときこの終戦処理を誤ったら、旅順攻略の赫々たる武勲も全世界を感動させた乃木ステッセル両将の武士道的会見の成果も、すべてこれ水の泡と帰してしまうだけでなく、第三軍の今後の作戦にも重大な影響を及ぼすことになる。

以上の見地から、この旅順終戦処理の最高責任者の人事こそ最も重要な問題であり、従来の経緯とその経験からしても伊地知こそ最適任者ではなかろうか。流石に明治陸軍の人事当局の眼に狂いはなかった。

然るに、この人事を伊地知の失敗の責任を問う左遷人事などと見る史家の短見は、まさに笑止千万というより他はない。

伊地知は日露戦争の論功行賞で、金鵄《きんし》勲章功二級をもらい、男爵になっている。申すまでもなく、功二級は将官の殊勲甲に該当する。日清戦争の乃木旅団長は功三級であった。

日露戦争の第一軍から第四軍および鴨緑江軍の五つの軍の参謀長は、その任期の長短はあるが、全部で九名おる。その九人の中で男爵をもらっているのは、伊地知と第四軍の上原勇作少将（後の元帥）の二人だけである。また日露戦争に出征した少将の数は、何十人にもなるが、その中で男爵になったのもこの二人だけである。

いかに伊地知の功績が高く評価されていたか、これでわかるではないか。

ところが司馬氏は、この論功行賞について、「伊地知幸介にさえ男爵をあたえるという戦勝国特有の総花式」(『坂の上の雲』「あとがき四」)などと言って、猫も杓子も男爵になったような書きぶりをしている。

『機密日露戦史』をはじめとする伊地知に対する日露戦争後の評価が誤りであることは、この論功行賞を見ただけでも明瞭である。

伊地知は明治三十九年七月六日、中将に進級している。もちろん同期のトップである。戦争間、彼の悪口を散々に言った同期生の長岡や井口は、彼より三年も遅れて四十二年八月一日、中将に進級している。

伊地知は明治四十一年十二月二十一日、第十一師団長に親補される。この師団の初代師団長は乃木であり、彼は六代目(五人目)になる。

このように、常に同期のトップを切って階段を駆け上がるように進級していった彼も健康すぐれず、四十三年十一月三十日、師団長の職を退き、待命仰せつけられ、大正二年一月十五日、予備役に編入された。

大正六年一月二十三日病没、享年六十三歳であった。

彼は陸軍の最高位である大将にはなれなかったが、日露戦争の戦功で男爵になったことは、軍人として十分満足したことであろう。

男爵伊地知幸介墓と刻まれた彼の墓は、東京の青山墓地にある。

第八章

乃木庸将説を糾明する

殉死の当日朝、自宅の玄関前にて
（大正元年9月13日）

乃木大将への羨望と嫉妬

戦前、国民的英雄として国民崇敬の的であった乃木大将が、戦後、一部の者からとはいえ愚将とまで言われるようになったのは、社会の混乱による価値観の変化と言ってしまえばそれまでだが、その根は、やはり戦前にもあったような気がする。それがたまたま奇を衒《てら》う流行作家の手によって爆発的に世に喧伝され、いつの間にか、さも真実のように思われてきたのである。

従って、この誤りを正そうとするなら、この戦前の乃木大将に関する偏見中傷の実態を明らかにする必要があるのではないだろうか。

以下、これらの点について卑見を述べて、識者のご批判を仰ぐものである。

先ず第一に考えられることは、大将に対する嫉妬である。

大将は明治四年、二十二歳の若さでいきなり陸軍少佐に任命された。長州藩の一支藩の下級武士出身者としては、ちょっと説明のつきにくいほどの異例の抜擢である。当局が大将の人物識見をいかに高く評価していたかの証左でもあるが、同僚のなかでは「なんだ、あいつ」と思うものがいても、決して不思議ではない。

そもそも大将を陸軍に推薦したのは薩摩の黒田清隆である。長州出身の彼が薩摩の人間に推薦されるのもおかしな話だが、それは乃木大将の従兄にあたる御堀耕助のお陰である。御堀はかって太田市之進と称し、幕末討幕運動の志士であり、薩摩の同志などと親交があった。明治二年、山県有朋、西郷従道らと渡欧の途についたが不幸にも病を得て帰国し、四年五月、死亡した。御堀が故郷の三田尻で療養中、黒田が見舞いに訪れたとき、彼が乃木の将来を黒田に頼んだのである。

乃木が上京して黒田を訪ねたのは、御堀が死んでから半年後の十一月二十二日で、翌二十三日、少佐に任命されたのである。少佐という階級には彼自身がびっくりしたといわれるが、それ以上に彼の同僚が驚いたのは想像に難くない。

羨望《せんぼう》はやがて嫉妬とかわる。まして、当時対立の関係にあった薩摩の黒田の推薦となれば、長州人からの反発は当然だろう。

かくして乃木は、そのスタートの時点において長州閥の主流から外されたのである。司馬遼太郎氏などが、乃木は長州閥のお陰で出世したなどと言っているが、いかにそれが見当違いかがわかるだろう。

乃木大将の軍歴において他の人と著しく異なっている点は、その生涯を指揮官一本で通していることである。また中央部の要職に一度もついたことがなく、陸軍最高位の大将にまで昇進したのは極めて珍しい例ではないだろうか。大将が将官になってから三度も休職になりながら、なお現役の地位に留まることができたのは、指揮官としての実績声望の然らしめた結果であり、また明治天皇のご信任がきわめて厚かったためであろう。それだけに一部のものの反感嫉妬があったことも推察できる。

日露戦争後の大将の国民的人気、そして壮烈極まる大将夫妻の殉死に対する全国民あげての感動。これらが、ほんの少ない一部のへそまがり連中の反感嫉妬を招いたことも想像に難くない。

こういう乃木大将に心よからぬ感情をもっていた連中の書いたもの、しゃべったことが世間の一部に流布されていたが、それが戦後の乃木愚将論へ発展していったのである。

『機密日露戦史』の意図と影響

そして最も影響の大きかったものは、やはり谷寿夫中将著の『機密日露戦史』であろう。

『機密日露戦史』は、谷中将が大佐で陸軍大学の教官だったときの学生に対する講義録を、戦後これを発見した人が編集して公刊したものである。

谷大佐は、日露戦争には少尉で出征した歴戦者であるが、もとより下級指揮官で、上層部のやった作戦上の機微な点など知っているはずはない。

そこで当時の要職にあった人々がまだ存命中に当時の秘められた事実を語ってもらい、これを戦史の資料として記録し、後世に残そうと考え、歴戦者を訪問して得た結果の講義用のメモが、これの原典である。

従って、戦後十数年たってからの思い出話を聞いたままのメモであるから、談話者の記憶違いもあってか間違いも相当ある。しかし谷大佐は、それはそれとして相手の語ったとおり記録している。ということは、とりもなおさず谷大佐にはこれを本として出版するようなつもりが全然なかったことを意味する。

谷大佐はこれらの回想を、こういう話もあるという程度で学生に紹介しているだけで、決してこれを事実として肯定しているわけではない。また、こんな話を聞いて乃木大将に対する尊敬の念を失ってはならぬと注意している。

この記録は当時の専攻科学生（陸大卒業者の中から選抜したエリート）に対する講義に利用されただけで、その後、金庫の中に保管されたままであったが、しかし、その後の教官で、一般学生の戦史教育の資料としてこれを利用したものがいたことも考えられる。だから陸大卒業生の中に「乃木大将なんか大したことはない」などと放言して憚らぬものが出てきたのである。

大正末期、陸軍の中で長州閥排斥の気運が高まり、陸軍大学の教官が結束して山口県出身者を入学試験に合格させなかったことがある。こんなことで山口県出身者の乃木大将に対する評価も変わったのかも知れない。「坊主憎けりゃ袈裟《けさ》まで憎い」というたぐいであろう。

以下、『機密日露戦史』の中に出てくる、乃木大将に対する中傷と一般に誤解されていると思われる回想を紹介し、これに対する筆者の所見を述べてみたい。

大沢界雄中将回想談の裏の事情

「十一月二十五日大澤中将（大本営幕僚）第三軍司令部に到りしに、乃木将軍は意気悄沈して『已に三日三夜一睡をなす能わず。予はこの上なす所を知らず旅順の指揮権は適任者あらば誰れにでも譲る。然し誰れも名案なからん』と。伊地知参謀長また悄然たり。以て当時該軍の内状推して知るべきものがあろう」

この大沢界雄《かいゆう》中将の談話から乃木大将神経衰弱説が出ているのだが、これはおかしい。

十一月二十五日は第三回総攻撃開始の前日である。総攻撃開始に先立ち異例の優渥な勅語を拝し、これから攻撃を始めようとするとき、いくら何でもこんな弱音を吐くだろうか。疑問である。

そもそも大沢界雄とはいかなる人物か。彼は当時少将、参謀本部第三部長である。つまり後方補給の最高責任者である。

当時、第三軍が最も苦しんでいたのは弾丸の不足であり、最も望んでいたのは弾丸の補給である。その責任者がやってきたのである。参謀長以下が「弾丸がなくて戦争ができるか」と激しく追及したことは当然だろう。大将が「誰も名案なからん」と本当に言ったとすれば、弾丸を送らないでただ落とせ落とせと言うだけの大本営に対する痛烈な皮肉ではないだろうか。

大沢が第三軍司令部から弾丸のことで散々文句を言われたことは事実で、大沢が帰京して参謀総長の山県にこのことを報告したのだろう。早速、山県から乃木大将あてに親書がとどいている。その全文は本文（三〇八頁以下）で紹介しているので省略するが、要は、「戦地から帰ったものの話では、伊地知は旅順が落ちないのは弾丸の不足のせいだと言っているそうだが、弾丸の補給については、陸軍大臣以下関係者は懸命の努力をしているのに、そんな文句を言うとは何事だ。もし本当にそんなことを言っているなら、貴官から本人に厳重に注意せよ」というものである。

この書簡の日付は十二月二十一日となっているので、大沢の帰国と時期も一致する。戦地に出張して散々文句を言われてきた大沢も、だいぶ頭にきたことだろう。

もちろん、彼には彼なりの言い分もあるだろうが、そういう裏の事情まで探るのが真の戦史の研究だろう。

また大沢中将の回想のなかに二〇三高地についてもふれているが、その観察は床屋談義の域を出ておらず皮相である。さらに乃木大将の二児勝典、保典の戦死についてもふれているが、この両名を完全に取り違えている。
とかく、この回想は戦史の資料としては一級とは言い難いものである。

「旅順攻囲軍の戦場心理」と題する志岐守治中将の口演

志岐守治《しきもりはる》中将は、日露戦争には第十一師団の歩兵第十二聯隊第三大隊長として旅順攻略戦に当初より参加し、第三回総攻撃の末期に負傷した人である。旅順戦では聯隊長や大隊長はばたばた戦死負傷して、第三回まで無事だった人は稀有の存在である。

この口演の内容は、その副題に「旅順攻囲軍第一線勤務者の雑感」とあるように、まとまりのない約六千語になんなんとする感想である。これを一言にして言えば、第一線勤務者の、後方の上級司令部勤務者への不平不満である。

その中の一部を次に紹介しよう。

「人棺を蓋うて後定まる、とは誠に金言で、乃木将軍もその当時は今日人が崇拝する如き司令官ではなかったのである。第三回総攻撃の前だったが、此度の攻撃に旅順が落ちねば、軍司令官は将《まさ》に死を決して居るとの風説が伝わったことがある。然しその風説はごうも第一線部隊の督励にも発奮にもならなかったのである。それはご随意とばかりに聞き流しただけである。又将軍の子供が二人戦死した如きも、今日でも大に第一線者の志気を鼓舞した様に云い伝えているが全く虚偽である。第一師団方面は知らぬ事、第十一師団方面では当然位に考えたに過ぎなかった」

もし大隊長自身がこのような考えでいたのだとすれば、旅順の攻略に時間がかかったのも無理はない。乃木大将が苦労したのも当然だ。

ところでこの志岐なる人物は、陸士一期生、明治二十四年・少尉任官、二十九年・陸軍大学校入校、三十二年・卒業、在学中に近衛歩兵三聯隊付から歩兵四十三聯隊中隊長に任命されている。

このとき四国に十一師団が新設され、四十三聯隊も新たにできた。師団長は周知のとおり乃木将軍である。陸大を卒業した志岐は、乃木師団長隷下の中隊長に赴任したわけである。

しかも四十三聯隊は、師団長お膝もとの善通寺にあった。彼の好むと好まざるとにかかわらず、彼が乃木師団長の最も注目した新進気鋭の中隊長であったことには相違ない。それだけに訓練、演習、検査、検閲あらゆる機会に徹底的にしぼられたことは容易に想像できる。

こんなことから乃木師団長の愛の鞭も、彼にとっては逆に重すぎるものになってしまったのかも知れない。

また、彼の陸大の同期生の多くは軍参謀・師団参謀として出征している。だが、大隊長の彼はなかなか参謀にはなれず、そのことについて思う部分もあったのかも知れない。第三回総攻撃で負傷した彼は、今度はまた後備歩兵五十九聯隊大隊長になって日露戦争の終結を迎えている。

なお余談を加えると、日露戦争後の彼は幸運に恵まれたようで、フランス駐在、聯隊長、旅団長と歴任し、最後は師団長で終わっている。

田中国重大将の回想エピソードの真相

二〇三高地戦闘の最中、第三軍司令部を訪れた児玉大将に随行した田中国重少佐（後の大将）も数々の思い出を語っている。

戦闘が続く中、司令部から三人の参謀が最前線に派遣されることになった。乃木大将はその出発に際し、握手をして、その労をねぎらったが、児玉大将は冷然とそれを見ていた、と『機密日露戦史』にある。

このことで、その後の陸大戦史教育において、乃木大将は情におぼれる気の弱い人間で、統帥者としては不適であるとした教官がいたようである。

しかし、この教官は谷大佐の残したメモを見ただけで、その真相を知らなかったのではないだろうか。

乃木大将が握手をしたのは第七師団参謀の白水淡《しろうずあわし》中佐である。

第七師団は数日前、日本から戦場に到着し、いきなり二〇三高地の攻撃に向けられ、その三分の二の損害を出すという悲惨な状況であった。

白水中佐はかつて大尉のとき十一師団参謀をやり、そのときに師団長が乃木大将であった。そういう旧知の仲であったが、恐らくまだ、ゆっくり挨拶を交わす間もなかっただろう。

またその前日、白水中佐は、師団作戦命令の不備を児玉大将から指摘され、大目玉を食らっている。児玉大将は白水中佐の軍服の胸についている陸大卒業徽章（てんぽせん）をもぎとり、「お前なんかこれをつける資格はない」と罵倒している。このとき乃木大将は終始、児玉大将と一緒にいたから、もちろんこのことを知っていた。

大将として、白水中佐の心中を察してあまりあるものがあっただろう。

その白水中佐が二〇三高地に向かって出発しようとしているが、生還は期し難いかも知れない。

田中大将は昭和十年、朝日新聞主催の日露戦争三十周年記念座談会でこの状況を次のように語っている。

「その時乃木さんは『白水君白水君』と呼び止めて生別死別を兼ぬといったような握手をされました。全く劇的でした。私はその光景を見て思わず落涙を催しました」（朝日新聞社編『名将回顧 日露大戦秘史 陸戦篇』）

乃木大将が前日のことを知っているだけに、白水中佐の自重を求めたことは想像に難くない。

このことが語り伝えられて、乃木大将のような情にもろい人物は、戦場の将軍として不適格者だと言う陸大の教官がいるのである。

軍隊指揮官に強靭な精神力不屈の意志が要求されるのは当然で、特に高級指揮官は愛情に溺れて作戦を誤ることがあってはならない。しかしこの話は、全然それとは本質的に違う話だ。陸大の戦史教育も少々ピントが狂っていると言わざるをえない。

以上、『機密日露戦史』に出ている三人の回想を紹介したが、いずれも戦後の作家などが好んでとりあげる資料である。その真相実態をご了解していただけたら幸いである。

あとがきにかえて

作家・司馬遼太郎氏は、その著書の中で次のように述べている。

「乃木という人物は、すでに日本でも亡びようとしている武士道の最後の信奉者であった。この武士道的教養主義者は、近代国家の将軍として必要な軍事知識や国際的な情報感覚に乏しかったが、江戸期が三百年かかって作りあげた倫理を蒸溜《じょうりゅう》してその純粋成分でもって自分を教育しあげたような人物で（以下略）」（『坂の上の雲』「雨の坂」）

なるほど乃木希典という人物をなかなかうまく表現しているが、この中で「近代国家の将軍として必要な軍事知識や国際的な情報感覚に乏しかった」という部分は、全く司馬氏の先入観から生まれた独断偏見であると言えよう。

しかしながら、このような偏見の存在は何も司馬氏に限らず、他の人々にも見られることは否めない事実である。

ではこのような偏見が、なぜ生まれたのであろうか。それは、乃木が余りにも純粋な武士道精神の持ち主であったからである。世の多くの人々は、西欧から輸入された近代の合理的精神は、従来の日本武士道とは全く相いれないものと考えている。そこで乃木も多分、非合理的な人間だろうと決めつけてしまった。

しかし、それは全くの誤りだ。

近代の日本文化は、東洋と西欧の両文化の渾然融合したものである。従って近代的日本人は、東洋の倫理と西欧の教養とを兼ね備えた者でなければならない。その意味からしても、乃木こそ最も典型的な近代の日本人と称しうるであろう。

この拙文が、巷間にはびこる偏見誤解を解くことに役立つならば、筆者の望外の喜びである。

そもそも筆者の本書執筆の動機は、司馬氏の日露戦争旅順攻略戦に関する記述があまりにも偏見独断に満ち、正鵠を失しているにもかかわらず、一般世間では、それがあたかも歴史の真実かのように広く信ぜられていることに対し、義憤の念止み難きものがあったからである。

戦後の社会に蔓延し、定着化しつつある乃木愚将論に挑戦すべく、私は鹿島卜伝のペンネームで、中央乃木会（乃木神社の崇敬団体）機関誌『洗心』の第七十四号（昭和五十九年四月）から第八十八号（昭和六十二年九月）で「乃木名将論」を十五回にわたり連載した。なお、「伊地知幸介論」については、同誌第六十九号（昭和五十八年一月）から第七十三号（昭和五十九年一月）まで、五回にわたって連載していた。それに補筆をし、まとめたものが本書である。

司馬氏は昭和四十二年六月、『別冊文藝春秋』第百号に「要塞」を発表して、乃木将軍や伊地知幸介参謀長を無能者扱いにし、世間一般に大きな衝撃を与えた（のちに、『別冊文藝春秋』第百一号に発表された「腹を切ること」と合わせ、『殉死』として発刊）。

これに対し、当時、今村均大将や元陸大兵学教官の岡村誠之大佐などの有識の士が、司馬氏の所論が偏見で誤りであることを指摘したが、司馬氏はさらに続いて『坂の上の雲』を発表したのである。

この『坂の上の雲』は昭和四十三年頃、長期にわたり『産経新聞』紙上に連載され、江湖の好評を博して、洛陽の紙価を大いに高からしめたものであるだけに、社会一般に及ぼした影響は、さきの「要塞」、さらに『殉死』の比ではなく、これを単に小説だからというような理由で坐視するわけにはいかなくなった。

小説家とは文章を書いて生計を立てている人間である。書いた文章が売れなくては生活ができない。小説が売れるためには面白くなければならないが、事実を正直にそのまま書いたのでは面白くない。犬が人に噛みついてもニュースにならないが、人が犬を噛むとニュースになるというたとえのように、乃木、伊地知の正当な評価では、今さらそんなわかりきったことと、世間はそっぽを向いて本は売れないだろう。

その意味では、資料を探していた司馬氏にとって、谷寿夫中将著の『機密日露戦史』の出現は、まさに干天の慈雨であったかも知れない。

この『機密日露戦史』が明治百年史叢書の一つとして原書房から発行されたのが昭和四十一年である。

この本は、陸軍大学校の兵学教官・谷大佐（当時）が、大正十四年の専攻科学生（陸大出身者の中から選抜された特定優秀者の特別課程）に講義された講義録であって、軍事機密として長く陸軍大学校の金庫の中に収められていた門外不出のものであった。

このいわゆる『谷戦史』全十二巻の存在を、筆者が知ったのは昭和三十六年であった。某先輩から、いま日本に現存しているのはこれだけと言われて、その原本を見せられ、手にしたときの感激は今でも忘れない。

しかし、この本の「第六章　旅順要塞攻城作戦指導の経緯」だけは何としてもいただけなかった。

その原資料が、アンチ伊地知ともいうべき長岡外史、井口省吾の書簡が大部分を占め、当事者である伊地知幸介、大庭二郎、白井二郎、津野田是重ら第三軍幕僚の筆になる記録が皆無であるからである。

こんな一方的見地からの資料だけでは公正な歴史とはいえない。

では、なぜこんな講義録ができたのであろうか。それは、前述したように、伊地知と犬猿の仲であった井口が、明治三十九年二月から大正元年十一月まで六年半の長きにわたり、陸軍大学校の校長であったからである。これでは日露戦史が完全に井口色に塗りつぶされたといっても過言ではあるまい。

谷中尉（当時）は明治四十一年十二月十五日、陸軍大学校に入校、大正元年十一月二十五日、優等で卒業している。校長・井口の影響が青年将校・谷中尉の心証に及ぼしたことは否定できぬだろう。

『機密日露戦史』の旅順の部に関するかぎり、井口べったりだと言われても仕方がない。

谷大佐が陸大兵学教官として勤務したのは、大正八年春から九年秋までの約一年半と、大正十三年二月から昭和二年三月までの三年間で、前後五年に及んでいる。

もちろん、この時期には井口はすでに現役を去っており、直接何の影響もあるはずはないが、井口の反伊地知の思想は、長く陸大の教官学生の頭脳を洗脳し、さらに乃木将軍への評価にまで影響したのである。

中央乃木会機関誌『洗心』誌上で大きな反響を巻き起こした重松正彦氏の「乃木大将と昭和の将軍」(『洗心』七十号)での、重松氏と陸大を卒業したばかりの彼の令兄との問答の中にあらわれているように、旧軍の一部エリートたちの乃木将軍に対する評価は、一般庶民の感覚とは大きな断層があったことも事実である。

司馬氏は「要塞」を書いた段階では、まだ『機密日露戦史』を読んでいなかったようである。「要塞」の末尾に、参考にしたおもな書目として日露戦史他数冊の本をあげているが、この中に『機密日露戦史』は入っていない。だから「要塞」では例の児玉の命令による陣地変換の砲種砲数は、「十二珊《サンチ》榴弾砲十五門と九珊臼砲十二門」と正確に書いている。ところが『坂の上の雲』で陣地変換した砲は、ただ漠然と重砲とのみ書いて砲種も門数も不明である。『機密日露戦史』の記述が砲種門数不明の漠然としたものだから、当然そうなったのだろうが、十二サンチ榴弾砲・一五門や、九サンチ臼砲・一二門の陣地変換では読者には面白くない。やはり小説を面白くするためには、児玉の鶴の一声で二十八サンチ榴弾砲が一斉に移動したことにならなければならない。

小説の面白いことは結構なことだが、それが歴史の事実となってしまうと大変だ。『坂の上の雲』第四巻のあとがきの冒頭で、司馬氏は次のようなことをいっている。

「第四巻を書きおえたあとの感想を、思いつくままに書きならべておきたい。

まず旅順のくだりを書くにあたって、多少、乃木神話の存在がわずらわしかった。それを信奉されているむきからさまざまなことを言ってこられたが、べつに肯綮《こうけい》にあたるようなこともなかったので、沈黙のままでいた」


どんな人がどんなことを言ったのかは知らぬが『坂の上の雲』が新聞連載小説であっただけに、それだけ読まれる機会も多く、心ある人々が氏の偏見独断に憤りを感じ、いろいろ指摘したのであろう。

それにしても、「肯綮にあたらぬ」とは何たることか。

前述したように、司馬氏の乃木愚将論に対しては、今村大将や岡村大佐、また評論家の福田恆存《つねあり》氏などが反論を述べているが、司馬氏は一度たりともこれらの意見に対し再反論をしていない。また公開の対談を拒否している。

再言するが『坂の上の雲』の旅順に関する記述の部分は、『機密日露戦史』の丸写しの範囲から一歩も出ていない。

司馬氏は、参謀本部編纂の『明治卅七八年日露戦史』全十巻を紙屑同然の無価値のものだという。『坂の上の雲』第六巻のあとがきには、「私はこの全十巻を昭和三十年ごろ大阪の道頓堀の古本屋で買った。目方で売る紙クズ同然の値段だった。古書籍商人というものは本の内容についてじつによく知っており、値段は正直に内容をあらわすものなのである」と書かれている。

参謀本部編の公刊日露戦史がつまらぬものということは、旧軍時代からよく言いふらされていたことで、特別耳新しいことではない。確かに、あの戦史は読んで少しも面白くない。まさに砂を嚙むような心地さえする。しかし、「面白くない」のと「つまらぬ」とは本質的に全く違うのだ。

世の中に紙屑を読む馬鹿はいないはずだ。

昭和三十年頃に紙屑同然の値段で売った古本屋がこの本の価値など全く知るはずはないが、昭和三十年といえば、陸海空の三自衛隊が発足したすぐあとのころで旧軍関係の兵書が爆発的に値上がりしたときだ。本の内容がどうであれ、紙屑同然の値段で軍事図書を売る大阪商人なぞおるはずはない。もし、そんなのがおったとすれば、よほど頓馬な人間だろう。滑稽といえば、これほど滑稽なことはない。

その司馬遼太郎氏も、平成八年二月に死去した。そのニュースを知って、多くの人々が司馬氏の生前の業績を偲び、突然の死を悼んだ。

長年にわたり、司馬氏の作品が多くの読者を魅了していたことは事実である。私もその一人であったが、その作品のなかの『殉死』や『坂の上の雲』などに記述された、彼の乃木大将に対する誹謗中傷に近い誤った評価だけは到底許すことはできなかった。

それだけに彼の急死を知ったとき一抹の寂しさを禁じ得なかったのである。

私は司馬氏には一面識もなかったが、一度だけ電話で話をしたことがある。

昭和五十八年の暮れに私の書いた「伊地知幸介論」ののった『洗心』を司馬氏に贈ったところ、十二月十九日の昼、突然彼から電話があった。

司馬氏は先ず「伊地知幸介論」の筆者・鹿島卜伝とはどんな経歴の人かと聞かれたので（先述のように鹿島卜伝とは、『洗心』での連載時に私が用いていたペンネームである）、旧軍人・陸士五十二期生と答えておいた。彼は「伊地知幸介論」の内容については別に言うことはないが次の点について異議があると言った。

一、私がテレビ対談を拒否したと書いているが、ことわってきたのは神社の方である。

（後刻これを神社に確かめたらその通りであった）

一、日露戦史の古本屋の評価は今でも低い。

（これも電話で神田の古本屋に価格を聞いたら、約七～八万円の返事があった）

一、私の軍隊経験を一年ばかりと書いているが、私は軍隊に二年行った。（確かに入隊から除隊まではその通りだが、将校としての実務経験は一年そこそこであろう。しかしこれは本として出版するときは二年に訂正した）

また日露戦争の論功行賞では少将も皆、男爵をもらっていると言ったので、即座にそれは日清戦争でしょうと答えたら、すぐ口をつぐんで何も言わず話題を変えた。

司馬氏は、私は乃木大将を尊敬していると述べ、旧軍人の名あげて取材活動についていろいろと語っていたが、そのうち話題がノモンハン事変に転じ、手元に多くの資料を集めているが、まだ書く気になれないと言ったので、是非お書きなさいとすすめておいた。電話は約四十分以上続き、こちらは専ら聞き役に終始した。

話は前にさかのぼるが、昭和四十年代、『産経新聞』に司馬氏の『坂の上の雲』が連載されていたとき、私はその記述の誤りを見つけ二回ほど彼に手紙を出したことがあるが、全く梨の礫であった。同じ頃、私は阿川弘之氏の新聞小説についても二回ほど記述の誤りを指摘したことがあるが、その都度、同氏から丁重な礼状をいただき、後日出版するときは訂正いたしますとの返事があった。このことから阿川・司馬両氏の人物の差を感じていたが、このときの電話を通じての司馬氏から受けた私の印象は、極めて良かったように記憶している。

ところで新聞社に勤務していた司馬氏がはじめて小説を書いたのは昭和三十年のことで、もちろん当時はサラリーマンとかけもちの無名の文士にすぎなかったが、昭和三十三年に発表した『梟の城』が三十五年の直木賞を受賞したことで世間にその名が知られるようになり、やがて作家業に専念することになった。

それからの彼の創作活動はまさに超人的と言ってもよいだろう。彼の作品が歴史小説の部類に属するものだけに、よくもあんなに詳細な史実を調べ上げる時間もあるものだと、次から次に発表されるその作品の多いのに感心させられたのである。

私が彼の作品にはじめて接したのは『別冊文芸春秋』昭和三十九年十二月号の「酔って候」であった。幕末の土佐藩主山内容堂を書いたものだが、なかなかよく書けていると感心した。それから彼の作品に関心を持つようになったが、彼の想像力は実にすばらしいものがある。たとえば幕末の伊予宇和島藩の蒸気船の製造にかかわった嘉蔵という職人がいたということだけで、「伊達の黒船」という小説ができあがった。たった一行の文献からその空想を無限にふくらましして歴史小説を完成させてゆくその才能は余人の追随を許さぬ非凡なものと言えよう。

『坂の上の雲』の新聞連載も、私は毎日これを楽しみにして読んだが、このときその記述の中に多くの史実の誤りを発見し、また彼の見解に少なからぬ異議を感じた。見解の相違は別としてもあまりにも多すぎる簡単な史実の誤りに対し、いったい彼は資料を本当に読んでいるのかと疑問をもつようになってきた。

戦国武将や幕末の志士などについては何を書こうと問題はあまりないと思うが、現代史となると問題が生じてくる。この現代史を書くことの難しさを司馬氏も『坂の上の雲』を書いてはじめて肌で感じたのではないだろうか。彼が膨大な資料を集めながらとうとうノモンハンについては一行も書けなかったのは『坂の上の雲』を書いたあとの苦い後味が原因ではないだろうか。

司馬氏の没後、『週刊文春』が司馬氏を偲ぶ特集号を発表し、多くの名士の司馬氏への追悼談がのっているが、その中に瀬島龍三氏が司馬氏と対談したときの思い出を語っている。瀬島氏が「貴方は『坂の上の雲』で乃木大将を凡将のように書いておられるが、私が勉強したのと違うようだ」と言ったら、司馬氏は「良いことをお聞かせくださいました。将来、乃木大将について書く機会があったら、資料を調べたうえで修正します」と答えたとある。

また、ＮＨＫはその人気番組である大河ドラマに『坂の上の雲』の採用を再三希望していたが、司馬氏は生前、そのドラマ化を固く拒んできたそうである（編集部注：『坂の上の雲』は司馬氏の没後、平成二十一年十一月から二十三年十二月まで、ＮＨＫで三部構成〈全十三回〉のスペシャルドラマとして放映された）。

ＮＨＫの大河ドラマには司馬氏の作品がいくつも取り上げられているのに、『坂の上の雲』についてはなぜその承諾が得られなかったのか、その理由が明らかにされていないが、これを拒み続けてきた司馬氏の心の底が、私にはわかるような気がする。

それはさておき、私は、乃木大将を尊敬している司馬氏が、なぜあんな小説を書いたのか、直接お会いしてお聞きしたかったが、ついにその機会をなくしてしまった。また司馬氏は、いつかきっと自分の乃木大将観の誤りについて発表するだろうと期待していたが、その願いも空しく終わった。

しかし、もし司馬氏がその一生において悔いを残したとすれば、『殉死』や『坂の上の雲』に記述された誤った乃木大将への評価ではないだろうか。

復刊に寄せて

乃木神社宮司　加藤司郎

本書の著者である桑原嶽氏は、大正八年、大分県西国東郡高田町のお生まれで、昭和十一年四月に陸軍士官学校に入学（五十二期）されました。

昭和十四年九月に陸軍士官学校を卒業すると、野砲兵第二十三聯隊付として三年間、中国大陸の各地に転戦しています。この期間で桑原氏が参加した作戦、戦闘、討伐はめぼしいものだけでも十四回に及びました。その後、昭和十八年三月に陸軍中野学校に入学しておられます。

当時、陸士（陸軍士官学校）に進めたのは、学業も体育もトップクラスに優秀な一握りの子供だけだったといわれますが、さらに対外情報勤務要員を育成する中野学校でも学んでいるのですから、桑原氏がいかに優秀だったかがわかります。とりわけ桑原氏の抜群の記憶力は、陸士の同期の方々も舌を巻くほどだったといいます。

翌昭和十九年三月に陸軍中野学校を卒業されると、対インド工作の実行機関である「光機関」に配属となり、さらに昭和二十年、インド国民軍第二師団の連絡将校としてイラワジ会戦にも参加しておられます。インド国民軍は、戦争中に日本軍に投降したインド兵を中心に結成された軍隊で、インド独立運動の闘士スバス・チャンドラ・ボースが率いていました。彼らは、当時イギリスの植民地であったインドを解放する意気に燃え、日本軍と共に行動していたのです。桑原氏はインド国民軍第二師団長のシャノワーズ大佐や歩兵第二連隊長のサイガル中佐などといったインドの方々と友誼を結びました。その友情が戦後にまで続いたことからも、桑原氏の温かく誠実な人柄が伝わってきます。

戦後、タイのバンワン刑務所に収容されますが、昭和二十一年五月に釈放され、復員。昭和二十六年十月に警察予備隊（自衛隊の前身）に入隊され、昭和二十八年には米国陸軍砲兵学校に留学。その後、富士学校特科部教官、第五特科連隊第三連隊長、第十三師団司令部第三部長、第三特科群長、富士学校特科教育部副部長、第三特科群長、第一特科団副団長、第一教育団副団長などを歴任され、陸将補として昭和四十七年に退官されました。

昭和五十七年、桑原氏は中央乃木会事務局長に就任され、平成四年まで、その任に当たられました。中央乃木会とは、乃木希典大将を御祭神とする乃木神社の崇敬団体です（実は乃木神社創建の経緯からすれば、まず、はじめに中央乃木会があって、その発意で神社が建立されたのですが、そのことは後で説明します）。

桑原氏は、中央乃木会事務局長に在任中、朝の九時から夕方の十七時まで、毎日、乃木神社に通っていらっしゃいました。その姿勢は、まさに謹厳実直。背筋がまっすぐに通っておられました。お仕事ぶりもさすがに元軍人でいらっしゃっただけに、整理整頓とメリハリは貫徹されており、毎日お帰りになるときは資料をすべてきちんと整理されて、机の上には塵一つない状況でした。

事務局の会務のかたわら、史料研究にも没頭しておられました。当時から、乃木大将の御事蹟や戦争のことなどについて、メディアや一般の方々から乃木神社にご質問いただくことが数多くありましたが、桑原氏がそのような問い合わせに真摯に対応されていた姿が印象深く記憶に残っています。

桑原氏は中央乃木会の機関誌である『洗心』の編集にも携わっておられました。この『洗心』には桑原氏も「鹿島卜伝」のペンネームで寄稿されています。ご自身は「原稿の埋め草」などとおっしゃっていましたが、その寄稿を楽しみにされる読者も多く、とりわけ連載された「乃木名将論」と「伊地知幸介論」は大きな話題となって、のちに中央乃木会の発行で一冊にまとめられて発刊されました。いわば会発行の私家版ともいえる一冊で、ほぼ乃木神社のみでの頒布でしたが、精緻な戦史分析に基づいて引き締まった筆致で描き出された乃木希典大将と日露戦争の真実の姿が高く評価され、五刷を数えるロングセラーとなりました。それが今回復刊された本書の基となっています。

今回の復刊にあたりご承諾をいただきました桑原嶽氏の奥様・桑原美智子様、ご長男・毅様をはじめとするご遺族の皆様に、この場を借りまして、心より感謝申しあげます。


私は戦後生まれで神職として乃木神社にお仕えしていますが、桑原氏は陸軍の軍人でいらっしゃったので、御祭神である乃木希典大将に対しても、どこか観点が違うところがあるように感じていました。同じ軍人として乃木大将を尊敬される気持ち、陸軍の大先輩としてのつながりを重んじるお気持ちがひしひしと伝わってくるのです。

実際に軍の指揮官として過酷な戦場に立った経験があるかないかは、乃木大将の御事蹟を受け止めるうえで大きな違いとなることは、いうまでもありません。本書にも、〈後方の動きに比べ、案外第一線に近いところの動静はわからないものだ。それが戦場の実相なのだ。このへんの事情は実戦の経験の全くない司馬氏にはわかるはずもないが〉〈「何を言ってやがる。文句があるなら、ここに来てみろ」と言いたくなるのが人情であるが、こういう上級司令部と下級司令部の確執は実戦の場においてはいたるところで見られた状態で、それが戦場の実相でもある〉〈戦闘指導は暗闇の中を手さぐりで歩くようなもので、それが戦場の実相である〉（いずれも第五章）などの記述が見られますが、まさに桑原氏の実感から出た言葉でしょう。

本書は厳しい実戦を幾度も経験した軍人が自らの体験に立脚して検証した「戦場の実相」を描いたものであり、軍事を学び、かつ実際に戦場で軍を指揮した経験がなければ書けなかった一冊でしょう。その点でも、きわめて貴重な意味を持つ一冊だと、いまあらためて感じます。

思えば、私が乃木神社に奉職した昭和五十四年頃は、まだ戦争を熟知された方々が多くいらっしゃった時代でした。その当時はまだ、実際に乃木大将にお会いになった方もいらっしゃいました。中央乃木会の会員に、かつて陸軍近衛歩兵第一聯隊に所属されていた方がいらっしゃいましたが、その方は神事の直会《なおらい》の場でいつもこんな話を語り聞かせてくれたものです。

「子供の頃、父につれられて、はじめて東京に出てきて上野に行ったら、親戚が『あそこに乃木大将が……』と将軍を見つけた。すると父は、『早く行って、乃木大将をよく見てきなさい』という。そこで息せき切って駆けていくと、乃木大将はこちらに気づいてニコッと微笑された。思わず私が帽子をとって、おじぎをすると、乃木大将は子供である自分に丁寧に敬礼を送って下さった。あの柔和な、慈愛に満ちた眼がいまだに忘れられない」

若い我々に乃木大将の面影を伝えるために、このお話を繰り返し語って下さったのでしょう。確かに、そのようなお話を直接うかがうにつけ、乃木大将の存在を身近に感じたものでした。

中央乃木会でも、近年では戦争を体験された方々がずいぶんと減っています。そのかわり、歴史が好きになって乃木大将のことを知り、乃木大将にゆかりのある会に入会したいと思い立たれた方や、父親が乃木大将を尊敬していたので入会したいとおっしゃる若い方が増えています。戦争を知らない世代の方々にも、ぜひ、あれだけの戦いをされた乃木大将や第三軍の皆さんの真実の姿を伝えていきたい。本書が、そのためにも大きな役割を果たしてくれる一冊であることは、いうまでもありません。

本書の「まえがき」や「あとがきにかえて」の記述にもあるように、本書は桑原氏による、司馬遼太郎氏の小説に描かれた乃木大将像に対する反論の書でもあります。

司馬氏は、ある人物像についてグッと大づかみでイメージを捉えて、それをわかりやすく提示して読者の心を摑む点において、天才的な力量を持つ大作家でした。司馬氏の作品の中では、様々な人物像が生き生きと躍動します。私自身も司馬遼太郎氏の歴史小説をいくつも読み、心を動かされた一人です。

ただし、それはあくまで「司馬さんが捉えた登場人物の一面」です。司馬氏の小説をもって、あたかもそれが「史実」であるかのように考えてしまうと、大きな間違いということもありえます。桑原氏も、〈戦国武将や幕末の志士などについては何を書こうと問題はあまりないと思うが、現代史となると問題が生じてくる。この現代史を書くことの難しさを司馬氏も『坂の上の雲』を書いてはじめて肌で感じたのではないだろうか〉(「あとがきにかえて」)と書いていますが、そういう面も確かにあるでしょう。

司馬氏の小説作品で興味を覚えたら、他の書籍も手にとって様々な見方の違いにもふれ、「史実は何か」について探究していく――そのようにしていけば、歴史の楽しみはより深いものとなっていくことでしょう。本書は、その道程を指し示してくれている点でも、得難い書だと思います。


ところで、桑原嶽氏は中央乃木会の事務局長をお務め下さり、本書を残されたわけですが、その中央乃木会について、先ほど「実は乃木神社創建の経緯からすれば、まず、はじめに中央乃木会があって、その発意で神社が建立された」と紹介いたしました。世間では乃木神社は上意下達で創建されたと誤解されている方もいらっしゃいますが、実際のところまったく違って、乃木希典大将を追慕敬愛する人々の心が生んだ下意上達の動きの中でできた神社だったのです。

乃木希典大将が大正元年九月十三日に殉死された後、早くも、大正元年十月三日に國學院大學講堂で開催された「乃木大将追悼会」で、乃木神社創立が決議されています。また、ご子息が日露戦争で戦死されていたので赤坂の乃木邸は東京市に寄贈されることになりますが、当時の東京市長・阪谷芳郎男爵は乃木邸を保存維持するために乃木会の設立に向けて動きます。

かくて乃木会が設立されました。阪谷男爵が会長、東京市会議長の中野武営氏を副会長とし、理事には陸軍から一戸兵衛大将、海軍から阪本俊篤大将、帝国大学・学習院を代表して白鳥庫吉博士などの人々が就任、さらに渋沢栄一子爵、森村市右衛門男爵が監事となりました。

この乃木会の趣意書には、次のように書かれています。

〈維新以来茲《ここ》ニ四十余年、泰西ノ物質的文明滔々トシテ流入シ、異説妄論動《やや》モスレバ人心ヲ蠱《こ》惑《わく》シ、我カ帝国固有ノ国民的道徳的基礎漸《ようや》ク動揺シテ、忠孝気節ノ風、質実倹素ノ俗、随フテ消磨セントスル秋《とき》ニ方《あた》リ我カ乃木大将ノ如キ人物アリ、躬行《きゅうこう》実践起テ以テ国民的道徳ノ木《ぼく》鐸《たく》トナル、豈《あ》ニ欽《きん》スヘキニ非スヤ〉

そして続けて、〈我大和民族ノ中枢的道義ノ実物教育ヲ茲ニ求メン為メニ、広ク天下ノ士ニ謀リ、乃木会ヲ組織〉するとあります。第四条では〈本会ハ故乃木大将ノ誠烈ヲ顕揚シ国民道徳ノ向上ヲ計リ、兼テ其遺蹟ヲ保存スルヲ目的ス〉と謳われ、第五条には〈前条ノ目的ヲ達スル為（中略）、東京市ト連絡シ故大将ノ遺蹟保存方法ヲ講シ、及其筋ノ許可ヲ受ケ故大将夫妻ノ英霊ヲ永久ニ祭祀スル為神社ヲ建設シ、尚祭祀維持等ニ必要ナル経費ノ寄附ヲ為シ、並ニ記念品陳列館及図書館ヲ設クルコト〉と書かれています。

大正二年六月十三日に東京市会議事堂で開かれた乃木会設立第一回総会では「寄付金募集の程度を三十万円と定め、この予算の範囲内で乃木旧邸内に乃木神社、記念館、図書館を設立すること」などが決められました。そして乃木大将を敬愛する人々からの寄付金によって、乃木神社が建立されたのです。明治天皇をお祀りした明治神宮が創建された後、大正十二年十一月一日に鎮座祭が行われました。

以上は、現在も赤坂にある乃木神社についての話ですが、実はこれとは別に、全国の乃木大将にゆかりのある地でも乃木神社が設立されていました。

・那須乃木神社（大正四年許可。旧乃木別邸敷地に、地元住民の決議と栃木県民の寄附により神社創立）

・伏見桃山乃木神社（大正四年許可。熱心な乃木将軍の追慕者であった村野山人［山陽鉄道、豊州鉄道、神戸電気鉄道などを経営］が資金を含めほぼ独力で創建）

・長府乃木神社（大正六年許可。大正二年に長府の乃木旧邸を復元保存するために長府の町民を中心に乃木記念会が作られ、事業完了後、募金にて乃木邸跡地に神社を創建）

・函館乃木神社（大正五年許可。函館教育会会長・三坂亥吉が主導し、同教育会にて大正元年十二月に乃木将軍追悼祭を開催。翌年、乃木会が創立され、神社建設）

・善通寺乃木神社（昭和十年許可。四国乃木会が中心となり、大正十年頃から祭祀。昭和十年に社殿完成）

いずれも、主として民間の熱情で創建されていったことがわかります。

そしてそれは、広く全国に及ぶものであったのです。

私は乃木神社に縁をいただいた者として、当時の日本人の思いを大切に受け継いでいきたいと、心から願っています。

赤坂の乃木神社も平成三十五年に御鎮座百年を迎えます。また、大正四年から大正五年に創建された各地の乃木神社は平成二十八年から順次、御鎮座百年を迎えています。このような機に、本書が新書のかたちで復刊され、世に残っていくことは非常に意義深いことであり、ぜひ広く長く愛読される一冊となることを祈念しております。

乃木希典大将が、その背中で私たちに教えてくれていることの一つは、「自身に課された使命をいかに果たすか」ということではないでしょうか。

乃木大将は至誠一貫の人でありました。もちろん、人間として様々な葛藤も抱えておられたでしょう。しかし、それを超え、自分の名誉も超越して、自らに課された使命を果たそうとされました。本書でも児玉源太郎大将が乃木大将に代わって指揮を執ったかどうかの問題が論じられていますが、実際のところ乃木大将からすれば、このような後世の論など、何ら意に介さないことであるかも知れません。

「日本の死命を決する戦争に、何としても勝たねばならない」――その使命を全うするために全身全霊を傾けられた。そして、その使命に殉じた将兵たちに対する愛惜の思いを、常に胸に抱き続けられた。その魂こそ乃木希典大将であり、その姿勢にこそ、私たちは学ぶべきだと思います。

本書が、乃木希典大将はじめ偉大な先人の精神を感得いただくきっかけになれば、これに勝る喜びはありません。

参考文献

司馬遼太郎『殉死』文春文庫
司馬遼太郎『坂の上の雲（全八巻）』文春文庫
司馬遼太郎『翔ぶが如く（全十巻）』文春文庫
塚田清市編『乃木大将事蹟』乃木十三日会
和田政雄編『乃木希典日記』金園社
宿利重一『乃木希典』春秋社
宿利重一『乃木将軍言行録』三省堂
外山操編『陸海軍将官人事総覧　陸軍篇』芙蓉書房出版
橋本昌樹『田原坂』中央公論社
徳富蘇峰『近世日本国民史西南の役（全七巻）』講談社学術文庫
徳富猪一郎編『公爵山県有朋伝（全三巻）』山県有朋公記念事業会
加治木常樹『薩南血涙史』青潮社
佐々友房『戦袍日記』青潮社
大濱徹也『乃木希典』雄山閣出版
藤村道生『日清戦争』岩波新書
松下芳男『明治軍制史論』有斐閣
谷寿夫『機密日露戦史』原書房

沼田多稼蔵『日露陸戦新史』岩波新書
佐藤鋼次郎『日露戦争秘史　旅順を落すまで』あけぼの社
津野田是重『斜陽と鉄血』偕行社
津野田是重『軍服の聖者』信毎出版部
江森泰吉『旅順攻略海軍陸戦重砲隊』
石田保政『欧洲大戦史ノ研究』陸軍大学校将校集会所
四手井綱正『戦争史概観』岩波書店
伊藤正徳『大海軍を想う』光人社
伊藤正徳『軍閥興亡史』光人社
桜井忠温『肉弾』新潮文庫
大江志乃夫『日本の参謀本部』中公新書
スタンレー・ウォシュバン『乃木』目黒眞澄訳、創元社
宮内庁編『明治天皇紀（全十三巻）』吉川弘文館
学習院輔仁会編『乃木院長記念録』三光堂
黒龍会編『西南記伝（全六巻）』原書房
『明治ニュース事典（全八巻）』毎日コミュニケーションズ
明治編年史編纂会編『新聞集成明治編年史（全十五巻）』財政経済学会
日本近代史料研究会編『日本陸海軍の制度・組織・人事』東京大学出版会
朝日新聞社編『名将回顧　日露大戦秘史　陸戦篇』朝日新聞社
参謀本部編『欧洲戦争叢書　「タンネンベルヒ」殲滅戦』偕行社
参謀本部陸軍部編纂課編『征西戦記稿』陸軍文庫

参謀本部編『明治二十七八年日清戦史（全八巻）』東京印刷
参謀本部編『明治卅七八年日露戦史（全十巻）』偕行社
参謀本部編『明治三十七八年秘密日露戦史』厳南堂書店
歩兵第一聯隊『歩兵第一聯隊歴誌』
歩兵第一旅団司令部『明治廿七八年之役歩兵第一旅団記事』
陸軍省編『明治天皇御伝記史料　明治軍事史（全二巻）』原書房
陸上自衛隊北熊本修親会編『新編西南戦史』原書房
陸上自衛隊幹部学校陸戦史研究普及会編『陸戦史集　第十一　日露戦争　旅順要塞攻略戦』原書房
防衛庁防衛研修所戦史室編『南太平洋陸軍作戦（全五巻）』朝雲新聞社
防衛庁防衛研修所戦史室編『沖縄方面陸軍作戦』朝雲新聞社
中央乃木会編『乃木将軍詩歌集』日本工業新聞社
中央乃木会機関誌『洗心』
乃木神社社務所編『乃木希典全集（全三巻・補遺）』国書刊行会

本書は『名将　乃木希典』（桑原嶽著、中央乃木会発行、
平成二年九月刊）を再編集のうえ復刊したものです。

桑原 嶽［くわはら・たけし］

大正8年、大分県に生れる。昭和14年、陸軍士官学校（52期）卒。出征、砲兵小・中隊長として中支・北支に転戦。昭和18年、中野学校学生。昭和19年、南方軍遊撃隊司令部付（ビルマ・光機関）。昭和20年、インド国民軍第二師団連絡将校（イラワジ会戦）、第二十八軍渡河作業隊長（シッタン作戦）。昭和21年、復員、陸軍少佐。昭和26年、警察予備隊（陸上自衛隊）入隊。昭和28年、米国留学。学校教官、司令部幕僚、各級部隊長等を歴任し、昭和47年に退官、陸将補。昭和57年から平成4年まで中央乃木会事務局長、また昭和57年から中央乃木会理事を務める。平成16年、逝去。著書・編著に『名将　乃木希典』（中央乃木会）、『乃木希典の世界』（新人物往来社）、『市ヶ谷台に学んだ人々』（文京出版）などがある。

PHP新書
PHP INTERFACE
https://www.php.co.jp/

乃木希典と日露戦争の真実　（PHP新書1049）
司馬遼太郎の誤りを正す

二〇一六年六月二十九日　第一版第一刷
二〇二五年五月　一日　第一版第八刷

著者――桑原 嶽
発行者――永田貴之
発行所――株式会社PHP研究所
東京本部――〒135-8137 江東区豊洲5-6-52
ビジネス・教養出版部 ☎03-3520-9615（編集）
普及部 ☎03-3520-9630（販売）
京都本部――〒601-8411 京都市南区西九条北ノ内町11
組版――有限会社エヴリ・シンク
装幀者――芦澤泰偉＋児崎雅淑
印刷所
製本所――大日本印刷株式会社

ISBN978-4-569-83014-8

ＰＨＰ新書刊行にあたって

「繁栄を通じて平和と幸福を」(PEACE and HAPPINESS through PROSPERITY)の願いのもと、ＰＨＰ研究所が創設されて今年で五十周年を迎えます。その歩みは、日本人が先の戦争を乗り越え、並々ならぬ努力を続けて、今日の繁栄を築き上げてきた軌跡に重なります。

しかし、平和で豊かな生活を手にした現在、多くの日本人は、自分が何のために生きているのか、どのように生きていきたいのかを、見失いつつあるように思われます。そして、その間にも、日本国内や世界のみならず地球規模での大きな変化が日々生起し、解決すべき問題となって私たちのもとに押し寄せてきます。

このような時代に人生の確かな価値を見出し、生きる喜びに満ちあふれた社会を実現するために、いま何が求められているのでしょうか。それは、先達が培ってきた知恵を紡ぎ直すこと、その上で自分たち一人一人がおかれた現実と進むべき未来について丹念に考えていくこと以外にはありません。

その営みは、単なる知識に終わらない深い思索へ、そしてよく生きるための哲学への旅でもあります。弊所が創設五十周年を迎えましたのを機に、ＰＨＰ新書を創刊し、この新たな旅を読者と共に歩んでいきたいと思っています。多くの読者の共感と支援を心よりお願いいたします。

一九九六年十月

ＰＨＰ研究所